日本史の現在 2
古代

山川出版社

『日本史の現在』(全6巻)刊行にあたって

二〇二〇年から始まった新型コロナウイルス感染症の拡大、二〇二二年に起きたロシアによるウクライナ侵攻、二〇二三年のパレスチナ・イスラエルの紛争の激化など、予想もできなかった事態がつぎつぎと起こり、私たちは、世界が、日本がどこに向かっていくのかわからない、きわめて不安な時代に暮らしています。その中で改めて歴史を考えることが重要なのではないでしょうか。現在に生きる私たちは、過去の「歴史」に問いかけることで、未来への手がかりを探すことができるのです。

「歴史」は日々、様々な研究がなされ、その積み重ねのもとに形成されていきます。ただ、歴史叙述は決して不変のものではなく、新史料の発見や史料の解釈、発掘調査などの研究の進展により、書き改められていくのです。

身近なところで、歴史の教科書を例にとってみると、数十年前と今現在とでは、記述内容が変わっている箇所が少なくありません。もちろんそれは書き手による叙述の違いが理由の一つではありますが、その背後にはいくつもの研究と、その積み重ねがあります。また、一つの歴史事象をめぐっても、多角的な見方・考え方があり、その事象をどのようにとらえるか、どのように評価するか、研究者のあいだでも議論があります。

ただ、そうした研究の進展や議論のすべてが教科書に記述されるわけではありません。そこで、本企画『日本史の現在』では、そうした日本史における研究・議論を、第一線で活躍している研究者に分かりやすく解説してもらい、日本の歴史学の「現在」を読者にみなさんに紹介することにしました。

本書が、日本史の研究を志す方々や、歴史教育に携わる方々、さらに日本史に少しでも興味があるすべての人に、届くことを願っています。そして、日本史を学ぶための、そしてこれからの未来を切り開くための手がかりとなれば、幸いです。

なお、本シリーズは分野・時代区分ごとに以下の6巻構成としました。

『日本史の現在1　考古』／『日本史の現在2　古代』／『日本史の現在3　中世』／『日本史の現在4　近世』／『日本史の現在5　近現代①』／『日本史の現在6　近現代②』

二〇二四年四月

『日本史の現在』編集委員
設楽博己　鈴木　淳
大津　透　山口輝臣
高橋典幸　沼尻晃伸
牧原成征

日本史の現在2　古代

目次

1 天皇号と日本国号　大津　透　2

はじめに　1 天皇号の成立　2 日本国号の成立と意義　3 律令国家における天皇

2 倭の五王と遣隋使　榎本淳一　17

はじめに　1 倭の五王の遣使目的とその歴史的な意義　2 遣隋使の派遣目的と画期性

3 帰化人―日本古代の移民―の果たした役割　丸山裕美子　30

1　問題の所在――「帰化人」「渡来人」「移民」
2　日本史教科書の「渡来人」＝移民とその果たした役割
3　日本史教科書に記されない「渡来人」とその果たした役割――律令制国家の成立
おわりに――「帰化人」「渡来人」を越えて

4　『日本書紀』の成立とその信憑性　細井浩志　45

はじめに　1　『日本書紀』の成立について
2　『日本書紀』の表記法について　3　対象時代ごとの信憑性について
4　仏教伝来記事の信憑性について　おわりに

5　記紀神話と古代の祭祀　小倉慈司　63

はじめに　1　古代日本の神話
2　神祇祭祀と天皇　おわりに

6
在地首長制論——古代国家の地方支配と郡司　磐下　徹　78
はじめに　1　郡司とは　2　二つの郡司の重要性
3　在地首長制論の現在　おわりに

7
大化改新論——再評価の立場から　市　大樹　92
1　教科書記述とその背景　2　大化改新の再評価へ

8
天皇と貴族——古代国家の支配者集団　武井紀子　107
1　律令国家における天皇・貴族
2　畿内豪族から律令官人へ　3　天皇と律令官人貴族

9 調庸制と班田制 神戸航介 124
はじめに 1 調庸制 2 班田制 おわりに

10 平城木簡は何を語るか 山本祥隆 138
はじめに 1 平城宮木簡 2 長屋王家木簡
3 二条大路木簡 おわりに

11 地方官衙の発掘と地方社会 浅野啓介 156
はじめに 1 国司と国府 2 郡司と郡家 おわりに

12
墾田永年私財法と初期荘園
1 高校教科書の記述から　2 墾田永年私財法と土地支配の深化
3 初期荘園の特性　4 初期荘園をめぐる論点
北村安裕 172

13
蝦夷とは何か
はじめに　1 毛人から蝦夷へ
2 「蝦夷」観念の成立　おわりに
大高広和 186

14
遣唐使の役割と変遷
はじめに　1 遣唐使の性質と時期区分
2 遣唐使と留学者の文化活動　3 文物の将来と受容　おわりに
吉永匡史 200

15 正倉院宝物と天平文化　佐々田悠　217
1 「国際性」とは何か　2 朝貢と回賜——舶載品
3 唐の規範性——国産品　4 仏具と香薬——新羅物
5 国際関係と仏教文化

16 儀礼の整備と唐風文化　稲田奈津子　234
はじめに　1 桓武朝の画期
2 唐風化の諸段階　3 唐風化の展開とその実像

17 摂政・関白と幼帝の登場　神谷正昌　250
1 平安初期の皇位継承　2 摂政の創出
3 関白の創始　4 天皇親政と摂関政治

18 摂関期の政務　黒須友里江　264
はじめに　1 政務の場の変遷　2 「政」の仕組み
3 命令の伝達　4 摂関期の政務の特徴

19 受領の支配と貢納　三谷芳幸　279
はじめに　1 負名体制による徴税　2 国衙機構と人員編成
3 財政構造の転換と受領　4 天皇・公卿による受領統制

20 摂関・院政期の官司制　今　正秀　293
はじめに　1 摂関・院政期の官司制
2 摂関・院政期の官人制　おわりに——平安貴族社会と天皇

あとがき——付、聖徳太子をめぐって　大津　透　310

凡例

・原則として、年代は西暦を主とし、日本の年号は（ ）の中に入れた。明治五年までは日本暦と西暦とは一カ月前後の違いがあるが、年月は日本暦をもとにし、西暦に換算しなかった。改元のあった年は、原則としてその年の初めから新しい年号とした。

・教科書については、平成元・十一・二十一年告示の高等学校学習指導要領の科目「日本史A」「日本史B」は「日A」「日B」、平成三十年告示の高等学校学習指導要領の科目「日本史探究」は「日探」のように、適宜、科目名を略記した。

・本書各テーマの執筆にあたっては膨大な先行研究や文献を参照しているが、紙幅や体裁の制約から、参考文献の掲載は一部にとどまり、十分な注記はできなかった。この点、ご理解いただければ幸いである。

日本史の現在2

古代

1 天皇号と日本国号

大津　透

はじめに

最初に天皇号と日本国号について考え、本書の序論にかえたい。これらは日本の古代に始まり、日本史全体を通じる枠組みといえるのだが、それはいつ、どのように成立したのだろうか。ともに教科書などでは七世紀末、天武朝の律令国家形成と同時のこととして扱われることが多い。たしかに古代国家の成立の指標として単純化してひとまとめにした方が説明しやすいのかもしれないが、それは必ずしも実態に即してはいないのである。

1　天皇号の成立

推古朝説と天武朝説

天皇号の成立については、おおまかにいえば推古朝説と天武朝説があり、教科書でも両説を並記していている。かつては推古朝説を主として記述していたが、最近では天武朝のところで取り上げられることが多い。簡単に研究史を振り返ると、最初に学問的検討を加えたのは津田左右吉である。『古事記』『日本書紀』(以下、記紀)には初代神武天皇以来「天皇」とあるのだが、記紀の編者によって書かれたものであるから、いつから天皇号が使われたかを考える根拠にはならない。推古朝の金石文に天皇号がみえ、丁卯年(六〇七、推古十五年)につくられた法隆寺金堂薬師像光背銘に「池戸大宮治天下天皇」などがみえることから、推古朝に天皇号が用いられたのは確実だとした[津田 一九二〇]。ところがその後、法隆寺金堂薬師像光背銘はもっとあとの時代に書かれたとの主張がなされ、天智朝の金石文にも疑問が呈されて、七世紀末の天武朝にまで成立が引き下げられたのである[福山 一九三五、東野 一九六九]。

しかし天武朝説には問題が多い。詳しくは別に述べたので参照していただくとして[大津 一九九九]、例えば天武朝説の積極的根拠として、唐の高宗が六七四(上元元、天武三)年に君主号として「天皇」を用い、それを日本で模倣したとする説がある。しかしこの時の「天皇」は高宗本人を指す尊号(武后も天后と称した)であり、君主号は皇帝号のままであったと指摘され、したがって高宗個人を指す「天皇」の称号を導入することはありえず、天皇号は天武朝以前から存在していたのだとされる[坂上 一九九七」。唐高宗の君主号輸入説は成立しないのである。

金石文についても、野中寺《やちゅうじ》弥勒像の台座銘に「中宮天皇」とあり、丙寅年(六六六)のものである。疑問も提出されていたが、現在では天智朝のものと考えて問題ないとされており、天智朝に天皇号がさかのぼることになる。さらに中宮寺に伝わる天寿国繡帳の銘文(伝存するのは一部だが、文章全体は『上宮聖徳法王帝説』などにみえる)には欽明と推古に「天皇」が四度用いられている。これは聖徳太子の死去ののち、その妃橘大郎女が推古天皇に願い出て勅命でつくられた刺繡による浄土図で、帰化系の工人が下絵を描き、宮中の采女が刺繡したものである。美術史の研究者はこれを推古朝の遺品と考えているほか、繡帳銘の前半の系図の分析からは、聖徳太子とその妃が欽明に始まる王統と稲目に始まる蘇我氏に両属することを語る系譜意識がみられ、推古朝にふさわしいとされる[義江 一九八九]。

天皇号の成立と遣隋使

推古朝に天皇号が成立する契機となるのは、外交関係、遣隋使だったと考えられる。少し詳しくみてみよう。第二回遣隋使は、煬帝《ようだい》の六〇七(大業三)年のことで、随分準備され、形式も整ったもののようである。『隋書』倭国伝は以下のように記す。

その王多利思比孤《たりしひこ》、使を遣はして、朝貢す。使者曰く、「聞く、海西の菩薩天子、重ねて仏法を興すと。故に遣はして朝拝せしめ、兼ねて沙門数十人をして、来たりて仏法を学ばしむ。その国書に曰く、「日出づる処の天子、書を日没する処の天子に致す、恙《つつが》なきや、と云々」。帝、之を覧て悦ばず、鴻臚卿《こうろけい》に謂ひて曰く、「蕃夷《ばんい》の書、礼無き者あり、復《ま》た以て聞《ぶん》するなかれ」。明年、上、文《ぶん》林郎裴清《りんろうはいせい》を遣はして倭国に使せしむ。

隋文帝は、菩薩戒を受けた天子であり、南朝梁の武帝と並ぶ崇仏を行い、「重興仏法」という表現を好んでいた。「菩薩天子が重ねて仏法を興していると(聞いて)」とは、仏教を崇める文帝の歓心を買おうとして考えられた表現だったらしい[河上 二〇一一]。有名な「日出づる処」「日没する処」も、『大智度論《だいちどろん》』に「日出づる処は是れ東方、日没する処は是れ西方」とあるように仏典にもとづく表現であり、東・西を指すとする[東野 一九九二]。

ところが三年前に文帝は没し、煬帝が即位していた。そしてこの国書は受け取った煬帝の怒りを買うことになる。なぜ「無礼だ」と怒ったのかについて、倭が日が昇り、隋が日が沈むとして、倭が上だといったからとする説があるが、これは俗説である。日出づると日没するとは東と西の方角を示しているにすぎない。問題は、倭王が「天子」と名乗ったことだった。中華思想では、天子とは天帝の天命を受けて、天の子として世界(天下)を統治する者であり、世界の中心であり、一人しかいない。その天子を辺境の蕃夷の首長が使ったのだからとうてい認められるはずはなかった。倭は、隋と対等という主張をしたのであるが、遣隋使にせよ遣唐使にせよ朝貢使であるので、実際には対等な関係ではない。

『日本書紀』では、推古十五(六〇七)年七月庚戌条に「大礼小野臣妹子を大唐に遣はす。鞍作福利《くらつくりのふくり》を以て通事と為す。」とだけ記し、国書の内容は、翌年の遣隋使のものは載せるのに、書いていない。『日本書紀』は『隋書』(六三六年完成)を利用しているところもあるので、『日本書紀』編者は『隋書』の記事をみていながら、意図的に載せなかった。それは倭王が「天子」を名乗る立場を撤回したためだろう。煬帝は、この国書に怒ったが、しかし翌年裴世清を小野妹子の帰国にともなわせて派遣した。意外に篤い待遇を受けたのである。『日本書紀』推古十六(六〇八)年四月に「小野臣妹子、大唐より至る。唐国、妹子臣を号《なづ》けて蘇因高《そいんこう》と曰ふ。即ち大唐使人裴世清・下客十二人、妹子臣に従ひて筑紫に至る」とあり、八月には飛鳥に入り、小墾田宮《おはりだのみや》に招かれ、国書が提出された。

皇帝、倭皇を問ふ。使人長吏大礼蘇因高等、至りて懐《おもい》を具さにす。朕、欽みて宝命(天命)を承け、区宇(天下)に臨み仰ぐ。徳化を弘め、含霊(人々)に覃《およ》び被らしむることを思ふ……

と記録されている。「皇帝問〇王」というのは、君臣関係のある従属国に出す国書の形式であり、「倭皇」は「倭王」とあったのだろう。中国側は対等な関係など認めなかったのである。九月には裴世清を難波で宴会し、帰国にあたり、再び小野妹子を大使、吉士雄成《きしのおなり》(乎那利)を小使とし派遣した。この時の倭国から隋への国書が『日本書紀』に載せられている。

東の天皇、敬みて西の皇帝に白す。使人鴻臚寺掌客裴世清等至りて、久しき憶ひ、方《まさ》に解けぬ。季秋薄《や》や冷し、尊は何如に。想ふに清悆(おだやか)ならん。此は即ち常の如し。今大礼蘇因高、大礼乎那利等を遣はして往でしむ。謹みて白す。具ならず。

この国書は、書簡体で、尊い人に恭しく差し出す形式で、「尊」(煬帝)の様子をたずねている。「敬みて白す」はへりくだった言い方であり、書きとめ文言の「謹白、不具」も丁重な形式である。唐代の外交文書は、慰労詔書といわれる書簡体を元にしてつくられた文書様式であり、書き出しや書きとめにより敬意や上下関係が表現される。先の国書の「書を致す」というのが対等な関係による書式であったのと比べて、大きく異なる。『日本書紀』は、この国書によって隋への対応を修正したことを表現しているのだろう。

問題になるのは冒頭の「東の天皇」である。天皇号の成立をもっと後だと考える説によれば、ここに出てくる「天皇」は、もと「大王」や「天王」とあったのを、『日本書紀』編者が改作したことになる。しかし中国史家の堀敏一氏は、仮に「大王」「天王」では、天子を用いて対等を目指してきた前の国書からあまりに後退してしまい使いそうもないなど難点があるとして、国書には「東の天皇」とあったと考えるべきで、「日出処天子」で不興を買った第二次国書をうけて、天子にかわる号として「天皇」を考え出し、この国書により天皇という君主号をはじめて明らかにしたと想定している［堀 一九九三・一九九八］。倭国は丁重に譲歩しながら、一定の自己主張をつらぬいたといえるだろう。

もっともこの天皇号を隋が受け入れたかは疑問も残る。奈良時代には、唐に対して「天皇」を用いず、和語「主明楽美御徳」(スメラミコト)を用いていたことが、七三五(開元二十三)年に玄宗が聖武に送った国書(張九齢《ちょうきゅうれい》『曲江集《きょくこうしゅう》』巻十二)からわかり、「天皇」号は使わなかったらしい［森 一九八三］。隋・唐にとっては、「倭王」「日本国王」以外ではありえないだろう。隋・唐が天皇号を認めなかった可能性は残るだろう。しかし君主号の成立の契機が、対国内ではなく対外交渉にあったと考えることは説得力がある。

「天皇」とスメラミコト

天皇はスメラミコトと読まれた。儀制令には、君主号として「天子」「天皇」「皇帝」を規定する。大宝令の注釈書の古記は、天子は祭祀に用いられてスメミマノミコトと称すると述べるが、天皇は和語

(読み)では、スメラミコトだと述べる。スメラミコトは、天皇の訓というよりも、本来漢字の君主号天皇とは独立して成立した和語だったと考えるべきだろう。重要なのはスメラミコトに内包される意味である。

スメラミコトは、スメラとミコトに分けられる。スメラは、「澄む」や鏡と結びつけて、王の清澄、神聖なる性質を述べた語であるらしい[西郷 一九七五]。ミコトはニニギノミコトのように、貴人に尊敬してつける語なので、敬語のかたまりである。儀制令には「天皇」は詔書に用いると規定する。ミコトの本来は「御言」であり、天皇の命令はミコトノリ(詔書)として音声で読み上げられる(これを宣命という)。「「天皇が大命」とのりたまう大命をここにいる人々は聞くように」と読み上げられ、冒頭はスメラがオオミコトと読む。スメラがオオミコトはスメラミコトと同義であるから、スメラミコトとは発せられた命令そのものであり、命ずる主体とその発した言葉の神威性を印象づけることを目指した言葉だったと考えられる[梅村 一九九五]。さらにスメラミコトと同類の語として、スメロキ・スメミオヤノミコト・スメカミなど、スメのつく語があり、大和朝廷の神話を背負う皇統を指す語らしい。おそらくこれらは推古朝以前に成立していて、和語のスメラミコトに対応する語として天皇号が考え出されたのだろう。律令制の成立とは時期差があるだろう。

一方で天皇という漢語の意味は、北極星などの星を指して、道教の神格でもある。これは天武朝に道教思想が浸透していたことが背景にあるとして天武朝説の根拠の一つでもあるが、天皇制の内実に道教はみられず、むしろ古代の日本は道教の受容を拒んでいるので、疑問がある。古代道教の研究者は、初期道教において天皇は必ずしも最高神の地位にないのでおかしいとして、「「天皇」称号の由来は、日本の天皇は天つ神の子孫として天から降ったものであるという古伝承に基づいて、それに適合する中国の成語として「天皇」というのを借用した」と述べている[下出 一九九七]。

石母田正氏は、「天皇」という君主号が、一方において朝鮮の諸王の「大王」号と区別され、他方において中国の君主の「皇帝」「天子」号とも区別される、第三の新しい称号であったことに重要な意味を認めている[石母田 一九七一]

2 日本国号の成立と意義

日本国号はいつ成立したのか

天皇号の成立とともに考えられがちな国号「日本」は、いつ成立しどのような意味があるのだろうか[大津 二〇一〇・二〇二〇を参照]。

律令国家の国号が日本だったことは、七二〇(養老四)年成立の『日本書紀』から明らかで、七〇一(大宝元)年の大宝律令に規定されていたことは確実である。また国号が対外的に意味があるとすれば、それまでの倭にかわり日本国号を、唐に対していつ使ったかは、はっきりわかる。七〇一年正月に任命されて、翌年六月に出発した第七次、大宝の遣唐使の執節使となった民部尚書粟田《あわた》朝臣真人《まひと》が七〇四(慶雲元)年七月に帰国した時の帰朝報告が『続日本紀』に載せられている。唐に着いた時に、以下の問答があった。

人有り、来たりて問ひて曰はく、「何処の使人ぞ」。答へて曰はく、「日本国の使人なり」(中略、使者の側が到着したのは何州かを尋ね、大唐が大周になった経緯などを聞く)、問答略《ほ》ぼ了りて、唐の人、我が使に謂ひて曰はく、「しばしば聞く、海東に大倭国有り、これを君子国と謂ふ。人民豊楽にして礼儀敦く行はる、と。今使人を看るに、儀容大だ浄し。あに信ならずや」。語畢《おわ》りて去りき。

三〇年以上の空白をおいて派遣された大宝の遣唐使は「日本」という国号を称したのである。到着したのは楚州塩城県《そしゅうえんじょうけん》で、その地の唐の官人が取り調べに当たった。これまでの大倭国の使者であることはわかったが、国号などの説明は理解できなかったようである。

中国の正史である『旧唐書』には、倭国伝と日本伝が二つおかれている。つまり別の国家だと認識されていて(『新唐書』は日本伝のみである)、前者は六四八(貞観二二)年までの、後者は七〇三(長安三)年、つまりこの遣唐使以降の記事を載せている。さらに国号「日本」の由来について「日本国は倭国の別種なり。その国、日辺に在るを以て、故に日本を以て名となす」「倭国自らその名雅ならざるを悪み、改めて日本となす」「日本は旧小国、倭国の地を併す」など三説を挙げている。「その人入朝する者、多く自ら矜大(おごりたかぶる)にして、実を以て対へず。故に中国これを疑ふ」と述べる。遣唐使は、国号変更の理由について、はぐらかし、唐の側は納得のいく説明は得られなかったらしい。

「日本」の本来の意味は、太陽の昇るところで、「日辺に在る」(旧唐書)が正鵠を射ている。推古朝の「日出づる処」と同じであり、アマテラスという太陽神を祭る天皇家とも関わるだろう。しかし日本国内にいれば、日が昇るのはさらに東であり、日本列島からは日は昇らない。このことはすでに平安時代の貴族が疑問に思っていて、九三六(承平六)年の『日本書紀』講書の記録につぎのような問答があった[吉田 一九九七]。

参議(紀淑光)また問ひて云ふ、「倭国は大唐の東にあり。(唐からは)日出づるの方に見ゆといへども、今此の国にありてこれを見るに、日は域内より出でず。しかるに猶「日出づる国」と云ふか」。博士(矢田部公望)答へて云はく、「唐朝、日出づるの方にあるを以て、号して日本国と云ふ。東夷の極、因りて此の号を得るか」。

日本の国土は世界の東の端だという認識で、中国を軸とする唐からみた国号なのである。日本は、東方、極東を意味する一般名詞だったらしい。

もっとも国号変更は宣言すればすんだのだろうか。『史記正義』の中に、「武后、倭国を改めて日本国となす」「倭国、武皇后改めて日本国と曰ふ」とある。これは、唐の玄宗朝、七三六(開元二十四)年に記された『史記』の注釈書であり、日本の天平年間に当たる。則天武后の治世から三〇年ほどしかたっていない。彼女が定めたということは、日本国号を伝えたのが大宝の遣唐使であったことを確実にするが、国号はたとえ冊封を受けていないとしても中国皇帝によって承認される必要があり、中国からみた国号なのだろう。武后に日本国号を認めてもらったことが、『史記正義』のこのような表現になったのだろう[東野 一九九二]。

以上、国号は本質的には対外的に意味があるという点で、日本国号が定まったのは唐に朝貢した七〇三年といえる。では国内で成立したのはいつだろうか。『日本書紀』の六七四(天武三)年に対馬が銀を貢上した記事には「凡そ銀の倭国に有ること、初めてこの時に出づ」と「倭国」である。制度として定めたのは飛鳥浄御原令か大宝律令であろう。吉田孝氏は「日本」とは王朝名だと述べているが、そうであれば、壬申の乱という革命を経て、天武・持統が新たな王朝を開いたという意識に対応する可能性があるだろう［吉田 一九九七］。

日本国号成立の意義

大宝の遣唐使は、日本国号を唐に承認してもらうという重大な任務をおびていたのである。執節使の粟田真人は、『旧唐書』に、経史を読み、文章に優れ、容姿が温雅だと特筆され、則天武后は長安大明宮の麟徳殿で彼を宴したとある。真人は立派な立ち居振る舞いで則天武后に気に入られ、国号変更も認められたのだろう。では新国号を認めてもらうことの意味は何だったか。七〇一年の大宝律令制定による律令国家完成が遣唐使派遣の背景にあることは当然だろうが、ただし律令を持って行って唐にみせたのだとする議論は成り立たないだろう。『旧唐書』が倭国伝と日本国伝を別に立てていることからも、日本という新たな国だと主張することで、七世紀後半の唐と倭国との緊張した関係を、清算しようとしたのだろう。唐による百済・高句麗討滅の中で、白村江の戦い以来倭国と唐は半ば戦争状態が続いていて、倭国は防備を固め、その後国交が途絶えていた。新たな平和的・安定的な関係を構築することを目指したのだろう。

八世紀になると、十数年に一度の間隔で、遣唐使が派遣されるようになる。東野治之氏は九世紀に天台山の僧が「二〇年一来の朝貢を約す」と述べていることを指摘し、日本が唐に対して二〇年に一度派遣の約束を結んでいたことを明らかにした。それはおそらくこの大宝の遣唐使が結んだのだろう［東野 一九九〇］。八世紀以降、日本は冊封を受けない「不臣」の外夷という地位を認められ、唐と平和的な交流が行われ、仏教や儒教など体系的な文化の輸入が行われるが、それは粟田真人たちの努力の成果だったのである。

3 律令国家における天皇

天皇と和風諡号

天皇号は、律令制の成立に先立つことを述べたが、儀制令で天子・皇帝とともに君主号として規定される。文書行政を定める公式令には、平出《へいしゅつ》(文章中にこの文字を使う時、改行して敬意を表す)する字句として「天子」「天皇」「皇帝」などとともに「天皇諡」が規定される。諡《おくりな》とは、生前の事績を称えた死後の名であるが、「天皇諡」は天武天皇におくられた「天渟中原瀛真人天皇」(アメノヌナハラオキノマヒト)のような和風諡号を指している[山田 一九七三]。和風諡号は、殯宮《もがりのみや》儀礼の整備の中で、安閑の「広国押武金日」(ヒロクニオシタケカナヒ)を最初として、六世紀前半に大王生前の事績をたたえる和風諡号が奉られるようになると考えられる[和田 一九六九]。

奈良時代の前半には、天皇の呼び名は和風諡号しかなかった。つまり『日本書紀』成立時には、神武天皇も仁徳天皇も天武天皇も存在しなかったのである(これを漢風諡号と呼ぶ)。そして和風諡号の上部は和語であるから、その下の「天皇」もスメラミコトと読まれたのであり、古来のスメラミコトを継承したのである。

漢風諡号の成立と中国文化の受容

では、いつ「天武天皇」は生まれたのか。それは八世紀後半と考えられる。七五八(天平宝字二)年に孝謙天皇の譲位に当たり、百官と僧綱が上表して、孝謙に「宝字称徳孝謙皇帝」の尊号を奉り、さらに孝謙は勅で亡き父に「勝宝感神聖武皇帝」の尊号を追上した。この尊号は、唐での流行を模倣したもので、藤原仲麻呂政権の唐風化政策の一つである。その後日本では例をみず、行われなかったが、「聖武天皇」「孝謙天皇」という漢風諡号はこの尊号によっていることは明らかである。さらにそれ以前の天皇、神武・仁徳・天武などの漢風諡号は七六二(天平宝字六)年から七六四(天平宝字八)年にかけて学者の淡海三船によって勅を奉じて一括撰進されたとされる[坂本 一九三二]。これらは儒教的徳目による命名からも、尊号追上の延長上にあることは明らかである。

漢風諡号は、新たに唐文化を受容し、唐代の尊号・諡号を日本化して漢字二字に簡略化して摂取したものといえる。この漢字二字＋天皇(この場合はテンノウと読むだろう)という今日まで使われる天皇の呼び名が生まれたのである。孝謙・聖武の尊号にあった「皇帝」こそ継承されないものの、天皇号の唐風化・皇帝化といえるだろう。その後、光仁・桓武・仁明・文徳・光孝と九世紀まで漢風諡号が奉られている。

奈良時代中期から平安時代初めにかけて、唐から帰朝した吉備真備が「唐礼」を持ち帰り、唐礼の継受が進み、儀礼の整備、中国化が行われ、天皇の服にも中国の皇帝服が導入されるなど天皇制の唐風化が進んでいく。桓武天皇は長岡遷都ののち、七八五(延暦四)年、七八七(延暦六)年の冬至に、昊天上帝を南方の円丘に祀る郊祀を交野《かたの》で行った。天の祭祀はこのあと文徳天皇が行ったことが知られるだけで、日本には定着しなかったが、これは中国の皇帝祭祀をそのまま模倣したもので、桓武は天帝に天皇支配の権威を求めたのである。

八世紀初めの律令制成立期の天皇は、大和朝廷以来の氏族制や神話を背景にするスメラミコトであった。八世紀後半に中国文化の受容が進み(これを文明化といってもよい)、その中で中国的な天皇(テンノウ)へと姿を変えていき、それが今日まで続く天皇制の基礎になったことに注意したい［大津 一九九九・二〇二三］。

〈**参考文献**〉

石母田正 一九七一年『日本の古代国家』(岩波書店、のち岩波文庫、二〇一七年)
梅村喬 一九九五年「天皇の呼称」(永原慶二ほか編『講座前近代の天皇4』青木書店)
大津透 一九九九年『古代の天皇制』(岩波書店)
大津透 二〇一〇年『天皇の歴史1 神話から歴史へ』(講談社、のち講談社学術文庫、二〇一七年)
大津透 二〇二〇年『律令国家と隋唐文明』(岩波新書)
大津透 二〇二三年「天皇号の成立と唐風化」(佐川英治編『君主号と歴史世界』山川出版社)
河上麻由子 二〇一一年「遣隋使と仏教」(『古代アジア世界の対外交渉と仏教』山川出版社)
西郷信綱 一九七五年「スメラミコト考」(のち再録『神話と国家』平凡社、一九七七年)
坂上康俊 一九九七年「大宝律令制定前後における日中間の情報伝播」(のち再録『唐法典と日本律令制』吉川弘文館、二〇二三年)

坂本太郎　一九三二年「列聖漢風諡号の撰進について」(のち再録『日本古代史の基礎的研究　下』東京大学出版会、一九六四年)
下出積與　一九九七年『日本古代の道教・陰陽道と神祇』(吉川弘文館)
津田左右吉　一九二〇年「天皇考」(のち再録『日本上代史の研究』岩波書店、一九四七年)
東野治之　一九六九年「天皇号の成立年代について」(のち再録『正倉院文書と木簡の研究』塙書房、一九七七年)
東野治之　一九九〇年「遣唐使の朝貢年期」(のち再録『遣唐使と正倉院』岩波書店、一九九二年)
東野治之　一九九二年「日出処・日本・ワークワーク」(『遣唐使と正倉院』岩波書店)
福山敏男　一九三五年「法隆寺の金石文に関する二、三の問題」(『夢殿』一三冊)
堀敏一　一九九三年『中国と古代東アジア世界』(岩波書店)
堀敏一　一九九八年『東アジアのなかの古代日本』(研文出版)
森公章　一九八三年「天皇号の成立をめぐって」(のち再録『古代日本の対外認識と通交』吉川弘文館、一九九八年)
山田英雄　一九七三年「古代天皇の諡について」(のち再録『日本古代史攷』岩波書店、一九八七年)
義江明子　一九八九年「「娶生」系譜にみる双方的親族関係」(のち再録『日本古代系譜様式論』吉川弘文館、二〇〇〇年)
吉田孝　一九九七年『日本の誕生』(岩波新書)
和田萃　一九六九年「殯の基礎的考察」(のち再録『日本古代の儀礼と祭祀・信仰　上』塙書房、一九九五年)

2 倭の五王と遣隋使

榎本 淳一

はじめに

日本の古代国家が、中国や朝鮮諸国の政治的・文化的影響を受けながら、成立・発展したことは言うまでもないだろう。ここで取り上げる倭の五王と遣隋使も、ヤマト政権・倭国の歴史的展開を考えるうえで重要な対外的テーマである。倭の五王がなぜ派遣されたのか、その理由や歴史的な意義は何か。また、遣隋使の派遣目的やその画期性とはどういうものか。これらの問題について、当然教科書でも取り上げられているが、必ずしも十分に説明されているわけではない。本稿では、教科書の記述からもれている重要な論点について、当時の東アジア情勢や現在の研究状況などをふまえて、述べてみたいと思う。

1 倭の五王の遣使目的とその歴史的な意義

問題の所在

倭の五王とは、中国の正史『宋書』などに遣使・朝貢したことが記される讃・珍(『梁書』は「弥」とする)・済・興・武という倭国の五人の王を指す。日本側の史料では、応神天皇から雄略天皇に至る七人の天皇のうち五人が相当するとされるが、讃・珍の比定には諸説が存在している〔森二〇一〇、河内二〇一八〕。邪馬台国の女王壱与(台与とも)が二六六(泰始二)年に西晋に遣使してから、約一五〇年間途絶えていた中国との通交を、倭の五王が再開したのである。

倭の五王の遣使の目的について、高校の教科書には、「朝鮮半島南部をめぐる外交・軍事上の立場を有利にするため、五世紀初めから約一世紀近くのあいだ、『宋書』倭国伝に讃・珍・済・興・武と記された倭の五王があいついで中国南朝に朝貢している」(『詳説日本史』日探 山川出版社 二〇二三、二七頁)と書かれている。この記述だけでは、どういうことかわかりにくいと思うので、以下に説明をおぎなってみたい。

朝鮮半島南部とは、古くは弁韓、五王の時代には加耶(加羅)諸国にあたり、倭国にとって重要な鉄資源の供給地であり、多様かつ先進的な技術や文化を伝えてくれる地域であった。また、その地の人々が渡来人として多く渡ってきて、様々な技術者集団(のちに部民に編成された)に組織され、倭国・ヤマト政権の発展に貢献していた。そのような朝鮮半島南部と日本と友好関係にあった半島西部の百済が、四世紀後半以降、高句麗の南下により脅かされることとなり、倭国は百済・加耶支援のため軍事的な介入を行うこととなったのである。このことが、高句麗好太王碑文に「倭、辛卯《しんぼう》の年(三九一年)よりこのかた、海を渡りて……」と書かれていることに当たる。

早くから中国の先進文化を導入し強国化していた高句麗に対抗することは容易ではなく、また高句麗は中国王朝から冊封を受け、高い官爵(官職と爵位)を与えられていたが、中国と通交していなかった倭国には中国に認められた国際政治上の権威や権利もなかった。そうした不利を解消するために、高句麗に対抗しうる高い国際的地位と朝鮮半島南部に対する軍事的な支配権を保障する官爵を求めて、倭の五王が中国南朝に遣使・朝貢したのである。以上が教科書の記述の補足説明ということになる。

倭の五王が求めた官爵のうち、朝鮮半島南部に対する軍事支配権を意味するものが「使持節都督倭・百済・新羅・任那・加羅・秦韓・慕韓七国諸軍事」(加羅を除いた六国諸軍事を望んだこともある)であり、国際的な地位を示すのが「安東大将軍」、また倭王武が自らに仮授した「儀同三司」ということになる。しかし、倭の五王が求めた官爵は、上記のものだけではない。それゆえ、ほかの官爵のもつ意義についても取り上げなければ、倭の五王の遣使・朝貢の目的を十全に把握したことにはならないだろう。

倭国の統一と専制的支配権の確立

倭の五王の求めた官爵には、自らの官爵と自分以外の官爵がある。まず、自らの官爵としては先に挙げたもののほかに、「倭国王」がある。「倭国王」に任じられるというのは、中国の皇帝と君臣関係となり、その国の支配権を公認・保障してもらうという所謂「冊封関係」を結ぶことにほかならない[西嶋 一九八五]。倭国・日本が冊封を受けたのは、邪馬台国の時代、そして倭の五王の時代、さらに南北朝時代であり、いずれも国内が未統一ないし分裂していた時代に当たる。中国皇帝の臣下となり、倭国王・日本国王に公認されれば、中国皇帝による政治的・軍事的なバックアップが受けられ、国内の対抗勢力に対し圧倒的な優位に立てたため、冊封関係が結ばれたと考えられる。倭の五王の場合も最後の武の時代までは、葛城氏や吉備氏などの大豪族は倭王とは別に独自に外交を行うなど大きな権力を有しており、倭王が倭国の支配権を独占的に掌握していたわけではなかった。ヤマト政権の首長であった倭王(大王)に対抗しうる大きな権力をもつ有力豪族の葛城氏や吉備氏などを倭王武が倒すことで、格別の特権的な権力(井上光貞氏は「専制的な権力」と表現する)が確立したのであり[井上 一九八〇]、それまでは中国皇帝による「倭国王」としての権威づけが必要であったのである。

倭の五王が自分以外の人物のために官爵を求めたということは、『宋書』倭国伝に「珍、又倭隋等十三人を平西・征虜・冠軍・輔国将軍の号に除正せんことを求む」とあること、また倭国王済の時に「幷びに上る所の二十三人を軍郡に叙す」とあることから知られる。倭隋ら十三人は当時ヤマト政権内の有力者と思われるが、倭王自らが安東大将軍に任じられるとともに、有力者十三人にも将軍号の授与を求めたのである。注意されるのは、平西以下の将軍号は安東大将軍より下位のものであり、中国の官爵を利用して、自らを上位に位置づける政治的地位の序列化がはかられたものと考えられる。また、倭王の要求により二十三人を軍郡に叙したとあるが、軍郡とは将軍と郡太守のことと考えられ[坂元 一九七八]、将軍号によるヤマト政権内の有力豪族の序列化のみならず、郡太守という地方官の任命によって地方豪族も支配体制の中に位置づけようという意図があったと考えられる。有名な倭王武の上表文に「東は毛人を征すること五十五国、西は衆夷を服すること六十六国」と記され、倭王武(雄略天皇)

とされる「獲加多支鹵(ワカタケル)大王」の名前が刻まれた鉄剣・鉄刀が東国・九州の古墳から発見された(埼玉県稲荷山古墳出土鉄剣銘・熊本県江田船山古墳出土大刀銘)ように、東北南部から九州中部に至る倭国の領域は倭王武の時代には確立していたと考えられ、全国を支配する体制を整備する必要もあったのである。なお、上述の鉄剣銘にみられる「杖刀人《じょうとうじん》」や大刀銘にみられる「典曹人《てんそうじん》」など「人制」といわれるのちの部民制度につながる王権に奉仕する職務分掌の仕組みも、倭王武(雄略天皇)の時代に成立したとされる[吉村 一九九三]。

倭の五王の遣使・朝貢には、教科書に書かれている「朝鮮半島南部をめぐる外交・軍事上の立場を有利にするため」だけでなく、右に述べたように、倭王の特権的な支配を確立するとともに、全国支配の体制を整えるという目的もあったと考えられる。

画期としての雄略朝

倭の五王の遣使・朝貢は、四七八年の武の宋への遣使が最後であったとされてきたが、近年の研究では、四七九年の南斉への武の遣使が最後であったとされる[氣賀澤 二〇一二]。どちらにしても、五世紀の倭王の中国南朝への遣使・朝貢が、五人目の武の時代に終わったのはなぜだろうか。遣使・朝貢するメリットがなくなったからか、目的が達成されたからか、それとも遣使・朝貢ができなくなるような事情(山東半島経由の南朝への航路寸断、王位継承・国内政治の不安定など)があったからか、この問題については様々な意見が出されている。結論的に述べるならば、原因は一つではなく、上記の事情が複合的に原因になったものと考えられる。しかし、冊封関係が終わったということに注目するならば、遣使・朝貢の目的が達成されたということを重視したいと思う。

倭王武は、稲荷山古墳出土鉄剣銘や江田船山古墳出土大刀銘に「治天下獲加多支鹵大王」と記されていたことから、天下を支配する大王という称号を用いていたことが知られる。かつて、この「天下」という語の解釈から、倭王武の冊封体制からの離脱を説明する意見が有力であった。「天下」とは本来全世界を指し、倭王武が支配した「天下」とは倭国という世界のほんの一部にすぎず、自らの支配領域を「天下」とすることで、本来の全世界たる「天下」から離脱することになったというのである[西嶋 一九八五]。しかし、「天下」には全世界という意味だけでなく、限られた実際の支配領域を指す用法もともとあったとして、「天下」の使用から倭王武の冊封体制から離脱したことは説明できないとされる[田中 二〇一三、河内 二〇一八、河上 二〇一九]。

ただし、「治天下大王」という称号が成立した意義は、無視できない大きなものがある[熊谷 二〇〇一]。のちの「治天下天皇」という称号につながるものと評価され、倭王武の時代に「天下」という領域が定まったということを意味する。実際、倭王武のおさめた「天下」(=倭国)の領域は、八世紀の律令国家が成立する時期までほとんど変化がなく、倭王武の時代に「天下」(=倭国)の統一がなされたと考えられる。それは、上述した倭王の特権的な支配の確立とも一体であったと考えられる。「大王」という称号も、倭王武の時代に成立した可能性が指摘されている[森 二〇一〇]。奈良時代の人々は、自分たちの生きる時代の始まりを雄略朝(倭王武の時代)に求める認識があったことが指摘されているが[岸 一九八四]、まさに雄略朝は日本古代史上の一大画期であった。倭国の統一、のちの天皇につながる大王としての特権的地位・権力の確立がなされた倭王武の時代には、中国の皇帝による冊封という政治的・軍事的支援が必要なくなったといえるであろう。

2　遣隋使の派遣目的と画期性

問題の所在

倭の五王の時代の中国は南北の王朝に分裂していたが、五八九年に北朝から出た隋により、再び統一されることになった。中国を一つにまとめた隋の強大な力は、周辺諸国に多大な影響をおよぼし、隋と高句麗との戦争が勃発するなど東アジアは激動の時代となった。倭国もこうした国際情勢に対処すべく、国家体制の中央集権化をはかる一方、遣隋使を派遣して百年以上ぶりに中国との国交を再開した。

遣隋使は歴史用語としてはよく知られているが、遣唐使に比べて研究自体が少なく、遣隋使の派遣回数など基本的な問題でも解決されていないものがある[榎本 二〇一一a]。多くの取り上げるべき問題があるが、ここでは、遣隋使の派遣目的とそれに関わる画期性について述べることにしたい。遣隋使派遣については、高校の教科書では、「中国との外交も遣隋使の派遣により再開され、『隋書』にみえる六〇〇年の派遣に続けて六〇七年には小野妹子が遣隋使として中国に渡った。この時の隋への国書は倭の五王時代とは異なり、中国皇帝に臣属しない形式をとり、煬帝から無礼とされた」(『詳説日本史』三四頁)と記されている。ここには、あまり明確に遣隋使派遣の目的・理由は述べられていないが、辞書などをみると以下のような目的が挙げられている(弥永貞三「遣隋使」〈『改訂新版　世界大百科事典』〉)。

①朝鮮問題を有利に導くため、②日本の国際的地位の向上、③中国文化の摂取の三つである。①については、六〇〇(推古八)年の第一回遣隋使派遣の二年前に隋の高句麗遠征があり、朝鮮半島情勢に多大な影響をおよぼしていたことが関係していると考えられたためである。この当時、倭国では、新羅に滅ぼされた任那(加耶)の復興を考えており、半島情勢を見きわめ、隋との国交を結ぶことで、任那復興に資さんとしたものと考えられる。この目的については、現在のところとくに批判などはなく、研究上問題とはなっていない。

問題は、②と③であろう。②については、従来、聖徳太子が外交を主導し、隋と倭国の対等外交がはかられたとされてきたが、近年、それに対する否定的な意見も出されている。③については、中国文化の内容が論者によって異なる場合がある。また、そのもたらした影響のとらえ方にも違いがある。こうした相違点は、遣隋使のもつ画期性の評価にも関わるところが大きい。

対等外交はあったのか

遣隋使派遣時の倭国王(推古天皇)は冊封を受けず、六〇七(推古十五)年派遣の第二回遣隋使(小野妹子・鞍作福利《くらつくりのふくり》ら)の際に有名な「日出づる処の天子」云々の国書を提出したことから、隋と倭国の対等外交を目指していたとされる。その国書では、隋の皇帝が「日没する処の天子」とされ、倭国と隋の君主が同じく「天子」とされ、対等な関係として記述されていたとされる。これまでは、この「天子」は儒教(中華思想)の文脈で理解され、天命を受け天下の支配を委任された唯一無二の存在であり、それは中国の皇帝にほかならないものとされた。そのため、東夷の未開国にすぎない倭国の君主が「天子」を名乗るのは度を超えた僭称であり、きわめて無礼な行為であり、時に隋の皇帝煬帝が「蕃夷《ばんい》の書、無礼なる有らば、復《ま》た以て聞《ぶん》する勿《なか》れ」と怒ったのも当然のことと理解されてきた［西嶋 一九八五、堀 一九九八］。これまで、倭国王は中国皇帝に対し臣下の立場をとってきたのに対し、遣隋使は対等関係を目指した画期的な外交を行ったと評価されてきたのである。

　こうした通説に対し、「日出づる処の天子」の国書は、仏教的な文脈で理解すべきであり、この「天子」とは『金光明経』に説かれる神々の守護を受け、神通力を得て、仏法を広め、よく衆生を教化する国王のことであり、一人に限られるものではない。そして、倭国は隋の圧倒的優位を認めていたと思われ、遣隋使が朝貢使であることは明らかである以上、隋に対等な関係を求めたとは考えられないという説が出されている［河上 二〇一九］。倭国の使者が隋の皇帝を「海西菩薩天子」とたたえていること、国書の「日出づる処」「日没する処」という表現が『大智度論《だいちどろん》』にもとづいたものであること［東野 一九九二］、などを勘案するならば、「天子」を仏教的な用語として理解すべきという主張は十分認められる。しかし、六〇八（推古十六）年派遣の第三回遣隋使（小野妹子・吉士雄成《きしのおなり》ら）の国書においても「東の天皇」と「西の皇帝」と対称的な立場を主張していることを考えると、やはり中国との明確な上下関係を避ける意図があったのではないかと思われる［堀 一九九八、大津 一九九九］。なお、ここにみえる「天皇」号の問題については、本書の「1　天皇号と日本国号の成立」を参照していただきたい。また、隋側が倭国の遣隋使を朝貢使と位置づけたのは明かであるが、倭国側が朝貢使と自認していたかは疑問がある［榎本 二〇一一b］。対等外交が目指されたのか否かについては、「天皇」号の推古朝成立説の正否とあわせて、今後も検討を重ねる必要があるだろう。

もたらされた中国文化の内実と影響

遣隋使の画期性として注目されるのは、中国の文化・学術を摂取するために、はじめて留学生・留学僧を派遣したことである。第二回遣隋使は、仏法を学ばせるために沙門数十人を送ったことが『隋書』倭国伝に記される。『日本書紀』には、第三回遣隋使が高向玄理や僧旻など八人の学生・学問僧をともなったことが述べられている。注意されるのは、第一回遣隋使に関しては、留学生・留学僧の記録が存在しないことである。第二回・第三回には留学生・留学僧の記録があり、中国文化・学術の摂取を目的にしていたことは明確だが、第一回の遣隋使にも同様な目的があったかは慎重に考えるべきであろう。ところが、第一回遣隋使が隋の礼制や楽制を倭国に伝えたとする有力な説が存在している。第一回遣隋使が隋で学んできたことが、推古朝の国制改革に生かされたという見解である〔鈴木 二〇〇九、渡辺 二〇一三〕。

第一回遣隋使派遣後、倭国では、六〇三(推古十一)年に中国的な儀礼空間を備えた小墾田宮に遷宮し、冠位十二階が制定された。翌六〇四(推古十二)年には憲法十七条が作成され、朝礼の改制が行われるなど、中央集権化を推し進める国制改革があいついで実施された。そのため、こうした国制改革のモデルが、直前に帰国した遣隋使によってもたらされたという見方が広まっている。六〇八年に来倭した隋使裴世清を迎えた外交儀礼(賓礼)も中国的な儀礼であったことから、第一回遣隋使がもたらした儀礼書『江都集礼《こうとしゅうれい》』により整備されたとされる〔田島 一九八六〕。しかし、これらの説は状況証拠からの推測であって、改革の具体的な内容・実態を十分検討したものではない。

冠位十二階にしろ、礼制改革にしろ、また外交儀礼にしろ、その内容は隋代のものではなく、それ以前の中国南朝の影響が濃いことが明らかにされている[榎本 二〇一一b]。また、外交儀礼整備に利用されたとされる『江都集礼』は、隋代の国家儀礼を定めた礼書(儀注という)と誤解されてきたが、実際は儀注ではないことが明かにされている[白石 二〇一九、榎本 二〇二〇a]。たとえ『江都集礼』がもたらされたとしても、それで外交儀礼を整備することはできなかったのである。隋代の楽制がもたらされた証拠とされる鼓角《こかく》による奏楽記事(『隋書』倭国伝)も、信拠をおけないことが指摘されている[榎本 二〇一一a]。そもそも留学生と異なり、短期間しか滞在していなかったと思われる第一回遣隋使が、隋の礼制・楽制をどこまで摂取・将来できたかも疑問である。第一回遣隋使が隋の礼制・楽制をもたらしたという通説は見直す必要があるだろう。

それでは、第二回・第三回遣隋使は具体的にどのような文化・学術をもたらしたのであろうか。留学僧は隋代の仏教を学んできたことは間違いないであろう。正倉院の聖語蔵《しょうごぞう》に残る隋代の仏経典などは、遣隋留学僧が持ち帰った蓋然性が高いであろう[池田 二〇二二]。留学僧は仏教のみならず、それ以外の学術をもたらしたことは、僧旻が大化改新政府の国博士に登用されたことや、南淵請安が儒教の学堂を開いたことから知られる。留学僧や留学生が具体的に何を学んできたかだが、そのことを推察する材料として、彼らが持ち帰った書籍がある。近年、遣隋留学生らが持ち帰った書籍を具体的に推定しうるようになった。遣隋留学生らはかなり多くの、また礼制や仏教にとどまらない広範囲の分野の書籍を持ち帰ったことが知られるのである[榎本 二〇一七]。その中には、隋の大業《たいぎょう》律令も含まれているが、この法典が飛鳥浄御原律令の編纂に利用された可能性も指摘されている[榎本 二〇二〇b]。

遣隋留学生・留学僧のもたらした隋代の文化・学術が、大化改新から浄御原律令に至るまでの中央集権的な国家制度の形成に大きく貢献したことは間違いないであろう。吉備真備・玄昉ら遣唐留学生・留学僧の活躍は広く知られているが、遣隋留学生・留学僧の果たした役割の大きさはもっと高く評価されるべきであろう。

〈参考文献〉

池田温　二〇一二年「遣隋使のもたらした文物」（氣賀澤保規編『遣隋使がみた風景――東アジアからの新視点』八木書店）
井上光貞　一九八〇年「雄略朝における王権と東アジア」（『東アジア世界における日本古代史講座4』学生社）
榎本淳一　二〇一一年a「『隋書』倭国伝について」（大山誠一編『日本書紀の謎と聖徳太子』平凡社）
榎本淳一　二〇一一年b「比較儀礼論」（石井正敏ほか編『日本の対外関係2』吉川弘文館）
榎本淳一　二〇一七年「中日書目比較考――『隋書』経籍志の書籍情報を巡って」（『東洋史研究』七六巻一号）
榎本淳一　二〇二〇年a「『江都集礼』の編纂と意義・影響」（金子修一先生古稀記念論文集編集委員会編『東アジアにおける皇帝権力と国際秩序』汲古書院）
榎本淳一　二〇二〇年b「律令制における法と学術」（大津透編『日本古代律令制と中国文明』山川出版社）
大津透　一九九九年「天皇号の成立」（『古代の天皇制』岩波書店）
河上麻由子　二〇一九年『古代日中関係史――倭の五王から遣唐使以降まで』（中公新書）

2 倭の五王と遣隋使

岸俊男　一九八四年「画期としての雄略朝」(のち再録『日本古代文物の研究』塙書房、一九八八年)
熊谷公男　二〇〇一年『日本の歴史3　大王から天皇へ』(講談社)
氣賀澤保規　二〇一二年「倭人がみた隋の風景」(同編『遣隋使がみた風景――東アジアからの新視点』八木書店)
河内春人　二〇一八年『倭の五王――王位継承と五世紀の東アジア』(中公新書)
坂元義種　一九七八年『古代東アジアの日本と朝鮮』(吉川弘文館)
白石將人　二〇一九年「『江都集礼』と隋代の制礼」(『東方学』一三七輯)
鈴木靖民　二〇〇九年「遣隋使と礼制・仏教――推古朝の王権イデオロギー」(のち再録『日本の古代国家形成と東アジア』吉川弘文館、二〇一一年)
鈴木靖民　二〇一二年『倭国史の展開と東アジア』(岩波書店)
田島公　一九八六年「外交と儀礼」(岸俊男編『日本の古代7』中央公論社)
田中史生　二〇一三年「倭の五王と列島支配」(『岩波講座日本歴史1』岩波書店)
東野治之　一九九二年「日出処・日本・ワークワーク」(『遣唐使と正倉院』岩波書店)
西嶋定生　一九八五年『日本歴史の国際環境』(東京大学出版会)
堀敏一　一九九八年『東アジアのなかの古代日本』(研文出版)
森公章　二〇一〇年『日本史リブレット人2　倭の五王――5世紀の東アジアと倭王群像』(山川出版社)
吉村武彦　一九九三年「倭国と大和王権」(『岩波講座日本通史2』岩波書店)
渡辺信一郎　二〇一三年「隋の楽制改革と倭国」(『中国古代の楽制と国家――日本雅楽の源流』文理閣)

3 帰化人——日本古代の移民——の果たした役割

丸山　裕美子

1　問題の所在——「帰化人」「渡来人」「移民」

日本史教科書における表記

二〇一八年の高等学校学習指導要領の改訂により、二〇二三年からは「日本史B」に代わって「日本史探究」が新たな科目としてスタートした。山川出版社の「日本史探究」の教科書『詳説日本史』(日探 二〇二三)の索引に、「帰化人」という項目は、立項されていない。そもそも『詳説日本史　改訂版』(日B 二〇二二)の段階でも「帰化人」はなかった。

高校の日本史教科書から「帰化人」の語が消えてしまって久しい。「帰化人」に取って代わった「渡来人」という表記は、学術用語として市民権を得て、すっかり定着している。ちなみに、二〇二三年発行の高校の日本史(「日本史探究」)教科書は五社七冊あるが、その中で、「帰化人」を用いているのは一冊もない。すべての教科書は「渡来人」とする。

「渡来人」は、四世紀末から五世紀にかけての古墳時代の技術革新に関わる箇所で、集中的に使用される(本シリーズ第1巻「10 古墳時代の渡来人」参照)。しかし『詳説日本史』(日探)においては、これまでの『詳説日本史』(日B)では用いられていなかった弥生文化の成立に関わる部分でも使用されている。日本史教育の現場で、「渡来人」という語は、着実に使用範囲を広げている。

研究者のあいだでは、「帰化人」と「渡来人」の語の使用をめぐっては意見の対立が続いてきたが、現状では「渡来人」が優勢である。とはいえ、最近出版された研究書には、『渡来系移住民』〔吉村ほか編 二〇二〇〕や、『古代日本の渡来系移民』〔須田・荒井編 二〇二一〕のように、「渡来系移住民」「渡来系移民」を掲げるものがあり、単純な「渡来人」の使用にも揺らぎが生じている。「渡来系移住民」「渡来系移民」というのは日本語として変な気がするが、それだけ「渡来人」表記に違和感をもつ研究者が増えてきたということであろう。なお前者「渡来系移住民」は、「渡来人」「帰化人」について積極的に研究・発言してきた田中史生氏が提言した用語で説得力があるが〔田中 二〇一九〕、「渡来」に「移動」と「定住」の意味を付加したもので、少し無理があるように思う。

筆者もかつて、この問題についてささやかな整理を試みた〔丸山 二〇一四〕。その際には、その果たした役割を明確にさせるためにも、「帰化人」用語の有効性を述べた。しかし、現在は、現代社会で一般的に使われている「移民」という表記を用いればいいのではないかと考えている。日本古代についてであれば、「半島系移民」とか「中国系移民」、あるいは「百済系移民」「高句麗系移民」といった方がしっくりくる。ともあれ、まずは「渡来人」「帰化人」の問題を一瞥しておこう。

「帰化」と「渡来」

「帰化」の語義は、「王化(君主の徳化)に帰すること」で、中国の中華思想・華夷思想にもとづく語である。現在でも国籍法において「帰化」の語が使用されているが(国籍法第四条)、そこには中華思想は含まれていない(意味は単に「日本国籍を取得すること」である)はずである。しかしながら、本来の語義に差別的意味が含まれること、戦前の日本の朝鮮半島に対する支配の正当化に「帰化人史観」が用いられたことが問題となり、一九七〇年代以降、歴史用語としては、「帰化人」に代わって「渡来人」という用語が一般化した。いわば免罪符のように言葉の置き換えが行われたのである。

しかし、「渡来人」は、単なる物理的な移動を意味しており、移住・定住の意味はもたない。つとに関晃氏や平野邦雄氏は、歴史用語として「帰化人」がふさわしいことを説き〔関 一九五六、平野 一九八〇・一九九三〕、また「帰化」が律令法に規定される語句であることから、律令制国家の支配イデオロギーを体現する用語として、むしろ積極的に用いることを提唱する意見もある〔中野 一九九二〕。一方、田中史生氏は、「帰化」の概念は一定の支配領域と中華的思想をもつ国家＝律令制国家の成立をもって発生するのだから、それを無視した「帰化人」の多用は問題があることを強調する〔田中 二〇〇五〕。

平野氏が逐一詳細に検討したように、『日本書紀』は、「帰化」を「安置」(定住)と対応させ、「献」や「貢」とは別の概念として使い分けている。もちろん『日本書紀』は八世紀に編纂された日本の古代国家の正史であり、ヤマト王権の正当性を記す政治的な編纂物であるのだから、その記述は、王権・政権側の視点ということになるが、その背景には、「帰化」が単なる物理的な移動ではなく、倭国(ヤマト王権)の政治的な対応があったことを認めてよい。とはいえ『日本書紀』の「帰化」(「投化」「化来」)

につけられた古訓は、「オノズカラモウク」であり、『日本書紀』で「帰化」と表記された事例を、『古事記』は「参渡来」と記している。実態としては、「自らの意志で渡来したもの」であった。「帰化」の語は、中華思想を前提とするが、あまりにその側面を強調するのは、かえって実態とは乖離してしまう危険性がある。前近代東アジア世界において、戦乱や飢饉などの理由で自ら移動し、別の国や地域に移動していく人々＝移民を、所在の国・王権や社会が受け入れることをもって「帰化」と称したのであって、支配イデオロギーや中華思想の視点でのみ理解するのは当たらない。

「渡来」という語についても、そもそも日本列島は、ユーラシア大陸の東の果てにあって、現代の日本人に連なる人々は、旧石器時代後期以降に渡来してきた人々の子孫である。また「渡来」は、列島内の移動でも用いられる。「渡来人」という用語では、それぞれの時代において移民の果たした役割をきちんと評価することは困難である。

2 日本史教科書の「渡来人」＝移民とその果たした役割

①弥生文化の成立

『詳説日本史』(日探)には、「渡来人」は本文で九回使用されている(索引上は一カ所のみ)。そのほとんどは、古墳時代の移民についての記述なのだが、第一部「原始・古代」の第一章「日本文化のあけぼの」の第二節「農耕社会の成立」の小見出し「弥生文化の成立」には以下のような記述がある。

九州北部や中国・近畿地方などで発見されている弥生人骨の中には、縄文人骨に比べて背が高く、顔は面長で起伏の少ないものがみられる。そうした人々は大陸からの**渡来人**あるいはその子孫であり、弥生文化は朝鮮半島から農耕など新しい技術をたずさえて日本列島にやってきた人々が、在来の縄文人とともに生み出したものと考えられる。

この弥生文化の成立に関わった人々について、『詳説日本史』(日B)の段階では「渡来人」とは明記してはいなかった。

もちろん、水稲耕作と、鉄器・青銅器などの金属器の使用を特徴とする弥生文化については、これまでの教科書でも、こうした技術が中国大陸に起源をもつことや、朝鮮半島経由で伝来したことは記述されていたし、大陸・半島から渡来した集団による技術の伝播があったこと、石包丁や葬墓制(支石墓)など朝鮮半島の文化との類似性が説明されていたが、これを「渡来人」によるものとしては表記してこなかった。それはおそらく、弥生文化が革新性をもちつつも縄文文化との連続性を強く有しており、縄文人が渡来系の人々に置き換わったわけではない、という側面があったからであろう。弥生時代前期の西日本の墓地からは、いわゆる「渡来系」とされる人骨が出土する一方、身長が低く、顔のほりが深い、「縄文系」の人骨も多く発見されている。形態人類学的な分析による考察には限界があった。

二〇一〇年以降、これまでの人骨の形態による分析とは別に、次世代シークエンサによる古人骨DNAデータの分析(分子人類学)がさかんに行われるようになった。古代人のゲノムが解析され、古代の人々の移動が、具体的に明らかになりつつある。均質的に理解されがちな縄文時代の人々も、遺伝的に異なる多様な集団であったことが明らかになった。そして、弥生時代の人骨のゲノム解析からは、形態からは縄文系と思われる人骨も渡来系との混血であった例や、そもそも朝鮮半島の古代の集団にも縄文的な遺伝子が含まれていたことなどが判明している〔篠田 二〇二二〕。

弥生時代後期の青谷上寺地《あおやかみじち》遺跡(鳥取市)出土の人骨のミトコンドリアDNAや核ゲノムの分析からは、縄文的な遺伝子をもつもの、渡来系要素の強いものなどが混在していたことが指摘されている〔篠田ほか 二〇二〇〕。分子人類学研究からは、弥生時代を通して縄文時代以来の集団と、新たな移民集団の混血が進んだことが確認できるわけで、今後列島各地の弥生人集団の遺伝的特徴が解明され、朝鮮半島の古人骨調査も進めば、より正確な移民の実態と、彼らがもたらした技術との関係が明らかになっていくものと期待される。

②五世紀の技術革新

「渡来人」表記が集中するのが、『詳説日本史』(日探)の第二章「古墳とヤマト政権」である。まず第一節「古墳文化の展開」の小見出し「東アジア諸国との交渉」「大陸文化の受容」には、五世紀の記述の中に、以下のように「渡来人」が繰り返し記される。

朝鮮半島から乗馬の風習を学び、五世紀になると日本列島の古墳にも馬具が副葬されるようになった。この間、倭は百済や加耶から様々な技術を学び、また多くの**渡来人**が海を渡って、多様な技術や文化を日本列島に伝えた。……

このような朝鮮半島や中国との盛んな交渉の中で、より進んだ鉄器・須恵器の生産、機織り、金属工芸・土木などの諸技術が、主として朝鮮半島からやってきた**渡来人**によって伝えられた。

ヤマト政権は渡来人を韓鍛冶部《からかぬちべ》・陶作部《すえつくりべ》・錦織部《にしごりべ》・鞍作部《くらつくりべ》などと呼ばれる技術者集団に組織し、各地に居住させた。……漢字を用いてヤマト政権の様々な記録や出納・外交文書などの作成に当たったのも、史部《ふひとべ》などと呼ばれる渡来人であった。

この記述の注には、「記紀」に王仁《わに》・阿知使主《あちのおみ》・弓月君《ゆづきのきみ》などの渡来説話があること、ヤマト政権が彼らの諸技術によって支えられていたことも記されている。同時に、「渡来」した五経博士らによる儒教や医学・暦学などの学術の受容、仏教の伝来にも触れ、仏教については、注で「渡来人のあいだでは、それ(公伝)以前から信仰されていた可能性が高い」とする。

この時期に関しては、考古学的な成果が着実に進展しつつある。とくに教科書にも特記される馬の生産・飼育、鍛冶技術と鉄器の生産、須恵器の生産についての具体的な事例(生産遺跡)が増加し、知見が積み重ねられている[土生田・亀田編 二〇一六]。

製鉄の開始時期についてはまだ確定できないが、古墳時代中期には、鍛冶・金工技術、武器・武具の生産が画期を迎える。畿内では、五世紀前半以降の鍛冶工房跡がいくつも確認されているが、その周辺には大規模な拠点集落が整備され、集落からは、朝鮮半島系土器や陶製の紡錘車などの半島系の遺物が出土し、朝鮮半島からの移民(工人集団)が主導して開発が行われたことがうかがえる[花田 二〇〇二]。馬の飼育についてもまた、畿内と伊那谷《いなだに》(長野県)、上毛野《かみつけの》(群馬県)地域などで、牧の存在が想定される五世紀前半以降の遺跡と、それにともなう集落が確認されている[亀田 二〇二〇、千賀 二〇二〇]。

こうした生産技術の大規模な拠点経営は、陶邑《すえむら》(大阪府)による須恵器生産も含め、地域の豪族(例えば葛城氏や吉備氏など）による受け入れを想定するよりも、ヤマト王権を主体とする戦略的な政策であったとみるべきであろう［千賀 二〇二〇］。王権に帰属することになるという意味では、この時期の移民は、「帰化」と称しても差し支えない。

『古事記』応神段の記す、「百済池」の造営、百済王による阿知吉師《あちきし》と牡馬・牝馬の貢上、和邇吉師《わにきし》と論語・千字文の貢進、韓鍛《からかぬち》の卓素《たくそ》・呉服《くれはとり》の西素《せいそ》の貢上、あるいは『日本書紀』応神紀の記す、百済王による縫衣工女《きぬぬいのいらつめ》の貢上、阿直伎《あちき》と良馬二匹の貢上、王仁の渡来などは、五世紀前半において、ヤマト王権の関与のもと、鍛冶・馬飼・機織り・文字などの知識・技術が、朝鮮半島からの移民によってもたらされたことを反映している。

③六世紀の政治と文化

ついで『詳説日本史』（日探）の六世紀の記述の小見出し「ヤマト政権と政治制度」には、

> また新しい知識・技術を伝えた**渡来人**たちも、伴造や伴に編成され、品部の集団がそれを支えた。

とある。ヤマト政権が、新しい知識・技術を伝えた移民を自らの政治組織の中に組み込んだということは、この移民も「帰化」の範疇に入るといってよいと思う。

さらに、第二章の第二節「飛鳥の朝廷」において、

> 蘇我氏は**渡来人**と結んで朝廷（ヤマト政権の王権組織）の財政権を握り、政治機構の整備や仏教の受容を積極的に進めた。

と記し、飛鳥文化の記述においても、

　飛鳥文化は、**渡来人**の活躍もあって百済や高句麗、そして中国の南北朝時代の文化の影響を多く受け、……

とある。六世紀末までの移民が、七世紀前半の政治・文化の両面で果たした役割が強調されている。

四世紀末から五世紀、そして六世紀の移民は、四世紀後半以降の高句麗の南下にともなう朝鮮半島南部の不安定な政情の影響によるものでもあり、倭国側(ヤマト王権)の要請とともに一種の外交政策――学術交流と軍事協力の互換を媒介とする――としてあったことが指摘されている[仁藤 二〇〇四]。『日本書紀』雄略紀にみえる「今来《いまき》才伎」は、おそらく五世紀後半の技術者の渡来を示し、欽明紀の王辰爾《おうしんに》の逸話は六世紀における新たな文筆技能者の渡来を示しているのであろう。四世紀末から五世紀の移民は、六世紀には、秦《はた》氏、倭漢《やまとのあや》(東漢)氏のように、中国の王朝名を氏の名に冠する巨大な同族系譜を形成する。中国の王朝名を冠する氏族が、ヤマト王権に包摂されたことを目にみえるかたちで表しているわけで、ここには「帰化」の意識が認められる。

　五世紀後半から六世紀の移民は、「今来漢人」のように倭漢氏に組み込まれるものもあれば、別に白《しら》猪史《いのふひと》・船史《ふねのふひと》などの史を姓とするものもあったが、彼らは王権や蘇我氏と積極的な関係を結び、産業技術・文化面だけでなく、中央の政治にも関わっていったのである。

3 日本史教科書に記されない「渡来人」とその果たした役割――律令制国家の成立

律令制国家の成立と「渡来人」

高校の日本史教科書には「渡来人」とも「帰化人」とも記されないが、日本古代には、もう一度大きな人々の渡来の波＝集団移民があった。律令国家成立期、七世紀後半に起きた、百済・高句麗の滅亡とそれにともなう大量の遺民・難民の移住＝移民である。この時の移民は、「帰化人」と表記してよいものだが、教科書ではなぜか「渡来人」とも記されない。

百済・高句麗の遺民は、中国・唐王朝にも多く帰化したことが、近年中国で大量に出土する墓誌からも具体的に知られるようになってきたが〔植田 二〇二二〕、日本列島に移住した人々も、おそらく数千人規模でいた。

『詳説日本史』(日探)にも、もちろんこの時の移民についての記述はある。第三章「律令国家の形成」の第一節「律令国家への道」の小見出し「天智天皇・天武天皇」に、

百済からの亡命貴族の指導下に、九州の要地を守る水城《みずき》や大野城《おおのじょう》・基肄城《きいじょう》が築かれ、対馬から大和にかけて古代山城(朝鮮式山城)が築かれた。

とあるのがそれであるが、この記述では、百済から貴族が亡命してきて、朝鮮式山城を築いたことしかわからない。

しかし、実際には、亡命というよりは遺民・難民の移住であり移民であったし、おそらく貴族だけが渡来したわけでもなく、また百済だけではなく、六六八年に滅亡した高句麗などからも、多くの人々

が日本列島に渡ってきた(**表1**)。そして、彼らが果たした役割は、朝鮮式山城に代表される土木・築城技術だけではなく、律令を中心とする法制整備、史書の編纂、儒教をはじめとする学術、漢詩文などの一般教養、医学・薬学、陰陽・天文学などにもおよんだ。七一六(霊亀二)年の高句麗系移民一七九九人の移住による高麗郡の建郡をはじめ、百済系移民・高句麗系移民を多く東国に集団で移住させているのは、東国の開発について、彼らの開墾の技術力に期待したものであろう［大津 一九八七］。

八世紀半ばの文化と「渡来人」

八世紀初めの大宝律令の制定や『日本書紀』の編纂には、七世紀後半の百済・高句麗系移民よりもむしろ五・六世紀の移民の子孫らが関わっていたようであるが、八世紀半ばの文化事業では新旧移民の子孫たちが活躍した。例えば、東大寺の大仏造立に活躍した「大仏師」国中連《くになかのむらじ》公麻呂《きみまろ》も、百済系移民であった。大部の一切経の書写を行った東大寺写経所においても、万昆《まこん》・鬼室《きしつ》・念林《ねんりん》・答他《とうた》・達沙《たつさ》・荊《けい》・金・角・古・台・楊・張氏など、百済・高句麗系移民が多く関わっていたし、秦氏や漢氏とその枝族である勝《すぐり》・村主《すぐり》を姓にもつ者や史《ふひと》の姓の者など、五・六世紀の移民の子孫も活躍していた［丸山 二〇二〇］。医学関係では、徳《とく》・木素《もくそ》・沙宅《さたく》・吉田《きった》連(吉)・御立《みたて》連(呉粛《ごしゅく》)・城上《きのえ》連(胛《こう》)・蓋《がい》氏などの百済・高句麗系移民や、村主・忌寸《いみき》・薬師《くすし》・史の姓をもつ移民の子孫が目立っている。

七世紀後半から八世紀の日本の律令制国家成立とその浸透・定着には、百済・高句麗系移民が、様々な分野で、大きな役割を果たしたといってよく、この点、教科書でもう少し取り上げられてもよいように思う。

表1 移民の安置一覧(660年～716年)

西暦	年・月・日	記　事	出　典
660	斉明6・10	百済の佐平鬼室福信が、佐平貴智等を遣わし唐俘100余人を献じる、今、美濃国の不破・片県、2郡の唐人である	『日本書紀』
661	斉明7・11	百済の佐平福信が献上した唐俘106口を近江国の墾田に安置 ＊前年の唐俘であろう	『日本書紀』
665	天智4・2・是月	百済の百姓男女400余人を近江国神前郡に安置	『日本書紀』
	天智4・3・是月	神前郡の百済人に田を給う	『日本書紀』
666	丙寅・正月	摂津職に安置されていた百済人を甲斐国に遷す	『日本後紀』延暦18年12月甲戌条
666	天智5・是冬	百済の男女2000余人を東国に安置	『日本書紀』
669	天智8・是歳	佐平余自信、鬼室集斯ら男女700余人を近江国蒲生郡に遷しおく	『日本書紀』
675	天武4・10・丙戌	唐人30口を遠江国に安置	『日本書紀』
684	天武13・5・甲子	化来百済僧尼及俗男女23人を武蔵国に安置	『日本書紀』
687	持統1・3・己卯	投化高麗56人常陸国に安置、田を給い、生業を安からしむ	『日本書紀』
	持統1・3・丙戌	投化新羅14人を下毛野国に安置、田を給い、生業を安からしむ	『日本書紀』
	持統1・4・癸卯	投化新羅僧尼百姓男女22人を武蔵国に安置、田を給い、生業を安からしむ	『日本書紀』
689	持統3・4・庚寅	投化新羅人を下毛野国に安置	『日本書紀』
690	持統4・2・壬申	帰化新羅人12人を武蔵国に安置	『日本書紀』
	持統4・8・乙卯	帰化新羅人らを下毛野国に安置	『日本書紀』
715	霊亀1・7・丙午	尾張国人席田君邇近と新羅人74家を貫して美濃国席田郡を建つ	『続日本紀』
716	霊亀2・5・辛卯	駿河・甲斐・相模・上総・下総・常陸・下野七国高麗人1799人を武蔵国に遷し、高麗郡を建つ	『続日本紀』

＊以後は新羅人の安置記事のみ。

おわりに――「帰化人」「渡来人」を越えて

律令の戸令《こりょう》・没落外蕃条《ぼつらくげばんじょう》は「帰化」の手続き規定である。この条文は、大宝令と養老令では異同があった。大宝令には、「もし才伎有らば、奏聞して勅を聴け」という一文が末尾に加わっていたのである。「才伎」がある者、つまり知識人・技術者は、天皇がこれを把握することになっていた。日本古代において、「帰化」は「才伎」と密接不可分に結びついていたのである。と同時に、この規定が養老令で削除されたことは、「帰化」が「才伎」の有無ではなく、純粋に中国的な「王化」の問題に収斂《しゅうれん》されたことを意味しよう。

九世紀前半に撰上された『新撰姓氏録《しんせんしょうじろく》』は、左右京・畿内の氏族を皇別・神別・諸蕃の三つに分類する。収載された氏族は全一一八二氏で、系譜が未詳とされたもの一一七氏を除くと、諸蕃＝移民の後裔は三二六氏で、約三〇％を占める。そして『新撰姓氏録』以後、再びこのような氏族系譜がつくられることはなかった。その意味で、日本古代の移民は、九世紀前半にその果たすべき役割を終えたといえるかもしれない。

「帰化人」研究に大きな成果をあげた関晃氏は、「われわれの祖先が帰化人を同化したというような言い方がよく行われるけれども、そうではなくて、帰化人は、われわれの祖先なのである」といった。この言葉には批判もあるが、事実の一面を言い得ている。九世紀前半の段階ですでに移民の後裔は(畿内で)三割を超えていたのだから。

古代の東アジア世界において、中国とその周縁では、多くの国が興亡し、戦乱・飢饉・疫病のたびに大規模な人の移動があった。日本列島の場合、海を隔てているという制約があったが、明確な国境線がない時代、近代以降の国民国家意識とは異なる人や集団の移動があったことも改めて認識する必要があるであろう。

〈参考文献〉

植田喜兵成智　二〇二二年『新羅・唐関係と百済・高句麗遺民――古代東アジア国際関係の変化と再編』（山川出版社）
大津透　一九八七年「近江と古代国家」（のち再録『律令国家支配構造の研究』岩波書店、一九九三年）
加藤謙吉　二〇〇二年『大和政権とフミヒト制』（吉川弘文館）
亀田修一　二〇二〇年「列島各地の渡来系文化・渡来人」（吉村武彦ほか編『シリーズ古代史をひらく　渡来系移住民――半島・大陸との往来』岩波書店）
篠田謙一ほか　二〇二〇年「鳥取県鳥取市青谷上寺地遺跡出土弥生後期人骨のDNA分析」（『国立歴史民俗博物館研究報告』二一九集）
篠田謙一　二〇二二年『人類の起源――古代DNAが語るホモ・サピエンスの「大いなる旅」』（中公新書）
須田勉・荒井秀規編　二〇二一年『古代日本と渡来系移民――百済郡と高麗郡の成立』（高志書院）
関晃　一九五六年『帰化人――古代の政治・経済・文化を語る』（至文堂、のち講談社学術文庫、二〇〇九年）
田中史生　二〇〇五年『倭国と渡来人――交錯する「内」と「外」』（吉川弘文館）
田中史生　二〇一九年『渡来人と帰化人』（角川選書）

田中史生　二〇二〇年「律令制国家の政治・文化と渡来系移住民」(吉村武彦ほか編『シリーズ古代史をひらく　渡来系移住民――半島・大陸との往来』岩波書店)
千賀久　二〇二〇年「渡来系移住民がもたらした産業技術」(吉村武彦ほか編『シリーズ古代史をひらく　渡来系移住民――半島・大陸との往来』岩波書店)
中野高行　一九九二年「「帰化人」という用語の妥当性について」(のち再録『日本古代の外交制度史』岩田書院、二〇〇八年)
仁藤敦史　二〇〇四年「文献よりみた古代の日朝関係」(『国立歴史民俗博物館研究報告』一一〇集)
花田勝広　二〇〇二年『古代の鉄生産と渡来人――倭政権の形成と生産組織』(雄山閣)
土生田純之・亀田修一編　二〇一六年「特集　古墳時代・渡来人の考古学」(『季刊考古学』一三七号)
平野邦雄　一九八〇年「国際関係における〝帰化〟と〝外蕃〟」(のち再録『大化前代政治過程の研究』吉川弘文館、一九八五年)
平野邦雄　一九九三年『帰化人と古代国家』(吉川弘文館)
丸山裕美子　二〇一四年「帰化人と古代国家・文化の形成」(『岩波講座日本歴史2』岩波書店)
丸山裕美子　二〇二〇年「古代の移民と奈良時代の文化――東大寺写経所の百済・高句麗移民」(大津透編『日本古代律令制と中国文明』山川出版社)
吉村武彦ほか編　二〇二〇年『シリーズ古代史をひらく　渡来系移住民――半島・大陸との往来』(岩波書店)

4 『日本書紀』の成立とその信憑性

細井 浩志

はじめに

『日本書紀』とは

『日本書紀』(以下、書紀)の記述と、歴史的事実とはどのように関係するかについて、ここでは解説をする。書紀は、神話について語る二巻と、伝説上の初代天皇である神武天皇(即位は紀元前六六〇年とされる)~持統天皇譲位(六九七年)の歴史についての二八巻(計三〇巻)、そして失われた系図一巻とで構成される、律令国家が編纂した史書である。

日本史における『日本書紀』の意義

七世紀以前の歴史を語るためには、書紀の記述に頼らないわけにはいかない。この時期について、もっとも明確な歴史のストーリーと豊富な情報とが得られるからである。外国の史料や考古学の研究成果と照らし合わせると、書紀の記述に多くの誤りや歪曲があることは確かである。だが、まったくのでたらめというわけでもない。日本史学以外の研究分野の成果を書紀で読み解き、逆にこうした成果で書紀の記述を訂正して史実を推測するという相互関係が、古代史研究では重要である。実は「日本」という認識と「日本史」という歴史の見方は、書紀によって広められ、近代に至るまで日本人の行動様式に影響を与えてきた。このような研究方法自体が、今におよぶ書紀の影響だということもできよう。

書紀は八世紀初めに完成した史書であり、また政治的な意図のもとに編纂されたので、十分注意して読み解くことが必要である。その例として高校の日本史教科書にも取り上げられる仏教伝来についても、とくに取り上げて説明したい。

1　『日本書紀』の成立について

最初の国史

書紀は、画期的な書物である。まず日本国(つまり律令国家)の公式の事業として編纂された、最初の歴史書(官撰国史)であることが特筆される。その編纂は六八一(天武十)年に始まり、紆余曲折の末、最終的には天武の皇子の舎人親王を総裁として、七二〇(養老四)年に完成し、元正天皇に献進された。完成まで足かけ四十年もの歳月を要した点にも注意が必要である。そして完成の翌年には、漢字の読み方を中心とする講読会(養老講書)が開かれ、以後、多くの写本がつくられて読み継がれていった。当初から公開されていたことで、書紀は普及し後世に大きな影響を与えたのである。

まずは官撰国史である意味について述べよう。書紀完成の八年前にできた『古事記』、あるいは七世紀の『天皇記』や、欽明朝(六世紀)に成立したことが有力視される「帝紀」も歴史の書といえる。しかし書紀は、これらとは次の点で異なっている。

『古事記』は太安万侶による序文(記序)によれば、天武天皇が始めた史書編纂事業が中断したあと、その未定稿を安万侶が整理して、元明天皇に進めたもので、国家事業としての史書ではない。また聖徳太子(厩戸皇子、厩戸王)と蘇我馬子が編纂した『天皇記』は、六四五年の大化改新(乙巳の変)で蘇我氏が滅亡した際に焼失した。蘇我氏という豪族の邸宅に正本がおかれていた点で、書紀とはやはり異質である。王統譜(天皇の系譜)とされる「帝紀」は、記序によれば、豪族の家ごとに異本を所有していた。つまり七世紀の国家や社会は、一つの歴史(正統な大王やキサキは誰かなど)を、管理ないし共有していたわけではない。またその文体は、純然たる漢文ではなく倭語を多用したものとみられる。これとは異なり、書紀は純然たる漢文で記され、正本は天皇におさめられ、公的な講読会で文字が確認された。当時の漢文は東アジア世界の国際的書記言語であった。

時が明らかな歴史

また『古事記』はもちろん、『天皇記』にも記事に年月日は付されなかったとされる[関根二〇二二]。これらの元となった「帝紀」については言うまでもない。ところが書紀には記事に年月日が明記されている。つまり何がいつ起こったのかが明瞭で、まさに歴史書の体をなしている。これはもちろん、中国の史書の例にならったものだが、朝鮮三国(高句麗・百済・新羅)で先行してつくられた史書、そして百済人により編纂された百済三書(「百済記」「百済新撰」「百済本紀」)の影響を受けたものでもあろう[遠藤 二〇一二・二〇一五]。

日本史の誕生

つぎに大事なのは、「日本」についての歴史書だという点である。『古事記』が「神倭《かむやまと》伊波礼毘古《いはれびこの》命《みこと》」(＝神武天皇)とするところを、「神日本《かむやまと》磐余彦《いわれびこの》天皇《すめらみこと》」と表記するように、書紀は「日本」という国号と、それを統治する天皇の歴史というスタイルにこだわっている。「日本」は、書紀完成の二十年ほど前に採用されたばかりの新しい国号で、それまではずっと倭国を称していた。倭王は中国の史書『宋書』に載る倭の五王のように、中国皇帝に朝貢して臣下となっていた時もあった。また倭国ももとは多くの国に分かれていて、古くはそれぞれの王が中国に朝貢していた。天皇号の由来については見解の一致をまだみないが、中国皇帝より冊封される際の王号とは異なって、それと対等な天子を意味する君主号である。日本国号は天皇号の使用開始とともに、中国(唐)からの自立を意識したものである。そして七世紀までの倭国の歴史を、最初から天皇が統治する日本国の歴史として叙述した点に、書紀の最大の政治的主張があったといえよう。逆にいえばそのほかの点では、原資料や編纂の各段階で盛り込まれた政治的主張が、相互の矛盾を調整しないまま残されている場合が多々みられるのである。これは編集の未熟さもあるが、積極的に公開される歴史であるため、天皇はもちろん、原資料を提供した貴族官人からある程度の承認を得られる必要があったためだといえよう[遠藤 二〇一二・二〇一六]。

2 『日本書紀』の表記法について

『日本書紀』の原資料

書紀の編纂開始命令とされる記事には、「帝紀と上古の諸事(=旧辞)を記定する」ことが目的だとある(天武十年三月丙戌条)。『古事記』は「帝紀」に物語である「旧辞」を合体させたものといわれる。これがどこかの段階で、中国風の史書を模範とした編纂に大きく方針転換をしたことになる。この転換がいつ起こったのかは、残念ながらわからない。書紀はこの①「帝紀」、②「旧辞」に加え、③墓記(氏族の系譜・伝承)、④諸国の伝承、⑤寺院の縁起、⑥個人の手記・日記(記録)、⑦外国文献、⑧政府の記録を原資料とするとされている[坂本 一九七〇、遠藤 二〇一六]。

『日本書紀』の用字

書紀は編纂当時の用語で潤色されている。わかりやすい例では、奈良県石神遺跡出土木簡では「大学官」とある官名を「大宝律令」での名称「大学寮」と記す(天武四年正月一日条)。地方の行政単位である「こほり」が「評」表記であった七世紀の記事でも、書紀は「郡」とする。これは時代ごとにまちまちであった表記を、律令国家の視点で統一してしまったわけである。

また倭語とは別言語である漢文で伝承などを文章化する時、独自の表現を考案するより、類似する場面を中国古典に探し、その表現を流用して、実際の場面にあうように修正する方が容易である。そこで書紀は中国の史書の表記をそのまま引用、つまりコピペしている箇所が多々みられる。こうした文飾が施された箇所では、大まかな歴史的事実はあっているとしても、表現をそのまま事実とみなすわけにはいかない。また、こうした文飾を施した原資料の表現が、そのまま使われた場合もあったろう。なお書紀全体での用字法は、α群・β群、そして巻三十(持統紀)に分類できるとされている。この分類には異論もあるが、現在の通説といってよい。各巻は**表1**のように分類される。

これは書紀の他の用字等の分類とも、おおむね合致するようである。α群の特性は、書紀編纂当時の唐の都長安など北方で使われた漢字の発音や漢文の用法に忠実だとされる。一方、β群は、倭語の影響のある使い方だという。こうした特性をもつ各一人ないし複数人のグループが、担当巻の粗原稿に手を入れて文の調整をした可能性が高い。α群の原稿が先行して成立したとも考えられている。

また四〇年の編纂過程で、書紀はいくつかの稿本がつくられていたといわれる(**表2**)。「或本」は収録範囲も比較的広く内容も整備されているので、書紀編纂の終盤での稿本だとされる[関根 二〇二二]。一方、「一本」「旧本」「別本」は七世紀後半の稿本という意見もある。こうした四種類の稿本があるということは、中国流史書の編纂という方針が定まったあとも、一度完成した原稿が四回(「或本」は複数あるという意見に従えば五回以上)は書き直しとなったことを示すのかもしれない。なお、α群の巻は「或本」以下の稿本の引用の分布とほぼ合致する点も注意される。

年月日

記事には巻一・二を除く二八巻分に、天皇治世年(即位元年紀には「是年也、太歳」として干支年も記す)・月朔《げっさく》干支(月初日に配当される干支)・日干支(当日の干支)が記されている(是歳《このとし》や是月《このつき》の条文もある)。

これは『漢書』などの中国史書や百済史書の体裁にならったものである。例えば六八一(天武十)年の記事(巻二十九)には、「三月庚午朔癸酉、阿倍夫人を葬る」とある。この年三月一日の干支が庚午で、阿倍夫人の葬儀は四日(癸酉)にあったという意味である。木簡などで七世紀の実例をみると、年は干支、日付は数字(日子《にっし》)表記が基本である。とすると暦日の入った原資料は、「辛巳年三月四日」と表記

表1 『日本書紀』の用字法([森 1999]より)

巻	分類
1	β
2	β
3	β
4	β
5	β
6	β
7	β
8	β
9	β
10	β
11	β
12	β
13	β
14	α
15	α
16	α
17	α
18	α
19	α
20	α
21	α
22	β
23	β
24	α
25	α
26	α
27	α
28	β
29	β
30	その他

表2 『日本書紀』の「或本」「一本」「旧本」「別本」([関根 2022]より)

巻	或本	一本	旧本	別本
1				
2				
3	1			
4				
5				
6				
7				
8				
9				
10				
11				
12				
13				
14	3	9	1	2
15	4	3	1	
16		3		
17	1	7		
18		1		
19		5	1	
20	1		1	
21	5			
22				
23				
24	5		1	
25	17			
26	14			
27	9			
28				
29	*			
30				

*寛文9年板本にあり(新訂増補国史大系)。

されていたことになる。この日付を書紀が干支に換算する際には、中国の暦法(暦作成の計算法)を使った。おそらく巻十三の安康天皇紀からは元嘉暦《げんかれき》、巻三〜十三・允恭天皇紀は儀鳳暦《ぎほうれき》を使っている。元嘉暦はおおよそ文武天皇即位頃まで、実際の暦づくりに使われた暦法である。なぜ安康紀からかといえば、中国での元嘉暦の施行が四四五(元嘉二十二)年だからである。倭国時代の実用暦は、当初は百済の暦博士が大王宮廷でつくり、七世紀には百済僧観勒から暦法の伝授(六〇二年)を受けた者らがつくったと推測される。百済は元嘉暦を使ったので(『隋書』百済伝)、その暦を前提とした倭国時代の文章が書紀編纂時まで残った場合、日干支・月の大小(三十日か二十九日か)・閏月の位置は元嘉暦による。よって仮に書紀が日付のない説話的記事に日付を捏造して与えた場合でも、区別がつきにくい。

一方儀鳳暦は、日本では元嘉暦のつぎに使われた暦法である。最初は七曜暦(天体位置表)作成に使われ、暦日計算への使用は文武天皇即位(六九七年)前後からなので、書紀の対象時代はほとんど使われていない。本来は定朔《ていさく》法という月の満ち欠けの変化を計算し、実際の朔(新月)の日を暦月の第一日とする点に特徴がある。ただし書紀の儀鳳暦は、元嘉暦同様、朔望月《さくぼうげつ》の周期が一定だという前提での簡易な計算法(=平朔《へいさく》法)を使っている。おそらく書紀編者は、元嘉暦以前の倭国の暦法を知らなかったため、便宜的に簡易版儀鳳暦を使ったのであろう。この換算暦法の区分は、α・β群の区分と合致せず、また編纂上の手間から考えても、書紀完成の直前に施されたのは間違いない。

中国の史書は月朔干支を必ずしも記さないが、月朔干支があると原稿の一応の完成後に記事を追加する必要が生じた時、その日付を日干支に換算しやすいので、書紀はあえて記したのかもしれない。

3 対象時代ごとの信憑性について

律令国家成立の影響

七世紀末～八世紀初めの律令国家の成立は、書紀に結実する史書の信憑性に、重要な影響を与えた。まず律令国家の政務は、口頭だけではなく、文書を作成して命令を伝達するようになる。つまり作成される文書量が飛躍的に多くなった。政務に関わる「令」については、最初が天智朝の近江令か、持統朝の飛鳥浄御原令かで研究者の意見が分かれている。だが七世紀後半には隋唐や朝鮮三国の影響で、律令国家の形成に向かって文書行政が進展したことが、文書木簡の出土状況などからも裏付けられる。また文書行政が採用されると、そこで働く貴族官人には、漢文の運用能力が必要となる。これによって公文書だけではなく、私的な書状や詩文、さらには万葉仮名を使った歌などの文字史料も増えることとなる。

つぎに公式令《くしきりょう》と呼ばれる篇目で、公文書の形式や保管の規則が定められると、文書保存が恒常的に行われるようになる。また律令国家の政治の中心(首都)として、藤原京が最初の都城として成立する(六九四年)。天皇の生活・政務を行う内裏だけではなく、各官司(役所)の所在場所も固定化するので、文書保存がされやすくなり、廃棄される機会が少なくなる。

つぎに歴史叙述にとって、いつのできごとかを記し、時系列にそって物事の展開を把握するという思考が重要で、ほかの物語とは異なる点である。中国の発達した暦法によりつくられた暦は、五五三(欽明十四)年に百済から暦博士が交替で大王宮廷に派遣されているので、これ以前から大王自身には使われたはずである。ただし暦そのものの普及範囲は非常に狭かったようである。六〇二(推古十)年、百済僧観勒が暦法を陽胡史祖玉陳《やごのふひとのおやたまふる》に伝授したとあり、推古朝のものとされる文章には暦日の記載があるので、大王宮の周辺地域では暦が使われたとみられる。その後、天武朝(六七二年〜)になって政府がつくった暦が全国に頒布され、天皇(大王)の支配地域の官衙や寺院などに暦日が浸透し、共有されることとなった。納税期限を守らせるなど、日次を決めるためには暦が必須なので、その浸透も律令国家成立と関わる。書紀の記事が完成年代である八世紀に近いほど、記述の信用度が高まるのは、中央集権的国家の形成と大いに関係している。

一方、都城が成立する以前の天皇(大王)は、一代ごとに所在の宮を変えていた。文書類があっても、大王の移動や宮の廃絶により、多くが消滅したことだろう。また六世紀以前は、文書行政も未発達で、おそらく渡来人の書記官以外の識字能力は高くなかったと考えられる。こうした状況は、時代をさかのぼるほどはなはだしかったはずなので、文字記録も少なかったことになる。ただし五世紀後半に在位し、倭の五王の最後として『宋書』倭国伝にも荘重な「倭王武上表文」が載せられる雄略天皇(ワカタケル)については、埼玉県稲荷山古墳・熊本県江田船山古墳から、「ワカタケル大王」の文字を含む銘文入りの刀剣が発見されている。彼は海外史料と考古学の成果による同時代史料で、書紀の記述が大まかにだが裏付けられた例である。ただし、「旧辞」の物語や寺院の縁起などは、古い史実を伝える場合もあるが、伝承者の正統性を高めるための創作や変形の程度が高い。よって、これを原資料とする書紀の記事から事実を抽出することが、難しい場合も多い。

暦の問題

暦の使用については、五世紀の稲荷山古墳出土鉄剣銘に「辛亥年(＝四七一年)七月中」、江田船山古墳出土大刀銘に「八月中」とあることから、ここまではほぼ確実にさかのぼる。ただし、「魏志」倭人伝の裴松之《はいしょうし》注引用の「魏略」によると、倭は「正歳四節を知らず、ただ春耕・秋収を計りて年紀となす」とあるので、三世紀には発達した暦はなかったようである。暦年代の信憑性に関していえば、六世紀以前の倭製の刀剣銘などにみえる暦日は「七月中」など、暦月止まりで日付を欠くものが多い。これは頒暦制度はなく、暦の使用が大王のごく周辺にとどまっており、ほかの場所では正月に始まる暦月だけ大王と共有するも、日付については天月の朔望で大まかな進行をとらえる程度だったからであろう。このように考えると、六世紀以前の書紀の記事で、日付(日干支)まで記しているものは、同時代史料にもとづくのか、きわめてあやしいことになる。つまり豪族の墓記や寺院縁起など、暦日が普及した七~八世紀に制作あるいは大きく改変されたものが原資料だと考えられ、それだけ信憑性が疑われる記事だということになる。

暦年代について注意すべきは、書紀編者はわれわれが知るような、日本史年表をもっていなかったことである。書紀をみると、「魏志」倭人伝や「晋起居注《しんききょちゅう》」、あるいは百済三書などを参照して、記事の年代を確定させている。たとえば神功皇后は、書紀では応神天皇の母である。応神天皇は倭の五王の最初の讃ではないかともみられているので、彼女はおおよそ四世紀末の人物となろうが、書紀は「魏志」倭人伝などにより、邪馬台国女王卑弥呼に当てている。そのために暦年代が干支年二回り分(＝一二〇年)、遡ることとなった。一方、倭王武に当たる雄略天皇は、四五六年に即位したことになっており、実年代とほぼ合致する。この間、応神は在位四一年(三一〇年没)、仁徳天皇は在位八七年(三九九年没)、允恭天皇は在位四二年(四五三年没)と、この三天皇で一二〇年の差を一気に埋めている。雄略天皇ことワカタケルは英雄的存在として、書紀編纂まで事績が多く残っていたのであろう。これらは神武天皇に始まる王統譜の基本的な骨格がおおよそ定まったのち、中国や朝鮮の史書の年代にあわせて享年・在位年数を拡張した結果である。書紀の天皇の在位年数は不自然なものとなったが、これによってはじめて、「日本史」の暦年代が定まったのである。この暦年代の上に、事件が位置づけられ、「歴史」が叙述され、「日本史」が成立したといえるのである。

なお『古事記』にも、書紀と同じではないものの、天皇の享年と在位年数、崩御の年月日が所々記されている。やはり不自然に長寿の天皇もおり、王統譜と暦年代との調整が行われている。『古事記』と書紀編纂との関係も想定され、興味深い。

4　仏教伝来記事の信憑性について

仏教公伝論争

倭国(日本)への仏教伝来がいつなのかについては、書紀と複数の古代仏教関係史料で異なっているため、いずれが正しいかをめぐる公伝論争がある。では仏教公伝記事は、書紀の中でどのような位置づけになるのだろうか。

仏教公伝とは、百済の聖王から欽明天皇への仏像・経典等の公的贈与と蘇我稲目による奉祀を指す。

書紀はこれを巻十九・欽明天皇十三年(壬申年、西暦五五二年)冬十月条で記事としている。これに対して、「上宮聖徳法王帝説」は、「志癸島天皇の御世戊午年(=西暦五三八年)十月十二日」とする。ただし戊午年は書紀では宣化天皇三年であって、欽明天皇の治世ではない。書紀の記事は新来の『金光明最勝王経』による文飾がはなはだしくて古伝ではないようにみえ、また五五二年は当時の中国では末法第一年目とされていたので、年次設定に作為性が疑われる。

書紀の論理を否定してまで戊午年とする理由がないと考えるなら、欽明天皇の戊午年に公伝があったとする有力な伝承が法隆寺・元興寺などにあり、かつ史実であった可能性がある。この場合、欽明天皇の在位年代が書紀よりさかのぼるので、継体天皇の没後、安閑・宣化天皇と欽明天皇が並び立つ内乱があったとの説が想起されることになる。一方、国際的に百済が危機におちいっていた五五二年の方が、仏教公伝にふさわしいとの見方もある[遠藤 二〇一二]。仏教公伝記事を書紀の一連の倭―百済関係記事の中に位置づけると、聖王による倭国への仏教提供は、倭国からの軍事支援への見返りとして百済が先進的文物を提供した一環とみられるからである。当時の仏教は現代のような信仰とは異なり、様々な技術・呪術を含む総合的なカルチャーとされる。それに仏経の流通分《るずうぶん》の常として、仏法を弘めることは仏菩薩や護法神の加護が期待できる行為であり、危機的状況の方がふさわしいとみることも可能である。また安閑・宣化―欽明の内乱はほかに明証がなく、これを疑問視する見方、戊午年説は戊午革運の思想にもとづく造作とする見方もある。

複数の仏教伝来記事

また書紀の仏教関連記事は、四天王寺の寺伝により、厩戸王を仏教の聖者とする八世紀以降の聖徳太子信仰の影響を受けて叙述されていることがうかがえる。書紀は仏教公伝に関わって、蘇我氏およびその血縁である聖徳太子を仏教の受容者で擁護者、敵対して滅ぼされる物部氏を仏敵とする図式で描いている［吉田 二〇一二］。対百済政策に関わっていた物部氏が廃仏派とされる点を、疑問視する見解もある［篠川 二〇二二］。

注意すべきは、書紀の記事からは百済よりの仏教伝来が何度もあったことがうかがえることである［吉田 二〇一二］。例えば、五八四年に当たる敏達十三年秋九月・是歳条では、百済より鹿深臣《かふかのおみ》らがもたらした仏像を蘇我馬子が得て、初めて善信尼らを出家させたことが、「仏法の初め茲《これ》よりおこれり」と記述されており、金剛寺の寺伝ではないかとされる。一方、『隋書』倭国伝は「百済において仏経を求得し、はじめて文字あり」と、倭国側が仏教を求めたとする。この点を重視し、仏教を重んじる中国南朝・梁と百済との外交関係を考慮して、公伝を五四〇年代以降とする見解もある［河上 二〇一一、田村 一九八三、山尾 一九八九a・b、上川 二〇〇七など］。

以上よりみると、六世紀における朝鮮三国の抗争の中で、倭国の軍事援助への見返りとして百済より仏教の提供があり、蘇我氏主導のそれをめぐって物部氏との対立があったというのが、大まかな史実なのであろう［本郷 一九九九など］。ただし、それぞれの記事の細部がどこまで正確なのかは、書紀編者自身もはっきりとはわからなかったはずである。そこで、書紀編者の立場として、五三八年（欽明朝戊午年）の仏教公伝はありえないので五五二年説をとったが、五八四年が仏教の初伝だとする原資料の主張は捨て去ることができなかったのだろう。そのため翌五八五年(敏達十四年条)には、これらのつじつまをあわせるような記述を挿入しているのである。

『古事記』序文および書紀の編纂開始記事をみると、諸豪族がおのおの「帝紀」をもち、その記述が一定していなかったため、これを統一することが書紀編纂開始の目的だったことがわかる。この「帝紀」は王統譜、つまり天皇の系譜なので、おそらく誰を即位した正統な天皇(大王)とするのかは、「帝紀」により異なる点もあっただろう。

また、「帝紀」と「旧辞」を合体させたものとされる『古事記』は、暦年(月日)が明記されていない。天皇の没年齢が記されている場合、治世年が記されている場合、崩御年月日(崩年干支)が記されている場合とがあるが、これらがいつ挿入されたのかは不明確である。とくに崩年干支は書紀とも異なり、継体天皇の崩御年については、複数の説があったことが書紀の継体二十五年条分注に記されている。おそらく「帝紀」には崩御年が記されていなかったか、記されていても各氏が有する本ごとに一定していなかったのだろう。だから欽明天皇の実際の元年が、書紀より二年早い戊午年以前であっても不思議ではない。また百済が倭に対して何度も仏具・経典の提供をすることも十分ありえる。仏教公伝年は五三八年説が有力とはいえ、どれか一つが正しいとすることが適切かどうかも考える必要がある。

おわりに

書紀の記事をそのまま信用することはできない。原資料の主張や編纂各段階での方針、単純な編集上の誤りが想定されるからである。ただし個々の記事は、文書行政が進展し、書紀編纂が始まった七世紀後半に関しては、同時代史料も比較的多く残されていただろうし、当事者も数多く生存していただろうから、比較的信用できると考えられる。これは出土木簡によってもおおむね首肯されるところである。一方、七世紀前半以前(とくに六世紀以前)となると、時間をさかのぼるほど、同時代の文字史料の残存数が減り、伝承や説話に頼った記事が増える。よって、信頼性が落ちるのはやむをえない。ただしその時期の記事であっても、百済三書のような、成立時期が書紀の記事内容よりあまり降らない、あるいは文字記録の蓄積が当時の倭国より進んでいた外国の史料により記述されている部分もある。またワカタケル大王のように、偉大だとされた人物は、とくに記録や記憶が残された場合があるだろう。「帝紀」が六世紀に編纂されたなら、天皇系譜も五世紀まではある程度信用できようが(倭の五王に関する『宋書』の記述でもある程度裏付けられる)、それ以前となるときわめて慎重な姿勢が必要であろう。これらをふまえて、書紀から確度の高い史実をくみ上げることが、古代史研究者に求められている。

〈**参考文献**〉

内田正男　一九七八年『日本書紀暦日原典』(雄山閣出版)
遠藤慶太　二〇一二年『東アジアの日本書紀――歴史書の誕生』(吉川弘文館)

遠藤慶太　二〇一五年『日本書紀の形成と諸資料』(塙書房)
遠藤慶太　二〇一六年『六国史――日本書紀に始まる古代の「正史」』(中公新書)
遠藤慶太・細井浩志ほか編　二〇一八年『日本書紀の誕生――編纂と受容の歴史』(八木書店)
上川通夫　二〇〇七年『日本中世仏教形成史論』(校倉書房)
河上麻由子　二〇一一年『古代アジア世界の対外交渉と仏教』(山川出版社)
坂本太郎　一九七〇年『六国史』(吉川弘文館)
篠川賢　二〇二二年『物部氏――古代氏族の起源と盛衰』(吉川弘文館)
関根淳　二〇二二年『日本古代史書研究』(八木書店)
田中俊明　一九九九年「六世紀前半における東アジアの動向と倭国」(吉村武彦編『古代を考える　継体・欽明朝と仏教伝来』吉川弘文館)
田村圓澄　一九八三年『日本仏教史4　百済・新羅』(法蔵館)
中林隆之　二〇〇七年『日本古代国家の仏教編成』(塙書房)
細井浩志　二〇〇七年『古代の天文異変と史書』(吉川弘文館)
細井浩志　二〇一三年「書評　吉田一彦著『仏教伝来の研究』」(『仏教史学研究』五六巻一号)
細井浩志　二〇一五年「国史の編纂――『日本書紀』と五国史の比較」(『岩波講座日本歴史21』岩波書店)
細井浩志　二〇二〇年「天文異変と史書の生成――舎人親王の作品としての『日本書紀』」(山下久夫・斎藤英喜編『日本書紀一三〇〇年史を問う』思文閣出版)
本郷真紹　一九九九年「仏教伝来」(吉村武彦編『古代を考える　継体・欽明朝と仏教伝来』吉川弘文館)
森博達　一九九九年『日本書紀の謎を解く――述作者は誰か』(中公新書)

山尾幸久　一九八九年a「日本への仏教伝来の学説をめぐって」(『立命館文学』五一一号)
山尾幸久　一九八九年b『古代の日朝関係』(塙書房)
吉田一彦　二〇一二年『仏教伝来の研究』(吉川弘文館)
吉田一彦　二〇二〇年「日本古代の宗教史」(吉田一彦・上島享編『日本宗教史1』吉川弘文館)

〈**参考URL**〉

奈良文化財研究所「木簡庫」(https://mokkanko.nabunken.go.jp/ja/〈二〇二四年四月一日最終閲覧〉)

5 記紀神話と古代の祭祀

小倉　慈司

はじめに

「記紀神話」とは、『古事記』『日本書紀』(以下、記紀)に記される神話を指す。神話は、広い意味においては人間の時代の物語・伝承も含めて呼ぶことがあるが、本稿では神々の物語を指して神話と呼ぶことにする(なお[久禮 二〇一八]も参照)。もちろん記紀では神から人への移行が連続的に語られているが、『日本書紀』では巻三神武天皇以降に対して巻一・二を神代上・下とし、両者には記事の記し方にも違いがある。そして『古事記』も全三巻中、中巻を神武天皇より始め、上巻をそれ以前にあてている。よって『古事記』の上巻、『日本書紀』の神代巻を神話とみなし、以下、論じていくことにしたい(なお、明治初年には神武天皇ではなく、その曾祖父に当たる天津彦彦火瓊瓊杵尊《あまつひこひこほのににぎのみこと》を初代としようという議論もあった)。

この記紀神話は、単なる神々の物語ではなく、『古事記』『日本書紀』という、七世紀後半から八世紀前半にかけて、国家によって編纂された天皇および日本の国家の起源を語る歴史書に記されたものである点に特徴がある。であるから、古代の民衆のあいだに広く共有されていたというようなものではない［津田 一九二四など］（記紀神話は天皇の物語の一部であり、「天皇神話」と呼ぶべきであるとの見解がある［神野志 一九九九など］）。

またそのことも関連するが、「記紀」と一括されるものの、『古事記』と『日本書紀』では単に文体・表現に差異があるだけでなく、神話の内容自体にも異同がある（後述）。そのことは、すでに固定化された神話が記紀成立時に存在していたわけではなく、編纂された結果としての神話が記紀それぞれに収録されたということを意味している。こうした記紀神話は、高校の日本史教科書で直接言及されることはほとんどないが、日本の古代国家の形成を語るうえで、きわめて重要な位置を占めている。

そして、このような神話は神祭りとも密接な関係をもっている。そこで、古代における神祇《じんぎ》祭祀——なかでも国家祭祀——と神話の関係についても、紹介することとしたい。

1　古代日本の神話

対外交渉と神話

『日本書紀』によれば、六五四（白雉五）年二月に遣唐使として唐に派遣された高向玄理らは、皇帝に謁見した時、官僚より「日本国の地里及び国の初の神の名」をたずねられ、みな、問いに随って答えたという。対外交渉の場において、地理とともに「国の初の神の名」が問われていることは、重要である。もちろんこれ以前より神話が存在していたからこそ、問いに随って答えられたのであるが、神話や史書を編纂するに当たっては、対外交渉という契機が大きな役割を果たしていた［石母田 一九七一、遠藤 二〇一〇など］（明治初年には、スペインより皇統についての問い合わせがなされたりもしている。一八七四〈明治七年〉十月三日太政官達並指令留）。記紀以前の史書として、推古天皇朝には『天皇記』『国記』が編纂されているが、七世紀にこのように史書の編纂が進められたことは、国家体制の整備にともなって天皇（大王）の求心力を強めようとしたことに加え、倭国の国際情勢への対応とも密接な関係があった。

『古事記』と『日本書紀』

つぎに『古事記』『日本書紀』の成立事情について簡単に触れておきたい。『古事記』はその序によれば、諸家にある「帝紀」と「本辞（旧辞）」にはすでに多くの虚偽が加わっているため、天武天皇が帝紀を選び録し、旧辞を検討考究し、偽りを削り実を定めて、後世に伝えようと考えた。そこでその「帝皇の日継と先代の旧辞」を舎人の稗田阿礼《ひえだのあれ》に誦習せしめたが、天武天皇が崩御したため、それを流布させることができないままとなった。その後、元明天皇はいまだ世に存する先紀（帝紀）・旧辞に誤りのあることを憂えて、稗田阿礼が読誦した「旧辞」の撰録を七一一（和銅四）年九月に太安万侶《おおのやすまろ》に命じた。安万侶は表記の整理を行って、翌七一二（和銅五）年正月に『古事記』と題して天皇に献上した（以上、［矢嶋 二〇〇八］の解釈による）。

この『古事記』については江戸時代以来の偽書説があり、近年では、本文は七世紀末の内容であるものの、序は九世紀になってつくられたものであるという序文偽書説［三浦 二〇〇七］が一定の支持を得ている。しかしその根拠の多くは序文解釈の誤りに起因するものであり、序が語る成立過程は史実とみてよい［矢嶋 二〇〇八］。すなわち『古事記』の骨格は天武朝に成立したということになる。

一方、『日本書紀』は全三〇巻で、七二〇（養老四）年五月癸酉（二十一日）に完成し、舎人親王によって奏上された（『続日本紀』同日条）が、その『日本書紀』には、六八一（天武十）年三月丙戌（十七日）に天皇が川嶋《かわしま》皇子以下に「帝紀及び上古の諸事」を記し定めることを命じたことが記されている。これをもって『日本書紀』につながる修史事業の開始とみなすのが定説となっている。

そうすると、『古事記』と『日本書紀』はほぼ同時期に編纂が開始されたことになり、両書の関係が問題となるが、矢嶋泉氏は、『古事記』が「旧辞」のみであるのに対し、『日本書紀』は基本的に「帝紀」を継承したものであったと解釈する［矢嶋 二〇〇八］。そこまで明確に分けることができるかどうかはさらなる検討が必要であるが、少なくとも『古事記』神話と『日本書紀』神話が、もともと一つであった神話から分かれたという関係にあるものではないことには注意を払いたい。それぞれが一つのまとまりをもった神話であり、『古事記』神話も『日本書紀』神話も、古代に存在した多元的な天皇神話の一形態ということになる［神野志 一九八六・一九九九など］。

単一ではない記紀神話

『古事記』神話と『日本書紀』神話の相違点について、いくつか紹介したい。文体以外のもっとも大きな相違点として、『古事記』が一つの一貫した物語としてまとめられ叙述されているのに対し、『日本書紀』は一一段に分かれた本文と、その段ごとに「一書曰」として注のかたちで記される異伝から構成されているということが挙げられる(なお、本文と一書の関係については、[三宅 一九八四]も参照)。異伝の数は段によって異なるが、もっとも多い第五段では一一を数える。ここでは一例としてスサノヲが根の国に向かう途中、姉の天照大神に会い、誓約《うけい》を行って悪心を懐いていないことを証明する第六段を取り上げることにする。

『古事記』における第六段相当箇所では、スサノヲの荒々しさを警戒して武装し、訪れた理由を問いただす天照大神(天照大御神)に対し、スサノヲは、自分は邪心はなく、母の国に行きたくてただ泣いていたところ、イザナキ大神より、この国から出て行くよう命じられ、暇乞いに訪れたのだと述べる。天照大神がそれを何によって証明するのかたずねると、スサノヲは子を生む誓約を行うことを述べ、天照大神はスサノヲの十握剣《とつかのつるぎ》を噛み吹き棄てて女神三柱を生んだ。一方、スサノヲは天照大神のみずらや手に付けた珠を噛み吹き棄てて男神五柱を生んだ。天照大神は自分の持ち物によって生まれた男神五柱は自分の子であり、スサノヲの持ち物によって生まれた女神三柱はスサノヲの子であることを宣言し、スサノヲは自分の心が清いから女が生まれたのだと述べた。

これに対し『日本書紀』本文では、スサノヲが、自分が女を生めば濁心があり、男を生めば清心あることを述べてから誓約を行っている。そのほかの点は、ほぼ『古事記』に同じく、天照大神がスサノヲの十握剣から三女神を、スサノヲが天照大神の瓊《たま》から五男神を生み、天照大神が自分の持ち物によって生まれた五男神が自分の子であることを述べて養育し、スサノヲの持ち物によって生まれた三女神はスサノヲに授けたとする。

第六段の一書は三話の異伝を伝える。一書第一では、天照大神に相当する神は「日神」と記され、日神がスサノヲの心が明浄であるならば生まれる子は男であると述べたあとに、自分の十握剣・九握剣・八握剣から三女神を生み、スサノヲはやはり自身の瓊から五男神を生み、スサノヲが勝つ。

ついで一書第二では、スサノヲが天に昇る途中で曲玉を獲り、それを姉の天照大神に献上しようとしたことを述べる。天照大神が潔白の証しを求めたところ、スサノヲは誓約を立て、女を生めば黒い心があり、男を生めば赤心があることにしようと答えた。そこで天照大神は自分の剣をスサノヲに与え、スサノヲには曲玉を渡すよう要求した。天照大神はスサノヲの曲玉を噛んで女神三柱を生み、スサノヲは天照大神の剣を噛んで男神五柱を生んだ、とする。

一書第三では、日神が、もしスサノヲが自分に害をなそうという心をもっていないのであれば、スサノヲが生む子は必ず男であること、もし男を生んだら、自分の子として天原《あまのはら》をおさめさせようと誓約する。日神がその十握剣・九握剣・八握剣を食べて化生させたのは三女神であり、スサノヲがその瓊を含んで化生させたのは六男神であった。スサノヲは自分が勝った(正哉吾勝《まさかわれか》ちぬ)といい、日神もそれを認めて六男神を自分の子として天原をおさめさせることとした、とする。

スサノヲが勝つという点では大局的に一致しているものの、「天照大神(天照大御神)」か「日神」か、誓約するはどちらなのか、男神を生むのはどちらなのか、男神と女神とどちらを生む方が清らかなのか、剣・珠(瓊・曲玉)はどちらの持ち物でどちらが噛んだのか、男神の数は五柱なのか六柱なのか、などに違いがある。また初代神武天皇につながる血統は、一番最初に生まれた男神である正哉吾勝勝速《まさかあかつかちはや》日天忍穂耳尊《ひのあまのおしほみみのみこと》(『日本書紀』本文の表記)であるが、『日本書紀』ではすべてスサノヲの子ということになり、それを天照大神(日神)がいわば養子とするかたちをとっているということも、注目される。これらの異伝を合理的に組み合わせて、「正しい」(あるいは「本来の」)神話を求めようとすることには、さほど意味はないであろう。例えば『古事記』をみると、三女神は宗像《むなかた》君らが斎《いつ》く神とされ、五男神の二番目の神の子は出雲国造・無耶志《むざし》国造・上菟上《かみつうなかみ》国造・下菟上国造・伊自牟《いじむ》国造・津島県直《つしまのあがたのあたい》・遠江国造らの祖、三番目の神は凡川内《おおしこうち》国造・額田部湯坐連《ぬかたべのゆえのむらじ》・茨木《うばらき》国造・倭《やまと》田中直・山代《やましろ》国造・馬来田《まぐた》国造・道尻岐閉《みちのしりのきべ》国造・周芳《すわ》国造・倭淹知造《あむちのみやつこ》・高市《たけち》県主・蒲生稲寸《かもうのいなき》・三枝部《さきくさべ》造らの祖とされており、氏族との系譜関係が語られている。神話を共有することに意味があるわけであるが、当然ながらそれはバリエーションを生み、また簡単には統一することができないものとなっていった。だから『日本書紀』には「一書」というかたちの様々な異伝が組み込まれることとなったのである。『日本書紀』本文は必ずしも一貫したものとはなっていない。この点につき、『日本書紀』神代巻の編纂は、一一の段ごとに、いずれの伝承を本文とするかを決定し、残る諸伝を一書に配するかたちで進められたとの推測がある[松本二〇一八など]。

風土記・氏文から「日本紀」へ

神話は『古事記』『日本書紀』に限られるものではない。風土記など国単位で編纂された書物に掲載された神話もあれば、それぞれの氏族によってまとめられた氏文《うじぶみ》に記される神話もあった。

風土記は七一三(和銅六)年五月甲子(二日)に諸国に編纂が命じられた地誌であるが、そこには「山川原野の名号の所由」や「古老の相伝うる旧聞・異事」を記録することが求められた(『続日本紀』)。現在、まとまったかたちで伝存しているのは、常陸・出雲・播磨・豊後・肥前の五カ国のみであり、それらは常陸・播磨のように七一七(霊亀三)年以前に作成されたものもあれば、出雲のように七三三(天平五)年に完成したものもある。こうした風土記に記載された神話は、記紀神話(の原形)の影響を受けて生み出されたものもあるが、なかにはそれぞれの地域における族長層の神話を読み取ることができる場合もある[石母田 一九五七、岡田 一九七〇、坂江 二〇一三など]。

氏文としては『古語拾遺《こごしゅうい》』がよく知られている。同書は中臣《なかとみ》氏と並ぶ祭祀氏族である斎部《いんべ》(忌部)氏の斎部広成《ひろなり》が八〇七(大同二)年に「国史・家牒」にもれた神代以来の宮中祭祀の由緒をまとめた書であり、中臣氏専権の現状を批判する。『日本書紀』を再解釈・再構成することによって自氏の立場を主張する内容であるが、祭祀と神話を結びつけ、神話一元化(神話の再構成)の方向性を開いた[神野志 一九九九など]。

平安時代前期にはこのような流れがほかにもみられた。『住吉大社神代記《すみよしたいしゃじんだいき》』は摂津国住吉大社から七三一(天平三)年に神祇官に上進された解文という体裁をとるが、実際には九世紀後半ないし十世紀頃に成立したものとみられる。『日本書紀』にもとづく記事が多々みられる一方で、住吉大社神主津守氏に伝わった古伝承によって記されたとみられる部分もある。また『先代旧事本紀《せんだいくじほんぎ》』は記紀や『古語拾遺』からの引用とみられる箇所が多く存する一方で、物部氏に関わる独自の伝承を記す箇所もあり、九世紀に撰述されたと考えられている。

『日本書紀』は成立後、数度にわたって講書がなされたが、そこにおいて解釈が加えられただけでなく、やがて記紀神話に限らず神代の物語という程度の意味合いで「日本紀に云わく」というかたちでの神話形成がなされるようにもなっていった。この「中世日本紀」という概念は、中世文学・思想史研究の立場から研究が進められている〔近年の概説として〔原 二〇一八〕参照〕。

2 神祇祭祀と天皇

神話と祭祀の関係

祭儀神話論という考え方がある。これは祭祀・儀礼と神話を一体のものとして考察する研究法であり、江戸時代以来の伝統がある〔岡田 一九七五〕。神話学研究における積み重ねに加え、文化人類学者クリフォード・ギアツによる劇場国家論の影響もあり、今も祭祀・儀礼と神話を組み合わせて解釈しようとする見方は根強いが、記紀神話が一体ではなかったように、両者はたがいに関係をもちながらも別個の体系をもつものである。いわゆる神話が文字によって語られ筆録されたものであったのに対し、祭祀・儀礼は(一部は祝詞《のりと》という言葉によって表現された形態をとるものの)それとは別個に空間と所作によって表現される「神話」ということになろう〔佐々田 二〇一四〕。なお、祭儀神話論をとる研究者とそれを批判する研究者とのあいだでかわされた対論として、〔神野志・水林 一九九九〕がある。

神祇令・『延喜式』の祭祀

七〇一(大宝元)年に制定された大宝令には神祇令の篇目が設けられ、一年間に行われる国家祭祀(四時祭《しじさい》)や即位祭祀、幣帛、六月・十二月に行われる大祓《おおはらえ》についてなどが規定された(現存するのはその後に改定された養老令の条文であるが、大宝令もほぼ同文であったと考えられる)。

神祇令には簡潔な記載しかみられず、古代国家の神祇祭祀をある程度具体的に把握するためには、十世紀に編纂された『延喜式』に依拠する必要がある。『延喜式』は全五〇巻よりなり、そのうちの巻一から巻十までが神祇関係に充てられている。なかでも巻九・巻十の二巻は全国の官社(神祇官管轄社)の名帳となっており、「神名帳《じんみょうちょう》」とも呼ばれ、そこに記された神社はのちに「式内社《しきないしゃ》」と呼ばれるようになった。『延喜式』は十世紀に編纂されたが、おおよそ九世紀の内容を伝えていると考えられている。

四時祭について、神祇令には、

①二月祈年祭《きねんさい》、六月・十二月月次祭《つきなめ》といった神祇官に諸社の祝部《はふり》を参集させて(ただし令制当初は違うかたちであった可能性がある)幣帛を頒布する祭祀

②神祇官から班給された幣帛を用いて諸社(『延喜式』段階で畿内・紀伊の四一社七一座)で同日に祭祀を行う十一月相嘗祭《あいなめ》

③十一月鎮魂祭《ちんこん》・新嘗祭《にいなめ》(令文では「大嘗祭」と表記)といった宮中祭祀

④六月・十二月鎮火祭・道饗祭《みちあえ》といった都城祭祀

⑤四月・九月神衣祭《かんみそ》、九月神嘗祭《かんなめ》といった伊勢神宮祭祀

⑥三月鎮花祭・四月三枝祭《さえぐさ》といった大神《おおみわ》神社関連祭祀

⑦御県《みあがた》神・山口《やまのくち》神があわせて祀られる四月・七月の広瀬《ひろせ》社大忌《おおいみ》祭と竜田《たつた》社風神祭

が挙げられている(一部、『延喜式』によって説明を加えた)。①②⑦のように複数の神社を祭る祭祀がみられることが古代国家祭祀の特徴の一つであるが、皇祖神である⑤伊勢神宮祭祀だけでなく、⑥大神

神社の関連祭祀も存在する点が興味深い。相嘗祭対象社や広瀬・竜田など奈良盆地の神々が大きな比重を占めていることも見逃せない。

『延喜式』段階ではさらに多くの祭祀が列挙されているが、祈年祭対象社については、全国の神社のうち二八六一社三一三二座が官社とされている。この官社は都の神祇官もしくは諸国の国庁に集められ、幣帛が頒布されることとなっていた。神祇官に集められて配られる幣帛を官幣、諸国の国庁に集められて配られる幣帛を国幣と呼び、官幣に預かる官社、国幣に預かる官社それぞれに大と小という格が定められていた。官幣対象神社の大部分は畿内に存在し、とくに官幣小はすべて宮中・畿内社である。逆に国幣対象神社はすべて畿外に位置する。このような官幣国幣社制は七九八(延暦十七)年に導入されたものであり、それ以前はすべての官社の祝部が入京して幣帛を受け取っていたが、その段階では班幣対象となる官社も限られており、官幣国幣社制の導入によって、官社数拡大が促進されることにもなった。『延喜式』では、個々の祭祀について巻一・二に詳しく記されるが、伊勢神宮についてはさらに巻四伊勢大神宮において伊勢神宮における祭祀のこと、巻五斎宮において斎王(伊勢神宮祭祀に奉仕する天皇の皇女ないし女王)および斎宮寮(斎王のためにおかれた官司)のことが規定される。

即位祭祀は、神祇令には天神地祇惣祭と践祚《せんそ》日における天神寿詞《あまつかみのよごと》奏上と鏡剣の献上、大嘗祭の実施が規定されているが、その後、例えば寿詞奏上・鏡剣奉献が大嘗祭辰日節会に行われるようになるなど様々な変化があり、『延喜式』では巻七践祚大嘗祭として諸規定が一巻にまとめられている。

幣帛については、神祇令では検校のことや臨時の幣帛使についての規定があるのみであるが、『延喜式』では祭祀ごとの幣帛の内容が細かく定められている。また大祓については四時祭に含めて巻一におさめられている。

祝詞の中の神話

班幣や奉幣の際には、祝詞が宣制された。祝詞は祭祀者の祈願を神々ないしそれを伝達する祝部等に伝えるものであり、『延喜式』では巻八祝詞にまとめられている。この祝詞式におさめられた祝詞二七篇について、人と場に着目して分類すると、

①神祇官人や奉幣使・神宮司が祭場にて神に対して申すもの(春日祭・伊勢神宮祈年祭月次祭等)

②中臣・斎部が神祇官に参集した祝部等に対して宣するもの(祈年祭・月次祭・大嘗祭〈新嘗祭〉など)

③奉幣使が祭場にて神を祭る祝部等に対し宣するもの(広瀬大忌祭・竜田風神祭等)

④神宮司が祭場にて神祇職等に対して宣するもの(伊勢神宮神衣祭・伊勢神宮月次祭等)

に大きく分けられる(大祓詞・東文忌寸部献横刀時呪・出雲国造神賀詞は除いた。なお伊勢神宮の月次祭祝詞は、内宮で勅使が申す祝詞、外宮で勅使が申す祝詞、内宮で神宮司が宣す祝詞の三種類が収録されている)。

祝詞は神々の物語を述べることを主題としたものではなく、また個々の祝詞が一つの体系をなしているわけではないが、祝詞と記紀神話の差異についていくつか指摘することとしたい。一つは「スメミマ(皇孫・皇御孫)」という表現である。『日本書紀』では第九段に天津彦彦火瓊瓊杵尊に冠する語もしくは天津彦彦火瓊瓊杵尊として登場するのみ(ほかに、天皇の孫の意味で「皇孫」が使用されている例はある)であるが、祝詞式では春日祭・平野祭といった成立時期がくだる祝詞や一部の伊勢神宮祭祀の祝詞を除き、天皇を指す語として「皇御孫《すめみま》」の語が頻出する。これはその祝詞成立時点において、天皇

の正統性が天つ神の子孫であることによっていたことを意味する[丸山 二〇〇一]。なお儀制令において祭祀の際に用いる天皇の尊称として規定する「天子」の語について、『令集解』が引く「古記」(大宝令の注釈書)は「須売弥麻乃美己等《すめみまのみこと》」との訓みを記している。

つぎに、「高天の原に神留《かんずま》り坐す皇《すめら》が睦神漏伎《むつかむろき》・神漏弥《かむろみ》の命を以ちて」という表現(多少の異同はある)も、祈年祭や月次祭・大殿祭《おおとのほがい》等、祝詞式の祝詞によく登場する。しかし、このカムロキ・カムロミの二神は記紀神話にはまったくみえない。カムロキ・カムロミは祈年祭などでは高天の原にとどまっていることだけが記されるが、大祓詞ではそれに加え、八百万の神を集め、「我が(私の)」皇御孫命に豊葦原《とよあしはらの》水穂《みずほ》国をおさめさせることを命じている。『常陸国風土記』において「諸祖天神」に「俗《くにひと》、賀《か》味留弥《みるみ》・賀味留岐《かみるき》と云う」との注が付され、天地草昧以前に八百万神を天の原に集め、皇孫の降臨を告げたと記されているのも、これに類するものといえよう。

これに対し、『古事記』においては天津彦彦火瓊瓊杵尊を降臨させたのは天照大御神と高木神(高御産巣日神の別名)であり、『日本書紀』においては本文および一書第四・第六では高御産霊尊、一書第一では天照大神(一書第二では高御産霊尊が葦原中国の平定を命じ、天照大神が皇孫の降臨を命じている)とされていた[白江 一九八九]。この祭祀と記紀神話のずれを解決しようとしたのが『古語拾遺』の解釈である。同書では天照大神と高皇産霊尊が相語り、二人の孫である皇孫命(天津彦《あまつひこ》尊=天津彦彦火瓊瓊杵尊)を降して葦原瑞穂国の王としたとまとめられている。もっとも同書の別の箇所ではカムロキ・カムロミは高皇産霊神と神産霊神であるとしており、完全に解消されたわけではなかった(なお[佐々田 二〇一四]参照)。

おわりに

記紀神話研究の現状について、歴史学・文学的研究を中心に紹介した。個別神話に関する研究、また近年、研究がやや低調な比較神話学や人類学の視点からの研究については、紙幅の都合上、触れることができなかったことを申し添えておく。

〈参考文献〉

石母田正　一九五七年「古代文学成立の一過程――『出雲国風土記』所収「国引き」の詞章の分析」(のち再録『石母田正著作集10』岩波書店、一九八九年)
石母田正　一九七一年『日本の古代国家』(岩波書店、のち岩波文庫、二〇一七年)
遠藤慶太　二〇一〇年「古代国家と史書の成立」(のち再録『日本書紀の形成と諸史料』塙書房、二〇一五年)
遠藤慶太　二〇一八年「古事記と帝紀」(遠藤慶太・細井浩志ほか編『日本書紀の誕生――編纂と受容の歴史』八木書店)
岡田精司　一九七〇年「国生み神話について」(『古代王権の祭祀と神話』塙書房)
岡田精司　一九七五年「記紀神話の成立」(『岩波講座日本歴史2』岩波書店)
久禮旦雄　二〇一八年「神話の形成と日本書紀の編纂」(遠藤慶太・細井浩志ほか編『日本書紀の誕生――編纂と受容の歴史』八木書店)
神野志隆光　一九八六年『古事記の世界観』(吉川弘文館)

神野志隆光　一九九九年『古事記と日本書紀——「天皇神話」の歴史』(講談社現代新書)
神野志隆光・水林彪　一九九九年「『古事記』の本質をどうとらえるか」(神野志隆光編『古事記の現在』笠間書院)
坂江渉　二〇一三年「「国占め」神話の歴史的前提」(のち再録『日本古代国家の農民規範と地域社会』思文閣出版、二〇一六年)
佐々田悠　二〇一四年「記紀神話と王権の祭祀」(『岩波講座日本歴史2』岩波書店)
白江恒夫　一九八九年「皇親神漏伎命・神漏弥命とその地位」(のち再録『祭祀の言語』和泉書院、二〇一一年)
津田左右吉　一九二四年「神代史の述作者及び作られた年代」(のち再録『日本古典の研究　上』岩波書店、一九四八年)
原克昭　二〇一八年「中世日本紀」(遠藤慶太・細井浩志ほか編『日本書紀の誕生——編纂と受容の歴史』八木書店)
松本直樹　二〇一八年「「神代」に起源する記・紀「天皇史」の構想——天皇と三輪神との関係から」(瀬間正之編『「記紀」の可能性』竹林舎)
丸山裕美子　二〇〇一年「天皇祭祀の変容」(大津透ほか『日本の歴史8　古代天皇制を考える』講談社)
三浦佑之　二〇〇七年『古事記のひみつ——歴史書の成立』(吉川弘文館)
三宅和朗　一九八四年「神代紀の基礎的考察」(『記紀神話の成立』吉川弘文館)
矢嶋泉　二〇〇八年『古事記の歴史意識』(吉川弘文館)

6 在地首長制論——古代国家の地方支配と郡司

磐下 徹

はじめに

唐突だが、奈良時代を代表する人物の一人である聖武天皇の事績に目を向けてみたい。

彼は配偶者である光明皇后の影響を受けつつ、仏教を基礎にすえた国家統治を試みた。全国に国分寺の創建を指示し、巨大な盧舎那仏(大仏)の造立も企てた。前者については、国分寺遺構の発掘調査が進み、聖武天皇の指示が実現していたことが確認されている。後者も紆余曲折を経て実現し、補修や再建を繰り返しつつ現在の東大寺大仏殿にその威容を伝えている。また彼は、平城京→恭仁京→難波宮→紫香楽宮→平城京と遷都を繰り返した天皇でもあった。

これらは聖武天皇の事績のほんの一端であるが、こうした事業の遂行には莫大な費用を要する。七四三(天平十五)年に出された盧舎那仏造立の詔(『続日本紀』)には、「夫《そ》れ天下の富を有《たも》つ者は朕《ちん》なり」との一節がある。盧舎那仏造立をはじめとした諸事業は「天下の富」に支えられていたのである。「天下の富」は列島各地の人々から徴収された租・調・庸をはじめとした税物を基礎とする。租は地方行政の財源を形成して国分寺の造営を支え、都に運搬された調・庸は盧舎那仏造立や度重なる遷都などに消費されたのである。こうした「天下の富」の確保には徴税システムを十分に機能させる必要があり、その前提として安定的な地方支配が必須だった。古代において税の収取を含めた地方支配を支えたのが、地方官である国司と、その部下の郡司だった。

ここでは、このうちの郡司に着目する。なぜなら、郡司はのちに紹介する在地首長制論《ざいちしゅちょうせいろん》という日本の古代国家像に大きな影響を与えている学説と深く結びつくからである。以下では、郡司とはいかなる存在かを押さえたうえで、どのような経緯で彼らの歴史的重要性が認識されるようになったのかを考えてみたい。そして、それらをもとに在地首長制論を含めた郡司・郡司制度の研究の現状・課題と今後の展望・可能性を述べてみたいと思う。

1 郡司とは

国司と郡司

高校の日本史教科書では、国司は中央から貴族が派遣され、国府(国衙《こくが》)という役所を拠点に国内を統治し、郡司はかつての国造らが任じられ、郡家《ぐうけ》を拠点に郡内を支配した、と説明される。少し補足するならば、国司には任期が設けられ、一時的に都から任地におもむく存在であるのに対し、郡司は現地の有力者であるかつての国造やその子孫などの地方豪族から選ばれ、制度上は任期がない＝終身の任であるという違いがある。

いずれは都に帰る国司と比べると、現地の有力者で任期も設けられない郡司は、より地域に密着した存在といえる。このことは郡司がかつての国造やその子孫を含む地方豪族から選ばれる点によく表れている。

国造と郡司

そこで、国造についての教科書の説明を確認しよう。国造は六世紀頃にヤマト政権に服属した地方豪族に与えられた地位である。彼らは大型の方墳や円墳を造営した地域の有力者で、当該地方の支配権を保障される代わりに、様々なかたちでヤマト政権の大王に奉仕した。一族の子女を舎人や采女《うねめ》としてヤマトに出仕させ、地方の特産品を貢進し、ヤマト政権の地方支配の拠点とされた屯倉や、名代・子代を含む部《べ》や部民《べみん》の管理をおこなった。さらにはヤマト政権の軍事行動に参加することも求められた。

このように国造は、大王に服属した地方社会の実力者に与えられた単なる地位ではない。屯倉制や部民制などと深く関わり、六・七世紀のヤマト政権の列島支配の基礎をなした重要な存在だったのである。こうした国造が、大宝律令制定後は郡司として地方支配の末端に位置づけられたのである。

かつての国造一族からの舎人・采女の出仕は、郡司一族からの兵衛・采女の貢進として令に規定され（養老軍防令《ぐんぼうりょう》38兵衛条、養老後宮職員令《こうきゅうしきいんりょう》18氏女《うじめ》采女条）、国造による地方の特産物の貢進も、郡司の責任のもとで収取される調などの税目として令制に組み込まれた(養老賦役令《ぶやくりょう》1調絹絁《ちょうけんし》条など)ように、国造と郡司には連続した面がある。したがって、郡司はヤマト政権以来のあり方を残存させつつ、大宝律令制定後も、地方支配の要として重要な役割を果たしたと考えられる。

なお、国司―郡司制成立以降も、後世まで続いた出雲国造や紀伊国造のように、令制国を基本単位に一部の国造は存在し続けている。彼らは神祇祭祀を含む地方支配に一定の役割を果たし、また、国造の地位は地方豪族の名誉職的地位でもあった。この国造から郡司が選ばれることもあったが(養老選《せん》叙令《じょりょう》13郡司条)、単純にかつての国造が郡司にスライドしたわけではない。令制以前の国造の数は約一二〇と考えられるのに対し、令制下の郡の数は五〇〇以上である。後者が圧倒的に多く、かつての国造やその子孫以外からも郡司が選ばれていたことは明らかである[今泉 一九七二]。

国造を媒介とした地方支配体制から国司―郡司制への転換は、単なる名称の変更や表面的な改組ではなく、大化改新を契機とした中央集権的支配体制の形成[磐下 二〇〇七]や、地方社会の変動による国造の支配力の低下[早川 一九八四]といった状況にともなう大きな変化なのである。郡司はこうした歴史的背景をもっている。

なお、郡司もほかの官職と同様に大領《だいりょう》―少領《しょうりょう》―主政《しゅせい》―主帳《しゅちょう》の四等官制をとるが、このうちの大領・少領(あわせて郡領《ぐんりょう》)が、かつての国造の地位を継承するなどして地方支配に大きな役割を果たした。ここでは、郡司はもっぱらこの大領・少領(郡領)を指すこととする。

郡司の研究

このようにみると、八世紀以降の郡司は古代国家の地方支配を底面で支える存在だったと位置づけうる。官人としての地位は決して高くないが、地域に密着する彼らの存在が「天下の富」の形成と不可分だったことは容易に想像がつく。こうしたことから、日本古代史研究では、郡司の研究が多く積み重ねられてきた。

その中でも、郡司を在地首長と見立てる石母田正氏の提唱した在地首長制論は、郡司や地方支配についてのみならず、古代国家の支配構造や特質、さらにはその成立過程の研究に多大な影響を与えてきた。そこで在地首長制論の紹介を兼ねつつ、古代史研究で郡司の重要性が認識されるようになった経緯を考えてみたい。

2　二つの郡司の重要性

郡司の重要性

郡司や古代の地方支配に関わる諸研究を概観すると、郡司の重要性は二つのベクトルで支えられていると思われる。一つは、律令の分析や中国(唐)の制度との比較から導き出された郡司の特殊性にもとづくもので、史料に即した実証的なものである。もう一つが在地首長制論で、マルクス主義的歴史観(史的唯物論)に立脚した、アジア的共同体を前提とする歴史理論的側面の強いものである。

この両者の性質は大きく異なるが、その一方で高い親和性をもっていた。以下ではこの二つについて、相互の関係性も含めて紹介したい。

制度の中の郡司──郡司の「非律令的」性質

郡司の制度的考察からその特質を鋭く指摘したのは坂本太郎氏である。一九二九年に発表された論文「郡司の非律令的性質」は、今でも郡司の基礎的研究として色褪せていない〔坂本 一九二九〕。そこでは、律令の規定から、郡司は通常の官人と異なり官位相当の官ではないこと、六位以下の郡司は相手の位階にかかわらず所属国の国司には下馬の礼をとる(馬からおりる)こと、上司である国司よりも広大な職分田《しきぶんでん》を支給されることなどが指摘され、律令における郡司の異質性を明らかにした。さらに、日本の国─郡制のもととなった唐の州─県制との比較から、日本の郡司に相当する唐の県官人(県令《けんれい》)が、官位相当の官職で、必ずしも当県人が任用されるわけではないことを指摘し、国─郡制と州─県制の質的差異を看破したのである。

このように郡司は、律令に規定される一方、律令制の諸原則とあいいれない側面も持ち合わせていた。坂本氏はこうした郡司の特質を「非律令的」と評価し、その由来を郡司のもつ「守旧性」に求めた。中国社会で長い時間をかけて発達してきた律令制は、七・八世紀の東アジアにおける最先端の統治技術であり、日本はそれを継受したものの、社会の実質は律令制に対応できるほど成熟していなかった。郡司はそうした社会の「守旧性」を体現する存在であるがゆえに、律令の中で例外的に位置づけざるをえなかったのである。その反面、郡司の「守旧性」は社会の実質に対応しており、坂本氏はここに「民衆生活に関与する郡司の重要性」を認めたのである。

坂本氏の指摘した郡司の「非律令的」性質は、井上光貞氏が提示した、日本の律令国家は「律令制」と「氏族制」からなるとする二元的国家論に継承される[井上 一九七一]。「律令制」は中国から継受した律令法にもとづく国制や社会構造を指す。だが、それらは日本律令国家の一部にすぎず、いわゆる「大化前代」以来の固有法的な国制・社会構造も根強く残っていた。井上氏はそれを「氏族制」と表現し、この「氏族制」は郡司に体現されていると論じたのである。制度史的考察から坂本氏が実証的に導き出した郡司の特殊性は、井上氏の提示した二元的国家論の「氏族制」の根拠となったのである。

アジア的共同体の中の郡司——在地首長制論

井上氏が二元的国家論を説いたのと同じ一九七一年、石母田正氏の『日本の古代国家』が刊行される[石母田 一九七一]。この著書は、古代史研究の諸分野にきわめて大きな影響を与えてきた。在地首長制論もここで展開された理論の一つである。

石母田氏は、日本の古代社会はアジア的共同体を基礎にしていると理解する。アジア的共同体とは、個々の共同体成員が土地を所有せず、土地全体が共同体により共有されるなどといった特徴を備えたアジア特有の共同体で、これらは個々に孤立的で、その上にアジア的な専制国家が成立すると考えられていた。

石母田氏は、こうしたアジア的共同体の存在を前提に、文化人類学による南太平洋地域の「未開」社会の研究成果を取り入れながら、日本の古代社会のあり方を二つの生産関係で説明する。第一は共同体内部の生産関係である。各共同体では、それを代表する首長層と共同体成員とのあいだに人格的支配・隷属関係が成立、つまり共同体成員が首長層の奴隷と位置づけられる総体的奴隷制にもとづく生産関係が形成されていたとする。これを在地首長制と名づけ、一次的生産関係と規定した。第二の生産関係が、各共同体の上に「最高の地主」として君臨する国家と、個々の共同体成員＝「班田農民」との支配・被支配の関係である。この生産関係は、各共同体での一次的生産関係を前提にはじめて成り立つもので、二次的生産関係と位置づけられる。

この場合、より決定的な意味をもつのは各共同体における一次的生産関係である。国家と「班田農民」の二次的生産関係は、各共同体を代表する首長層＝在地首長を国家が支配下に組み込むことで、後次的かつ擬制的に形成されたものにすぎない。したがって、日本古代の社会や国家を考えるうえで、在地首長はきわめて重要な存在となる。そして石母田氏は、律令制下の郡司こそが在地首長であり、郡司の支配する郡とは、在地首長の支配＝一次的生産関係の制度化であるとしたのである。

この在地首長制論により、郡司は単に日本の古代社会の「氏族制」「守旧性」を体現するにとどまらず、古代の社会・国家の成立に不可欠な存在として、その歴史的重要性が明確化された。ただし、この石母田氏の在地首長制論は、アジア的共同体なる概念を前提とした一種の理念型であり、必ずしも実証的ではない。たしかに在地首長のイメージは、坂本氏が史料・制度の中から浮かび上がらせた郡司の特殊性により支えられている。しかし、アジア的共同体を代表する在地首長の存在は、史料的に実証されているわけではない。その意味では、在地首長制論は古代の社会・国家を理解するための一つの枠組みであることを忘れてはならないだろう。

共鳴する郡司の重要性

先に述べたように、郡司の重要性は制度的・実証的な観点と、歴史理論的観点の双方から提示されてきた。郡司の重要性は異質な二つのベクトルにより支えられてきたのである。しかし、この両者は決してあいいれないものではなく、むしろ親和的で、たがいに共鳴しあいながら、その後の古代史研究に大きな影響を与えた。その代表が、吉田孝氏の提示した律令国家の二重構造論であろう［吉田 一九八三・一九八八］。

吉田氏は、井上氏の二元的国家論と石母田氏が示した二つの生産関係をふまえ、「氏族制」を一次的生産関係＝在地首長制に、「律令制」を二次的生産関係と対応させた。そして、前者を現実の社会基盤をなす「未開な原生的共同体」＝氏族制として郡司にこれを代表させ、後者を「中国の古代文明に倣った支配機構」＝律令制として太政官―国司の体制で代表させた。そのうえで日本の律令国家は、郡司の代表する氏族制＝未開な現実社会の上に、太政官―国司体制により表される律令制＝先取りされた文明（「青写真」）がおおいかぶさるような二重構造で理解できるとしたのである。

このように、二つの郡司の重要性は、共鳴しつつ統一的に理解されるようになった。その結果、古代国家の地方支配についても、在地首長制論にもとづきながら郡司にフォーカスした研究が多く続いたのである。その一方で、実証と理論という異質な二つのベクトルの相関は、十分に突き詰められることなく棚上げされた感が否めない。郡司の重要性の根幹は、意外にも曖昧さを残したまま現在に至っているのである。

3 在地首長制論の現在

言説としての「アジア」

在地首長制論はアジア的共同体の存在を前提とする。しかし、アジア的共同体とは、十九世紀のヨーロッパ社会に共有されていた、アジアは未開で停滞的な社会であるという偏見的イメージのもと、マルクスがインドをモデルに創出した概念である。ところが、アジア諸地域の実態研究が進むと、それらの社会をアジア的共同体として一括りには理解できないことが明白となった［小谷 一九七九］。アジア的共同体の根底をなす「アジア的」なるものは、オリエンタリズム、すなわち西洋の視線で東洋をとらえようとすることに通じる、ヨーロッパの言説《ディスクール》として問題をはらんでいるのである［磯前 二〇一九］。

したがって、日本の古代社会もヨーロッパのアジア観のみで説明することは適切ではない。アジア的共同体の存在を前提に考え出された石母田氏の二つの生産関係、とくに一次的生産関係とされた在地首長制についても、これを無批判には受け入れられない。たしかに石母田氏は、史料から読み取れる特殊性を念頭に郡司を在地首長に措定した。この点で在地首長制論は単なる言説ではなく、古代の社会や国家の特質の一面を確実にとらえてはいる。しかし、郡司研究の深化の中からも、在地首長制論の問題点は顕在化していくことになる。

郡司の交替

在地首長制論の影響のもと、在地首長としての郡司の地位は、郡内の一つか二つの特定の勢力に独占・世襲されていたと考えられるようになる。ほかに競合する勢力がないため、郡司に就任すると長期間在任でき、交替はまれだったと考えられるようになった。郡司が任期を定めない終身の任とされていたことも、この認識を支えることになった。だが、須原祥二氏の研究により、こうしたイメージは大きく崩される[須原 一九九六]。

須原氏は史料を広く探して奈良時代の郡司の在任期間を調べ、終身の任とされた郡司が同一ポストに最長でも一〇年程度しか在任しない、すなわち、実態としては数年程度で郡司が交替していたことを明らかにした。ここから、一つの郡の中に郡司輩出勢力が複数存在し、彼らはたがいに競合しながら郡司職を持ち回り的に移動させていたという状況が浮かび上がってきた。須原氏は、一つの郡に拮抗して存在する複数の郡司候補者とその輩出母体たる勢力を「郡司層」として把握し、郡はこの郡司層によって運営されたと考えたのである。

この指摘は史料から導き出された実証性の高いもので、在地首長たる地方豪族の支配をそのまま制度化したのが郡・郡司制度であるとする在地首長制論は見直しをせまられた。「律令制下の郡司をモデルとして構想された、そしてまた論理的要請によって設定された、いわば作業仮説でありイデアルティプス」[早川 一九八九]と評された在地首長制論の限界が明らかにされたのである。

こうしたことをふまえつつ、今津勝紀氏は在地首長の存在が史料上に確認できていないことを強調し、郡司層は共同体から分離した特権的階層であること、また、首長制とは神話と系譜をもとに結びついた血縁的組織で対面的な関係を前提とするため、郡規模の広がりをもつ首長制は想定しえないと主張した。そして、在地首長制論は社会組織の原理と公共性の原理の区別を曖昧にしていると批判、つまり各地域社会で現実に形成されている支配・被支配関係が、そのまま郡司の地位や職権に結びつくのではなく、それらはあくまで国家権力によって付与された別次元のものであると論じたのである［今津 二〇〇三・二〇一二］。

これらの研究により、郡司の重要性はもはや在地首長制論のみで十分に説明しうるものではなくなった。古代国家の地方支配における郡司の重要性は、新たな側面から追究されるべき局面に至っているのである。

おわりに

「天下の富」の形成をはじめ、古代国家の地方支配や支配体制の確立そのものにおける郡司の重要性は、これまで何度も論じられてきた。しかし、それらに大きな影響を与えてきた在地首長制論の限界と課題が明らかとなっている今、改めて古代国家にとっての郡司の重要性を再考する必要があろう。最後に今後の研究の展望と可能性について述べておきたい。

古代の地方支配・地方行政の研究に際しては、全国で進展した郡家をはじめとした地方官衙遺跡の考古学的発掘調査の成果を無視することはできない。木簡や墨書土器《ぼくしょどき》、漆紙文書《うるしがみもんじょ》といった出土文字資料も多く検出され、遺構の様相ともあいまって地域行政の実態が明らかにされている［森 二〇〇九］。各遺跡の状況は、それぞれに地域色の強いものではあるが、文献史料にもとづく制度的研究成果と組み合わせることで、新たな地方支配像の構築が期待できる。

また、郡司をはじめとした地方豪族の動向を知るうえで、地方仏教の研究も大きなヒントとなりうる。七世紀に入ると、地方豪族を主体とする地方寺院が列島各地に造立される。それらの背景には、氏族的結合に加えて、仏教的な作善集団としての知識の存在がうかがえる。奈良時代には、郡司層を主体とした知識による造寺や造仏、写経の存在が知られるが、これらの知識は単なる信仰的結合にとどまらず、地域支配層としての郡司層の結集の場、合意形成の場としても機能した可能性が指摘されている〔藤本 二〇二二〕。こうした知識の分析により、地域社会における郡司層の動向や地域支配の実態、ひいては古代国家の地方支配の実相にせまることができるだろう〔磐下 二〇二二〕。

以上は今後の研究の可能性のほんの一部にすぎないが、従前の研究成果を柔軟かつ幅広く取り入れつつ、新たな視点から郡司の重要性を再考し、古代国家の地方支配についての理解を深めることが求められているといえよう。

〈参考文献〉

石母田正　一九七一年『日本の古代国家』(岩波書店)
磯前順一　二〇一九年「内在化する「アジア」という眼差し」(原秀三郎ほか編『石母田正と戦後マルクス主義史学——アジア的生産様式論争を中心に』三元社)
井上光貞　一九七一年「律令国家群の形成」(『岩波講座世界歴史6』岩波書店)
今泉隆雄　一九七二年「八世紀郡領の任用と出自」(のち再録『古代国家の地方支配と東北』吉川弘文館、二〇一八年)

今津勝紀　二〇〇三年「雑徭と地域社会」(『日本史研究』四八七号)
今津勝紀　二〇一二年「序章」(『日本古代の税制と社会』塙書房)
磐下徹　二〇〇七年「郡司読奏考」(のち再録『日本古代の郡司と天皇』吉川弘文館、二〇一六年)
磐下徹　二〇二二年『郡司と天皇——地方豪族と古代国家』(吉川弘文館)
小谷汪之　一九七九年『マルクスとアジア』(青木書店)
坂本太郎　一九二九年「郡司の非律令的性質」(のち再録『坂本太郎著作集7』吉川弘文館、一九八九年)
須原祥二　一九九六年「八世紀の郡司制度と在地——その運用実態をめぐって」(のち再録『古代地方制度形成過程の研究』吉川弘文館、二〇一一年)
早川庄八　一九八四年「選任令・選叙令と郡領の「試練」」(のち再録『日本古代官僚制の研究』岩波書店、一九八六年)
早川庄八　一九八九年「解説」(『石母田正著作集3』岩波書店)
藤本誠　二〇二二年「古代地方寺院の性格と機能——地方豪族と住僧の検討を中心として」(『史学』九一巻三号)
森公章　二〇〇九年『地方木簡と郡家の機構』(同成社)
吉田孝　一九八三年『律令国家と古代の社会』(岩波書店)
吉田孝　一九八八年『体系日本の歴史3　古代国家の歩み』(小学館)

7

大化改新論——再評価の立場から

市 大樹

1 教科書記述とその背景

教科書記述

大化改新に対する評価は時代ごとに揺れ動き、改新否定論が提起されたこともある。詳細は、過去五回の岩波講座日本歴史の総括論文や、『日本史研究』六六二号(二〇一七年)、『歴史評論』八二一号(二〇一八年)の特集号などを参照されたい。ここでは、大化改新を再評価する立場[市 二〇一〇・二〇二四]から研究現状を述べてみたい。

はじめに、高校の日本史探究の教科書として使用頻度がもっとも高い『詳説日本史』(日探 山川出版社 二〇二三)の記述を手がかりに、研究状況の一端をうかがってみたい。大化改新については、第三章「律令国家の形成」の第一節「律令国家への道」の最初に、「大化改新」という小見出しをつけて、以下のように本文が記される。

充実した国家体制を整えた唐が七世紀半ばに高句麗への侵攻を始めると、国際的緊張関係の中で周辺諸国は中央集権の確立と国内統一の必要にせまられた。倭では、大臣《おおおみ》蘇我蝦夷の子の入鹿が厩戸王《うまやとおう》(聖徳太子)の子の山背大兄王《やましろのおおえのおう》を滅ぼして権力集中をはかったが、中大兄皇子は、蘇我倉山田石川麻呂や中臣鎌足の協力を得て、天皇中心の官僚制による中央集権を目指し、六四五(大化元)年に蘇我蝦夷・入鹿を滅ぼした(乙巳《いっし》の変)。そして皇極天皇の譲位を受けて、王族の軽皇子《かるのみこ》が即位して孝徳天皇となり、中大兄皇子を皇太子、また阿倍内麻呂・蘇我倉山田石川麻呂を左・右大臣、中臣鎌足を内臣《うちつおみ》、唐から帰国した旻と高向玄理を国博士《くにのはかせ》とする新政権が成立し、大王宮を飛鳥《あすか》から難波《なにわ》に移して政治改革を進めた。

六四六(大化二)年正月には、「改新の詔」が出され、豪族の田荘《たどころ》・部曲《かきべ》を廃止して公地公民制への移行を目指す政策方針が示された。全国的な人民・田地の調査、統一的税制の施行が目指され、地方行政組織の「評《こおり》」が各地に設置されるとともに、中央の官制も整備されて大規模な難波長柄《ながらの》豊碕宮《とよさきのみや》が営まれた。王権や中大兄皇子の権力が急速に拡大する中で、中央集権化が進められた。

こうした孝徳天皇時代の諸改革は、大化改新と呼ばれる。

この本文で注目される点を列挙しておこう。①乙巳の変と大化改新が明確に区別されている。②東アジア国際関係が契機として重視されている。③乙巳の変について、中大兄皇子の主導性をうかがわせる記述となっている。④「改新の詔」について、公地公民制への移行など、新たな政策方針を示したものととらえている。⑤中央官制の整備と大規模な難波長柄豊碕宮の造営を関連づけている。

乙巳の変と大化改新

まず、①から簡単に補足しておこう。乙巳の変とは、政変の起きた六四五年の干支年にちなむ歴史用語で、稲目、馬子、蝦夷、入鹿と続いた蘇我本宗家の滅亡事件を指す。一族の蘇我倉山田石川麻呂が政変後に右大臣に任命されたように(その後、謀反の疑いをかけられ自害)、蘇我氏のすべてが滅んだわけではない。麻呂の弟である連子《むらじこ》の系統は「石川氏」を名乗り、長く存続する。一方、大化改新とは、「改新の詔」の「改新」に、新年号の「大化」を冠した歴史用語で、孝徳朝に実施された一連の政治改革を指す。かつて提起された改新否定論は、この政治改革を否定したものであって、乙巳の変の存在は基本的に認めている。

東アジアの国際関係

②については、日本古代史研究を長く規定し続けてきた石母田正『日本の古代国家』の影響が大きい[石母田 一九七一]。六二八年に中国大陸を再統一した唐は、周辺諸国への侵略を開始し、六四〇年に西方のトルファン盆地の高昌国を滅ぼすと、東方の朝鮮半島に極度の緊張がもたらされた。国家権力の集中が共通の喫緊の課題となり、石母田氏は、貴族である高句麗型、国王である百済型、王位継承資格者の一人である新羅型の三類型を見出した。六四二年、高句麗では泉蓋蘇文《せんがいそぶん》が栄留王《えいりゅうおう》および貴族ら約一八〇人を殺害し、宝蔵王《ほうぞうおう》を擁立して自らは莫離支《ばくりき》(最高執政官)となり、百済では義慈王《ぎじおう》が子の余豊璋《よほうしょう》や大佐平の沙宅智積《さたくちしゃく》など約四〇名を倭国へ追放し、自ら新羅へ侵攻している。新羅では六四七年に、毗曇《びどん》が善徳女王の廃位を求めて挙兵したが、王族の金春秋(のちの武烈王《ぶれつおう》)らによって鎮圧され、

真徳女王が擁立された（乱のさなかに善徳女王は亡くなった）。この間における倭国の上宮王家《じょうぐうおうけ》（山背大兄王）滅亡事件（六四三年）と乙巳の変も、権力集中という文脈で理解できる。

主導者

③について。七二〇（養老四）年に完成した『日本書紀』の記述では、乙巳の変は中大兄皇子（のちの天智天皇）が主導したように記しており、それを受けた記述である。しかし近年では、軽皇子（孝徳天皇）への注目が集まっている［遠山 二〇二二］。軽皇子は、祖父の押坂彦人大兄皇子《おしさかのひこひとのおおえ》と父の茅渟王《ちぬ》が即位しておらず、皇位継承から縁遠い人物であったが、同母姉の皇極の即位が転機となった。上宮王家滅亡事件について、『日本書紀』は古人大兄皇子《ふるひとのおおえ》（舒明天皇の皇子。母は蘇我馬子の娘）の擁立を目指す蘇我入鹿の独断専行と記すが、『上宮聖徳太子伝補闕記《ほけつき》』は軽王（軽皇子）も共犯関係にあったとする。当時は三〇歳以上（多くは四〇歳以上）で即位するのが一般的であり、乙巳の変時に弱冠一八歳の中大兄の皇位継承はずっと先とみられていたはずである。有力な皇位継承候補者は、山背・古人そして軽であった。ただし、三人の中では軽の優先順位は低く、二つの政変がなければ即位できたか疑わしい。

こうした研究状況を反映するかのように、直近の教科書『詳説日本史』（日B 山川出版社 二〇二二）の脚注にあった「中大兄皇子の主導のもとに、蘇我氏系の大王候補であった古人大兄王、ついで蘇我倉山田石川麻呂、その後、孝徳天皇の皇子有間《ありま》皇子が滅ぼされて権力の集中が進んだ」という一文は、最新の『詳説日本史』（日探）では完全削除されている。孝徳は傀儡にすぎないという見方もあろうが、即位した以上は巨大な権限が付与される点を見逃してはならない。

なお、孝徳は皇極の譲位を受けて皇位についたが、これは倭国で初となる確実な生前譲位である。これについて、王権の主導によって新帝が選定された点を評価する見方がある一方で、皇極の事実上の廃位にすぎないという見方も出されている。

改新の詔

④の「改新の詔」は全四カ条からなり、四つの主文と一三の副文からなる。『詳説日本史』(日探)では、大綱にあたる主文を中心に史料を掲げ、注釈も載せる。ほかに、四ヵ条の要点を本文に記した教科書もある。ここでは、副文も含めて、その内容を確認しておこう。

第一条：昔に天皇らが立てた子代の民・屯倉と、臣・連・伴造・国造・村首の部曲の民・田荘をやめ、その代償として食封《じきふ》や布帛《ふはく》を支給する(主文)。

第二条：京師《けいし》を修め、畿内・国司・郡司・関塞《せきそこ》・斥候《うかみ》・防人《さきもり》・駅馬・伝馬などを置き、鈴契《すずしるし》を造り、山河を定める(主文)。坊令・坊長・里長の設置・任用、畿内の四至の設定、郡の規模と郡司の任用、駅馬・伝馬の利用、鈴契の支給法を規定する(五つの副文)。

第三条：戸籍・計帳・班田収授法を初めて造る(主文)。五十戸一里制、町段歩の田積と田租を規定する(二つの副文)。

第四条：旧来の賦役《ぶやく》をやめて、田の調《みつき》を実施する(主文)。戸別の調・調副物・官馬・武器・仕丁《しちょう》・采女《うねめ》の負担を規定する(六つの副文)。

このうち核心をなすのが第一条の前半部で、部民の一種である子代(王族の部)・部曲(豪族の部)や、それらの貢納拠点でもあった屯倉・田荘を廃止するもので、教科書風にいえば「公地公民制」を目指したものとなる。ただし、「公地公民制」のもとで班給される口分田が、法的には「私田・私地」であるように、学術用語としては不適切とされる[吉村二〇一八]。現在の学界では、「公民制」の語を使用するのが一般的である(「公民」は史料用語でもある)。律令制下には、人民の大多数は公民として国家に把握され、国―郡―里という重層的な地域区分にもとづいて、戸を単位に戸籍・計帳に登録され、口分田の班給を受け、各種の税をおさめることになっていた。それが第二〜四条に示されているのである。改新の詔は、律令公民制の起点にふさわしい内容といえる。

ただし、改新の詔はあまりにも整いすぎており、とくに副文は大宝令(七〇一〈大宝元〉年施行)の条文と酷似するものが少なくない。戦後間もなく、第二・四条にみえる「郡」字が、金石文や古系図では「評」字となっていることに端を発して、「郡評論争」が巻き起こった。そこでは、単なる用字の問題にとどまらず、改新の詔の信憑性や日本古代国家の形成過程の歴史像について熱い議論がかわされた。長年におよぶ論争に決着をつけたのが、一九六七年に藤原宮跡から出土した「己亥年十月上球《かずさ》国阿波《あわ》評松《まつ》里」と記された荷札木簡であった。「己亥年」は六九九年に相当し、大宝令の施行直前まで、コホリの用字は「郡」ではなく「評」が使われたことを示す。これによって、改新の詔が大宝令の知識に依拠したことは明白となった。

こうして現在では、『詳説日本史』(日探)の側注が「『日本書紀』が伝える詔の文にはのちの大宝令などによる潤色が多くみられ、戸籍や班田収授法のように、この時に施行されたことが疑問視される部分もある」と述べるような評価が一般化している。

前期難波宮

⑤に関して、一九五四年から続く前期難波宮跡の発掘調査によって、四方が六〇〇メートル以上もある壮大な王宮が徐々に姿を現してきた[積山 二〇一四]。遺構は、内裏・朝堂院などの中枢部と、その東西の官衙域に大別できる。当初は天武朝の造営とする意見も強かったが、良好な一括資料となる土器群が発見されたことや、「戊申年」(六四八年)の年紀をもつ木簡が出土したことなどもあり、孝徳朝の難波長柄豊碕宮(以下、豊碕宮)とする見解に落ち着いている。

中央官制の整備に関わる遺構としては、朝堂院と官衙域が挙げられる。朝堂院は東西約二三三メートル、南北約二六三メートルもある広大な空間で、一四棟以上(一六棟カ)の朝堂が東西対称に配され、そのあいだの空閑地が朝庭になっていた。朝堂は官司ごとに座が定まっており、口頭決裁を中心としたが、政務の場として使用される。これとは別に実務を行うための官衙(曹司《そうし》)もおかれた。西北部の内裏西方官衙地区では逆L字形に倉庫が建ち並び、東部の東方官衙地区では建物が整然と配置された小区画が多数設けられていた。日本では同一の官司であっても、朝堂と曹司という二つの執務空間をもつ点に特徴がある。吉川真司氏は、朝堂は侍候・口頭政務の場、曹司は実務処理・止宿の場であり、曹司の起源は王族・豪族の家政機関にあったことを指摘している。『日本書紀』は六四九(大化五)年に中央官司が設置されたことを伝えており、その執務空間を確保するために、前期難波宮は巨大化したという理解を示す[吉川 二〇二二]。

一方、中央官制の実態は、群臣《ぐんしん》層に引き続き国政の諸部門を分掌させたものにすぎないという意見も強い。また、前期難波宮の官衙域の整備も不十分なものに終わったようである。続く斉明朝の後飛鳥岡本宮、天武朝の飛鳥浄御原宮では巨大な朝堂院は存在せず、官衙域も十分な広さがとれそうにない(おそらく天智朝の大津宮も同様)。前期難波宮に類似した巨大な王宮が姿を現すのは、約四〇年後の藤原宮になってからである。そのため、前期難波宮の広大な朝庭に着目し、増加した官人を儀式などの際に朝庭に参列させ、口頭で発せられた命令を聞かせたり、地方から上京してきた豪族たちを威圧したりするねらいから説明する見解［早川 一九八三］が支持を集めている。ただし、理念先行の側面もあるとはいえ、多数の朝堂や曹司が設けられた意義を過小評価してはならないであろう。

2 大化改新の再評価へ

五十戸木簡の知見

これまで教科書記述の背景について簡単にみてきたが、ここでは教科書の一歩先のことを述べてみたい。最初に取り上げたいのは、二〇〇二年に飛鳥の石神《いしがみ》遺跡(奈良県明日香《あすか》村)から出土したつぎの荷札木簡である［市 二〇一〇］。

(表) 乙丑年十二月三野《みの》国ム下《むげ》評
(裏) 大山《おおやまの》五十戸《さとの》造《みやつこ》 ム下部知ツ《むげべのちつ》
　　従人田部児安《たべのこやす》

「乙丑年」は六六五(天智四)年で、この時までに国—評—五十戸という重層的な地方行政区分が成立していたことを示す。「五十戸」は「里」の前身表記で、「サト」と読み、六八一(天武十)年頃まで使用された。これはサトが五〇戸で構成されていたことに由来する。この荷札木簡に登場するサト名は「大山」であり、純然たる地名(現在の岐阜県加茂郡富加《とみか》町大山)とみられる点が目を引いた。というのも、六七五年に部曲が廃止されるまでは、飛鳥宮跡出土荷札木簡「白髪部《しらかべ》五十戸⿰食皮《くわ》十口」(共伴《きょうはん》木簡から六四九〜六六四年頃と推定)、法隆寺旧蔵幡墨書銘《ばんぼくしょめい》「癸亥年山部五十戸《やまべのさと》婦《とじ》為命過願造幡之」(癸亥年は六六三年。七二三年説もある)などを根拠に、部民集団をそのまま五十戸に編成したと思われていたからである。こうした見方では、領域的なサトの編成は六七五年以降に始まり、六九〇年の庚寅年籍《こういんねんじゃく》で完了したという理解になる。しかし、五十戸制下の荷札木簡が数多く知られるようになった現在、地名五十戸(大山五十戸など)の方が、某部五十戸(白髪部五十戸など)よりも圧倒的に多いという知見が得られている。また、某部五十戸であっても、その構成員は某部ばかりとは限らないこともわかってきた。

庚寅年籍に先立つ戸籍は、二〇年前の庚午年籍《こうごねんじゃく》(六七〇年)である。その特徴は、全国規模で作成された点、賤民身分を含む全階層におよんだ点、サトごとに作成された点、氏姓の確定にも重点がおかれた点にある。五十戸木簡の知見をふまえると、サトの領域的編成は庚午年籍の時点までには完了し、国―評―五十戸の行政区分が成立していたことはほぼ間違いない。

さらに、前述の乙丑年木簡に注目すれば、こうした状況はもう少しさかのぼりうる。領域的サト編成のためには、縦割り的な部民制が廃止されていなければならない。『日本書紀』孝徳紀には、改新の詔のほかにも、部民廃止に関する記事が複数みられる。従来、これらの記事はあまり積極的に評価されてこなかったが、再評価すべき段階にきている。

改新の詔の信憑性

そこで、改新の詔の信憑性を問題にしたい。『日本書紀』編者による潤色はあるが、完全な創作ともいえない。用字レベルの改変を脇におき、内容面に注目してみると、従来からも指摘されてきたように、独自の規定がいくつもみられる［井上 一九八五など］。それが顕著なのが第四条の税制規定である。もっとも主要な税である田の調についても、戸別の調・官馬・庸のように、戸を単位とした賦課が目立つ点である。耕作者すべてが対象となっており、実質的には戸別賦課であったと考えられる。興味深いことに、田地の調とは異なり、正丁《せいてい》を中心とする個別人身賦課の大宝令制下の調とは異なり、仕丁とその食糧は五〇戸、官馬の中馬・采女の食糧は一〇〇戸、官馬の細馬は二〇〇戸を単位に課され、いずれも五〇の倍数となっている。これは五十戸編成とも密接に関係しよう。二〇一四年、前期難波宮から「玉作《たまつくり》五十戸俵」と書かれた荷札木簡が出土した。出土層位が不明確なため断定できないが、孝徳朝までさかのぼってもおかしくないものである。

第二条の郡に関する規定も、改新の詔は大郡(三一～四〇里)、中郡(四～三〇里)、小郡(三里。あるいは三里以下)に分け、大郡と小郡の規模の違いがきわめて大きく、中郡の範囲は相当に広いものとなっている。これに対して大宝令では、大郡(一六～二〇里)、上郡(一二～一五里)、中郡(八～一一里)、下郡(四～七里)、小郡(二～三里)の五区分であり、バランスもとれている。郡領《ぐんりょう》の任用時に最優先される条件も、大宝令とは異なって、第二条では国造の地位となっている。改新の詔が出された六四六年の時点では、多様な国造のクニをそのまま評に置き換えることを想定し、第二条のような規定になったのであろう。その後、複数回にわたって評は分割され、律令制下の郡に近づいていく。

第二条の畿内に関する規定も、名墾《なばり》の横河、紀伊の兄山《せのやま》、赤石《あかし》の櫛淵《くしぶち》、近江狭狭波《ささなみ》の合坂山《おうさかやま》の四地点で範囲を示す、という独自なものである。大倭(大和)、河内(のち、和泉が分国)、摂津、山背からなる律令制下の畿内と比べて、一回り大きな畿内であった。

一方、戸籍・計帳・班田収授に関する第三条は、『日本書紀』編者によって大幅に手が加わっている。全国規模の戸籍の開始は六七〇年の庚午年籍、班田の開始は六九二年である。

これに関しては、六四五年八月に東国と倭国六県に使者を派遣し、戸籍の作成と田畝の調査を命じたこと、九月にも諸国に使者を派遣し、民の元数を記録させたこと、そして翌年八月に前年の田畝の調査を受けて、田地を民に支給するように命じたことに注目すべきである。第四条の内容も加味すると、第三条の本来の内容としては、戸を単位に人口・田地の調査を命じたものであったのではないか。あわせて注目すべきは、『日本書紀』が六五二年の班田実施と戸籍作成を伝えている点である。大宝令の規定では戸籍作成の二年後に班田が実施され、これとは合致しない。六五二年にも人口調査を行い、田地の追認をした可能性がある。

以上から、本来の改新の詔は、旧来の部民制を廃止し、新たに国―評―五十戸という地方行政区分を設け、戸を単位に人民・田地を掌握し、新たな税を課す、という内容であったといえそうである。律令制下には個人の把握が行われるが、この時点では戸の把握にとどまったと考えられる。だからこそ、五十戸編成が実施されたのではないか。その際、戸を積み上げて五〇の戸にまとめる、ある集団を五十戸と把握してから分割する、この二つの方法が考えられるが、実際には双方から落としどころを探ったと推測される。

難波宮からみた大化改新

視点を変え、今度は難波宮の側面から大化改新の一端をうかがってみたい[市 二〇二四]。

孝徳朝の難波宮といえば、前期難波宮、すなわち豊碕宮が著名である。しかし、『日本書紀』孝徳紀をひもとくと、別に子代離宮《こしろのかりみや》、小郡宮《おごおりのみや》、大郡宮《おおごおりのみや》なども登場する。前期難波宮の下層からは、官衙を想起させる建物群が検出されており、筆者は、難波狭屋部邑《なにわのさやべのむら》にあった子代屯倉(=難波屯倉)に関わる遺構であり、子代離宮として使用されたとみている。

乙巳の変から約半年後、飛鳥から難波への遷都が実施される。刻々と変わる国際情勢に機敏に対処し、豪族を伝統的な基盤から引き離して官僚化をうながすためにも、難波の地はふさわしかったからである。六四五年十二月九日、向かった先は子代離宮であった。新年六四六年の最初の日に、新宮(豊碕宮)の造営予定地である当地において、元日朝賀を実施して君臣関係を確認したのち、改新の詔を宣布して、新たな国づくりの指針を明示することが最大の目的であったとみられる。その後二月十五日に、孝徳は子代離宮の東門まで出向き、集まった群臣・豪族・百姓らを前にして、今後は雑役を停止することを宣言している。前年、鍾匱《かねひつ》の制(王宮に鍾と匱を設置し、訴えがあれば伴造や尊長を介して訴状を匱に投函させ、朝廷の対応に不満があれば鍾をつかせる)を発布して意見徴収を行っており、その諫言に応じたものである。孝徳朝には儒教的徳治主義にもとづいた政策が多く打ち出されている。その一つが鍾匱の制であり、その有益性を広く知らしめようとしたのである。

それから間もない二月二十二日に、孝徳は飛鳥へ一時帰還する。子代離宮を解体撤去し、豊碕宮の造営工事を始めるためである。子代離宮(子代屯倉)の解体撤去は、部民・屯倉の廃止をうたった改新の詔の第一条を、孝徳が自ら率先して実践してみせる意味合いがあったといえよう。そのうえで孝徳は中大兄皇子に対して、部民・屯倉の存置に関する意見を求め(暗に廃止をせまる)、三月二十日に皇祖《すめみおやの》大兄《おおえの》御《み》名入部《なのいりべ》(刑部《おさかべ》)五二四口とその屯倉一八一所の献上という大きな成果を得る。その際、中大兄は「前処分」に従う旨を述べている。これは改新の詔の第四条副文を指し、仕丁を五〇戸から二名(うち一名は炊事などの役をつとめる廝丁《しちょう》)の基準で徴発するという内容である。八月十四日、「品部《しなべ》」(すべての部)を廃止して「国家民」に改め、その代償として、旧職を廃止して百官を新設し、冠位制を整備することを宣言する詔を発した。この品部廃止の詔は改新の詔の第一条とよく似た趣旨であるが、孝徳による率先、中大兄による追随を経て、いよいよ広く実践する段階に入ったことを意味する。もちろん、紆余曲折はあったに違いないが、五十戸木簡の知見によれば、従来の想定よりも早いスピード感をもって、部民制の解体が進んでいった可能性がある。

六四六年九月、孝徳は難波に戻ってきた。ただし、豊碕宮の完成までには相当な歳月が見込まれたため、難波小郡を継承した小郡宮に拠点を構えた。六四七年、有位者は寅刻(午前三時～五時)に「南門」の外に左右に整列し、日の出とともに「庭」に参上して再拝したのち、「庁」に侍候して執務を行い、午刻に鐘の合図とともに退出することを求めている。これは日常的な朝参の礼法を定めたもので、同年の冠位十二階制から十三階制への改定とあわせ、官僚制整備の一環となる政策である。その後、六四九年に冠位十九階制へ移行し、全官人がその授与の対象となり、新たな中央官司の設置もあった。

六五一年十二月晦日、ついに孝徳は豊碕宮へ遷居する。その際、僧尼二一〇〇人あまりが集められ、一切経が読経された。夕方になると、朝庭内で二七〇〇あまりの燈がともされ、新宮を安寧に導くた

め の安宅経《あんたくきょう》・土側経《どそくきょう》の読経の声が響き渡った。こうした厳かな仏教的空気に包まれるなか、孝徳天皇は新宮に参上すると、それを難波長柄豊碕宮と名づけた(それまでは味経宮《あじふのみや》と呼ばれていた)。孝徳は儒教と並んで仏教を重視した人物である。乙巳の変の直後には、蘇我氏に変わって天皇が仏教を興隆することを宣言し、仏教界を指導する十師の任命、豪族らの寺院造営援助などを行っている。

ところが、遷居の翌日、孝徳は豊碕宮で元日朝賀を終えると、大郡宮へ向かい、三月まで滞在する(少し前から小郡宮から大郡宮へ居所を移していた)。それは内裏の最終仕上げのためであったようである。実は、遷居に先立つ六四九年頃から、元日朝賀、挙哀《こあい》(死者を弔うために泣き声を上げるという礼)、白雉改元など国家的な重要儀式がある際には、孝徳は建設途次にある豊碕宮まで出向いて、その中枢部を儀場として先行使用していた。官人たちの列立する朝堂院の朝庭は広大であり、北面すると、内裏地区の巨大な南門(七間×二間)、その両脇に屹立《きつりつ》する八角殿、奥の内裏前殿《だいりぜんでん》(のちの大極殿に相当。九間×五間)が目に飛び込むことになる。また、宮城の正門である朱雀門(五間×二間)は、その両翼には複廊《ふくろう》が取り付き、南へ急激に地形が下がる高所に立地していた。こうした中枢部を最優先するかたちで豊碕宮の造営が進められ、天皇の日常的な居所の整備は後回しにされたようである(近くに小郡宮や大郡宮があり、それで代用できる)。

六五三年九月に豊碕宮は竣工したと伝わるが、孝徳政権には深刻なヒビが入っていた。二年後、中大兄皇子は母(前皇極天皇)・妹(孝徳のキサキの間人《はしひと》)・弟(のちの天武天皇)・群臣・官人らを率いて、飛鳥へと移ってしまうのである。このことは、当時の人々にとって、大化改新があまりにも急進的な改革であったことを物語っていよう。

〈**参考文献**〉

石母田正　一九七一年『日本の古代国家』(岩波書店、のち岩波文庫、二〇一七年)
市大樹　二〇一〇年『飛鳥藤原木簡の研究』(塙書房)
市大樹　二〇二四年『日本古代の宮都と交通――日中比較研究の試み』(塙書房)
井上光貞　一九八五年『井上光貞著作集1　日本古代国家の研究』(岩波書店)
積山洋　二〇一四年『東アジアに開かれた古代王宮　難波宮』(新泉社)
遠山美都男　二〇二二年『新版　大化改新――「乙巳の変」の謎を解く』(中公新書)
早川庄八　一九八三年「前期難波宮と古代官僚制」(のち再録『日本古代官僚制の研究』岩波書店、一九八六年)
吉川真司　二〇二二年『律令体制史研究』(岩波書店)
吉村武彦　二〇一八年『大化改新を考える』(岩波書店)

8

天皇と貴族――古代国家の支配者集団

武井　紀子

1　律令国家における天皇・貴族

天皇・貴族とは

七世紀半ば、唐が周辺諸国に圧力をかけ国際的緊張が高まると、日本でも中央集権化が志向され、中国に範をとり律令の導入が進められた。律令国家は七〇一(大宝元)年の大宝律令の施行により一応の確立をみるが、その支配者層にあったのが天皇と貴族である。

天皇の前身は、ヤマト政権で大王と呼ばれた政治的首長である。豪族連合の盟主的存在だった大王は、ヤマト政権の支配拡大とともに権力を強め、律令国家においては国家君主として位置づけられた。「天皇」号の成立も、七世紀のこととされる(推古朝説と天武朝説がある。本書「1　天皇号と日本国号」を参照)。

一方、大王のもとで朝廷を構成した畿内豪族たちは、いわゆる大化改新による政治改革を経て、官人として国家機構の上層に編成された。律令官僚制では三位以上が貴《き》、五位以上が通貴《つうき》とされ、五位以上の官人には様々な特権が与えられた。彼らの出身母体となる氏族は、蔭位制や官人の任用・考課制度により一五〇〜二〇〇氏族ほどに固定化されており、このことから五位以上の位階をもつ官人を貴族(律令貴族)、五位以上の官人を輩出する政治的資格をもつ氏族群を貴族層とするのが通説的な理解である[関 一九七六]。

このような天皇と貴族の制度上の位置づけは、いうまでもなく律令制により規定されたものである。しかし、両者の支配者集団としての性格は国家形成の過程で形づくられてきたのであり、その歴史的段階差をふまえて考える必要がある。本稿では、これまでの議論を整理しつつ、両者のあり方について改めて述べてみたい。

国制における貴族制的性格

律令制で天皇は中国皇帝になぞらえられるが、皇帝が法を超越する専制的権力をもっていた中国に比べると、日本では政権を構成した畿内豪族層が伝統的に強固な地位を築いており、支配者層内部における天皇権力は必ずしも絶対的なものではなかったとされる。

このことを鋭く指摘したのが、関晃氏の畿内政権論である。関氏は、律令国家を畿内勢力による全国支配ととらえ、その支配者層内部では、天皇と貴族的立場にある畿内豪族層が対抗関係にあったとした[関 一九五二]。さらに、大化前代に大夫(群卿・マヘツキミ)と呼ばれた有力豪族層を律令貴族の源流と位置づけ、彼らによる合議制が太政官の公卿合議に継承され天皇権力を制約していたとし、律令政治は「君主制的形態をとった貴族制的支配」であったと説いた[関 一九五九]。

関氏の所論は大化以降の国制を安易に天皇専制とみなす見方を批判したもので、このうち天皇と貴族の問題に関しては、太政官制研究の中で唐の三省(中書省・門下省・尚書省)との比較を交えつつ深められた。石母田正氏は律令国家の国制を専制君主制としつつも、公式令論奏《ろんそう》式(太政官が上奏して勅裁を仰ぐべき重要な大事)が唐の奏抄《そうしょう》式の内容に発日勅の規定を加えて成立していること、また、詔や宣命の発給・執行過程で太政官が独自の機能を有していたことから、日本では太政官(＝官人貴族層)の地位が相対的に高く、その国制には貴族制的特徴が認められると指摘した[石母田 一九七一]。

両氏の説を受けた早川庄八氏は、法の発議主体や論奏事項の検討を通じて、制度面から律令国家の貴族制的性格を解明しようと試み、貴族勢力による天皇権力の制約という点を強調した[早川 一九八六]。しかし、天皇は太政官の論奏を拒否できないとした点や、天皇大権に介入しうるとした論奏事項の検討に対しては様々な批判が出されており[飯田 一九八〇、吉川 一九九八]、その論証には無理があったと言わざるをえない。

ただ、君主権力と貴族勢力の関係について留意しなければならないのは、日本が手本とした隋唐律令制自体も、貴族制的要素をあわせもつ国制であったという点である。古代日本の国制に貴族制的性格をいかに見積るかという視点は、中国律令の貴族制的な部分をどのように継受したのかということと関わり、天皇制や官僚制の特徴を考えるうえで、依然として重要な問題であるといえる[大隅 二〇一四]。

太政官合議制をめぐる問題

関氏の説以来、太政大臣・左右大臣・大納言(のち中納言と参議が加わる)からなる太政官の議政官組織は、官人貴族層の城塞[石母田 一九七一]、あるいは貴族勢力の利害を代表する機関とされ[早川 一九八六]、その合議は律令制以前の氏族合議を継承したもので、天皇権力と緊張関係にあるととらえられてきた。しかし、このような見方に対しては疑問が出されている。

まず、議政官の合議を貴族層の代表とみる点である。たしかに八世紀初頭の議政官構成員をみると、多治比《たじひ》・阿倍・大伴・石上《いそのかみ》・藤原・紀《き》・粟田《あわた》・小野・下毛野《しもつけの》など一氏族から一人ずつ輩出されており、畿内有力氏族の代表としての性格が強かったことがうかがえる[阿部 一九五四]。しかし、この傾向は七一七(養老元)年に右大臣藤原不比等の子である房前が参議になって以降は崩れた。また、八世紀以降、藤原氏以外の氏族は没落していったのであり[長山 一九九二]、太政官が畿内豪族の意見を広く集約し、その利害を代表する機関として機能したとは言いがたい[倉本 一九九七]。

つぎに、君主権と合議制との関係についても、日本の太政官合議には唐の宰相会議を継受した側面があることを重視し、君主制を制約するものではなく、むしろ君主制の一部ないし相互に補完するものとみる指摘がある[吉川 一九九八、川尻 二〇〇二]。このことは、日唐で合議の実態的あり方を比較し、その継受関係を明らかにした点で重要である。一方で、太政官が唐の三省の権能を一つに統合した機関であることもまた事実である。太政官合議の性格を考えるには、ヤマト政権以来の氏族合議の伝統と唐の三省や宰相の機能とをふまえて、太政官がどのように制度設計されたのかを具体的に明らかにする必要があるだろう。その構想や経緯についてはいまだ十分に説明されておらず[坂上 二〇一一]、官制や制度の面から天皇と太政官の関係を論ずることは大きな課題として残っている。

天皇と貴族の役割分担

以上のように、律令制下の天皇と貴族の関係は、天皇と太政官の制度的な権力構造に読み替えられて論じられてきた。しかし、こうした議論は、天皇と貴族層のどちらが上かという二者択一的なとらえ方におちいりやすかったといえる。

これに対し、「天皇は畿内豪族政権のなかで、特定の役割を果すために共立された首長であり、決して畿内豪族と並立する立場にはなかった」と述べたのが吉田孝氏である〔吉田 一九八三〕。吉田氏は、石母田氏が挙げた天皇の二つの側面、すなわち律令国家の総覧者としての側面と、王民制にもとづく統一体の最高首長としての側面のうち、人格的・身分的従属関係にもとづいた後者の論理に注目した。そして、天皇はヤマト政権を人格的に統合し代表した司祭的首長としての側面を色濃く遺し、特定の世襲カリスマをもつ特殊な存在としてすでに畿内豪族層に承認されていたと説き、天皇が姓を持たないのも超越した地位の表れであるとした。

吉田氏の説は、天皇と貴族の関係を、権力をめぐる対立関係ではなく、支配者層の政治的統合という観点からとらえ直し、政権内における一種の役割分担として考えたものであった。吉田氏の提起を容れ、以降の研究では、権力構造の背景となった古代社会のあり方や政治過程の実態的考察、即位儀礼や喪葬儀礼など朝廷の政務儀礼の分析、儀式や祭祀における天皇の宗教的役割の解明など、天皇と貴族の具体的な結びつきのあり方が重視されるようになったのである。

2　畿内豪族から律令官人へ

大王とウヂ

井上光貞氏は、太政官制の成立過程における唐制と日本の固有法との関係を考察し、日本の律令国家を氏族制と律令制の二元的国家として特徴づけた[井上 一九六七]。石母田氏や吉田氏が重視した天皇と臣下の人格的結びつきも、律令制下に遺存した氏族制的原理にもとづくものであった。以下では、大宝律令以前にさかのぼり、氏族制にもとづく大王とウヂとの関係について考え、ついで畿内豪族が律令官人として編成されていく過程をみてみたい。

氏族制とはウヂを単位とした社会構造であり、ウヂとは共通の始祖をもつという出自意識と系譜関係で結ばれた政治的組織であった。五世紀後半に全国的な統一王権として成長したヤマト政権は、臣従した諸豪族や首長を政治的に組み込んでいった。彼らはウヂごとに特定の職能(ツカサ)にもとづいて王権に代々奉仕した。これを「仕奉」といい、奉仕の根源は始祖による王権への奉仕という神話的系譜にまでさかのぼって語られた[吉村 一九九六]。

ウヂの仕奉に対して、大王はツカサや地名に由来するウヂ名と臣・連・造・直・君などのカバネを賜与し、それぞれのツカサにともない部《べ》(部民《べみん》)の領有を認めた[熊谷 一九八九]。六世紀になると、カバネは大王とウヂとを結ぶ観念的な血統の秩序として、また王権内での序列をゆるやかに示す標識として機能した。いわゆる氏姓制度である。王によるカバネの賜与は、神話的な出自意識にもとづき現実の政治・社会・身分関係を確定、維持するものであった[大隅 二〇一二]。大王は神話的・超越的な権威を背景に、ウヂの結集核としての役割を担い、ウヂもまた、「祖の名を負う」ことで王への奉仕を正統化したのである。

このような天皇とウヂを結ぶ仕奉の観念は、律令貴族たちの意識の中にも残存した。大伴氏の嫡流であった大伴家持は、朝廷を誹謗したとして同族が禁固、左遷されるに際し、祖先から受け継いだ大伴の名を汚すことのないようにと、一族の結束をうながす歌を残している(『万葉集』巻二十、四四六五番「族《やから》を喩《さと》す歌」)。この事例からは、八世紀にあっても、「祖の名」(ウヂ名)が王権への仕奉をうながす規範的観念として強く意識されていたことがうかがえる。

王権統合の神話的論理

氏族制にもとづく政治体制で注意すべきなのが、大夫(群臣)の存在である。彼らは伴造などの中下級氏族を統轄して政治的職務を分掌した中央の有力氏族層であり、六世紀半ば頃までに大臣・大連と大夫からなる議政官組織が形成されたと考えられる。彼らは「前つ君」、すなわち王宮へ出仕して大王に近侍することを仕奉とし、大王と中小氏族群の意思疎通をはかった[佐藤 二〇〇九]。朝参(朝政に参議すること)と奏宣(参議内容を奏上し、勅命を宣下すること)は、彼らの仕奉の本質に関わる職務であったといえる。

関晃氏は大夫の奏宣が太政官論奏につながるとしたが、両者は性質的に直接結びつくものではない。大夫層は朝廷の重要事項について合議したが、その中には、王位継承に関わる政治的発言権など、大王と大夫層の相互補完的な結びつきを示すものが含まれている点が注意される。例えば、推古天皇崩御後、新帝決定を独断で進めようとした蘇我蝦夷は、群臣が決定に従わないことを恐れ、群臣を私宅に集めて合議を開いた(『日本書紀』舒明天皇即位前紀)。この場合は朝廷での正式な合議ではなかったが、この蝦夷の行動からは、氏族合議が豪族間の利害調整の場であったことがうかがえるとともに、皇位継承に群臣の承認を必要としたことが読み取れる。

同様のことは、大王(天皇)の即位儀においても確認できる。即位儀は、群臣が王位候補者に王位の象徴となる宝器(璽印《じいん》)を渡して大王に推戴し、それを受けた候補者が「高御座《たかみくら》」に登り「天津日嗣《あまつひつぎ》」の業を継ぐ資格を得る、そののち大王が即位宣命を発し、臣下の服従の誓約(寿詞・拝賀)を受ける、という順序で執り行われた。大王(天皇)の地位もまた、始祖の霊を継承することでウヂからの仕奉を受けた。そのため、大王とウヂとの仕奉関係も代替わりごとに更新・確認され、大臣・大連をはじめ政権を構成する大夫らも、新王即位のたびに任命しなおされた[吉村 一九九六]。即位儀は天孫降臨神話を儀式の中で再現したもので[岡田 一九八三]、神話的系譜をさかのぼって君恩―奉仕関係を確認する作業であった。この点で、大王と大夫層は一種の共同体的意識をもっており、その存立基盤において相互依存的な関係にあったといえる。

カバネから冠位制、位階制へ

カバネはウヂに対して与えられ世襲されるものであったため、個人を序列化することは難しかった。そこで、中国王朝との直接交渉が開始され、官僚制の導入がはかられはじめると、天皇から個人に授けられる政治的地位・身分の客観的指標として冠位制、ついで位階制の整備が進められた(**表1**)。

表1　冠位制・位階制の変遷（[大隅 2011]より）

推古11年	大化３年	大化５年	天智３年	天武14年	大宝元年
	大・小織	大・小織	大・小織	正 大・広壱 大・広弐 大・広参 大・広肆	正・従一位
	大・小繡	大・小繡	大・小繡		正・従二位
	大・小紫	大・小紫	大・小紫		正・従三位
大徳	大錦	大花上・下	大錦上・中・下	直 大・広壱 大・広弐 大・広参 大・広肆	正四位上・下 従四位上・下
小徳	小錦	小花上・下	小錦上・中・下		正五位上・下 従五位上・下
大仁	大青	大山上・下	大山上・中・下	勤 大・広壱 大・広弐 大・広参 大・広肆	正六位上・下 従六位上・下
小仁	小青	小山上・下	小山上・中・下	務 大・広壱 大・広弐 大・広参 大・広肆	正七位上・下 従七位上・下
大・小礼 大・小信	大黒	大乙上・下	大乙上・中・下	追 大・広壱 大・広弐 大・広参 大・広肆	正八位上・下
大・小義 大・小智	小黒	小乙上・下	小乙上・中・下		従八位上・下
	建武	立身	大・小建	進 大・広壱 大・広弐 大・広参 大・広肆	大初位上・下 少初位上・下

六〇三（推古十一）年の冠位十二階制ののち、六四七（大化三）年に七色十三階冠、六四九（大化五）年には冠十九階に改訂され、六六四（天智三）年の甲子の宣では冠二十六階となった（『日本書紀』同年二月丁亥条）。この時に族長が氏上として公的に認められ、豪族の私有民であった部曲《かきべ》が民部《かきべ》・家部《やかべ》として公

認された。部曲は大化改新詔で廃止されていたが一度には達成されず、甲子《かっし》の宣《せん》を経て六七五(天武四)年に収公された。この翌年には、部民の領有に代わり食封《じきふ》制が整備された。これにより私的経済基盤をもつ豪族は、官人身分に応じた食封を国家から支給される官僚へと転換していった。

また、甲子の宣で定められた氏の大小は、官職の昇進や冠位授与の重要な判断基準となった。六八二(天武十一)年には、考選にあずかる条件として「族姓」と「景迹《きょうじゃく》」が掲げられ、六八四(天武十三)年には真人《まひと》・朝臣《あそん》・宿禰《すくね》・忌寸《いみき》・道師《みちのし》・臣《おみ》・連《むらじ》・稲置《いなぎ》の八色の姓が新たに定められた。八色の姓は官人の出身母体である氏の序列を定めたもので、甲子の宣で氏上を定めたのは忌寸以上にあたる。これは冠二十六階の錦冠《きんかん》以上、天武十四年冠位の直冠《ちょっかん》以上、そして大宝律令の五位以上の官人層(＝律令貴族)につながるものであった。

こののち、六八九(持統三)年施行の飛鳥浄御原令で位階制に切り替えられ、位記により位階が証されるようになった。この段階では氏姓の大小が考選の基準要素として残されたが(持統四〈六九〇〉年四月庚申条)、以降、官位相当が整えられ、大宝令に至って位階と官職が有機的に関連しつつ、律令官僚制が機能しはじめることとなったのである。

3　天皇と律令官人貴族

律令官人制の構造と「五位以上集団」

では、2節でみたような氏族制的原理は、日本律令制の中でどのように制度化されたのだろうか。ここでは、官僚組織の編成原理に関わる位階や禄の仕組みについてみてみたい。中国の禄は君子の召しに応じ生業が行えなくなったことへの代償(「代耕」という)であり、禄を支給され官途につき考課(勤務評定)を受けた。これに対し、日本では、一定の上日(勤務日数)を満たした者が考課(その積み重ねによる位階昇叙)や賜禄の対象となったように、位階や禄は上日で示される官人の奉仕に対する君恩として位置づけられていた。位階は天皇との親疎を示す指標として重視され、禄(季禄)についても、天皇への貢納物である調(ミツキ)を大蔵省の庭に積み上げて官人に再分配する賜禄儀が重要な意味をもったことが明らかにされている[山下 一九九四、大津 一九九九]。

また、五位以上は唐制と同じく勅授だったが、考第と本司での昇叙方針(結階法《けっかい》)が令に明記されず、勅裁により考第が決定された。六位以下の位記に太政官印が捺されたのに対し、五位以上の位記には天皇内印が捺されたのも大きな違いである。彼らは六位以下の実務官人を領導して朝堂院に参入し政務を執り行い、マヘツキミとして一体的に把握された[虎尾 一九八四]。その上日は毎月天皇に奏上され、節会や饗宴《きょうえん》の場で天皇と飲食をともにするなど、天皇との密接な関係をもつ階層と位置づけられていた[吉川 一九九八]。

このような「五位以上集団」の特殊性は、律令制以前の大夫の性格を継承したものであるといえる。朝参も大夫の仕奉に由来し、仕奉による部民や食封の領有は、上日と賜禄・位階昇叙の互酬的関係に置き換えられた。「五位以上集団」は律令制度上の特権を有するだけではなく、天皇との人格的関係を結びえた点で、通貴すなわち律令貴族たりうる存在であったといえよう。

律令貴族の地位

しかし、すべての五位以上官人が旧大夫層の系譜を引いていたのではない。五位以上官人のうち五位と四位以上では潜在的に差があり、実態的に大夫層の系譜に連なるのは徳冠《とくかん》、大錦《だいきん》以上、直広弐《じきこうに》以上の流れをくむ令制四位以上であった［虎尾 一九八四］。八世紀以降、五位は個人的な能力や業績によって達しえたが、五位を越えて昇進できる氏族は一部に限定され、それらが門閥的な上流貴族層を形成していた［鷺森 二〇〇四］。

八世紀を通じて納言以上の議政官を輩出したのは、准皇親で新たな氏族である橘氏を除くと多治比・阿倍・大伴・石上・藤原の五氏で、多治比嶋《しま》・阿倍御主人《みうし》・大伴御行《みゆき》・石上麻呂《まろ》・藤原不比等を直接の祖とする。彼らは壬申の乱で功績を挙げた人物や、天武・持統朝で重用された人物であった。このことからすれば、門閥貴族の地位や範囲は政治体制の一環として確立したと考えられ、そこに王権の意志が働いていたとみることができる［長山 一九九二］。

彼らが官人として出身する時に使いえた律令制度上の特権が、蔭位制である。日本の蔭位制は唐の資蔭《しいん》制に比べて初叙の位を高く設定しており、同階層内で五位以上官人を再生産するのが容易であり、また、上級官人ほど世襲により政治的な地位が固定化される仕組みであった。さらに七〇六(慶雲三)年には別勅による蔭位昇位の余地が留保され、七二八(神亀五)年には、五位昇叙に際して族姓の別により内五位へ昇叙する者と外五位となる者の二つのコースが設けられた。この内外階制には特定氏族に対する身分的特権を明確に差別化する意図があり［鷺森 二〇〇四］、これにより官人制の根底にあった氏族制的要素が位階制の中に組み込まれることとなった。

しかし、蔭位制は父祖の位階をもとに官人としての出発点を優位にする制度であったが、父祖の極官が高位でなければ子孫も高い蔭階で出身できず、自身も高位に達しえなかった。その点で、貴族層を十分に維持させる制度ではなかった［倉本 一九九七］。逆に、固定化した貴族の地位は、政争などにより一旦崩れると本来の地位に回復することが難しく、官僚制内での政治的地位の低下が社会的衰退に直結することとなった［長山 一九九二］。律令貴族は、自らの勢力を君主制や官僚制の枠外で維持する術をもたなかったのである。

藤原氏の躍進と天皇

こうした中で、貴族層の中核的な位置を占め続けたのが藤原氏である。藤原氏は、中臣鎌足が天智天皇より藤原のウヂ名を賜ったことに始まる。八世紀以降の台頭は鎌足の子である不比等の功績によるところが大きく、能吏としての個人的資質に加え、宮子《みやこ》・安宿媛《あすかべひめ》(光明子)の二人の娘が文武・聖武天皇の后となったこと、天皇家との姻戚関係により他氏を排斥したことなどが指摘されてきた。

しかし、藤原氏の台頭を単なる他氏排斥や天皇との婚姻による勢力伸張の結果ととらえるべきではない［長山 一九九二］。鎌足以来の天皇家への忠誠や補弼《ほひつ》の累積こそが重要であり［吉川 一九九八］、不比等はそれをいわば藤原氏の仕奉と設定することで、躍進の基礎を築いたと思われる。『国家珍宝帳《こっかちんぽうちょう》』によれば、正倉院宝物の黒作懸佩刀《くろづくりかけはきのたち》は草壁→不比等→文武→不比等→聖武と継承され、不比等は天武直系の皇位をつなぐ役割を果たしている。光明子を首皇子に娶せた時には元明太上天皇が不比等の功績をたたえており、この婚姻が天皇家の思惑にも合致していた点は注意される。皇位の安定的継承は何より重要な政治課題であり、婚姻も含め、すべてが藤原氏の王権への奉仕であったとみることができる。藤原氏の躍進は特殊なものと位置づけられがちだが、その基礎は律令官僚制内に遺存した氏族制的な仕奉の概念をうまく利用して形成されたといえるだろう。

七二四(神亀元)年に聖武天皇が即位すると、天皇と藤原氏の関係は大きく変化した。のちに聖武は宣命の中で父母双方の名を受け継ぎ国をおさめてきたと述べているが(『続日本紀』天平勝宝元〈七四九〉年四月甲午朔条)、母方の祖の名を継承した聖武が即位することで、藤原氏の特殊な地位が確立した。藤原氏の身内的立場の固持は不比等のつぎの世代に顕著であり、生母宮子の称号問題、長屋王の変、光明子立后という一連のできごとは、王権安定化の副作用として起きたともいえる。

そして、天皇家が藤原氏との身内的立場による王権の保持を選択すると、仕奉の概念で結ばれた天皇とほかの貴族との関係も変化せざるをえなくなっていった。不比等の打ち出した方向性を忠実に受け継いで権力を掌握したのが藤原仲麻呂であるが、これに反旗を翻した橘奈良麻呂の勢力には多治比氏や大伴氏など伝統的貴族出身者が多く加わっていた。その背景には、貴族社会を通底する氏族制的原理の動揺があったと考えられる。

その仲麻呂も、後ろ盾であった光明皇太后が亡くなり、孝謙太上天皇と淳仁天皇の不和が顕在化すると、叛乱を起こして罪人として処刑された。こののち、重祚した称徳天皇の寵愛を受けた道鏡の専横が挫折すると、光仁朝以降の王権の中で、藤原氏は天皇との関係を再構築していくこととなるのである。

律令貴族から平安貴族へ

本稿では、天皇と貴族の関係について、律令制以前から八世紀までを中心に概観した。日本の古代国家は、中国にならい律令を導入しつつも、その内的構造は七世紀以前の氏族制や部民制による国制を部分的に拡大することで成立した[大隅 二〇一四]。その意味で、奈良時代初めの政治構造は、七世紀以来の政治体制の一つの帰結であったといえる[鷺森 二〇〇四]。天皇は宗教的・族制的権威として貴族層に支持され、貴族層もまた世襲的な天皇の存在を前提として存続しえた。それゆえに皇権は時々の政局に左右され、教科書で取り上げられるような貴族層内部の権力抗争の多くには、皇嗣《こうし》の問題が絡んだのである。

このような天皇と貴族のあり方が大きく転換したのは、八世紀末の桓武朝から九世紀初頭の嵯峨朝にかけてである。桓武天皇により中国的な儀礼や儒教思想にもとづく王権の強化が推し進められ、即位儀礼や天皇祭祀が変化し、天皇は中国皇帝のあり方により接近した。官人貴族層にも変化がみられ、長岡・平安遷都により本貫地と切り離されて都市貴族化した。さらに、平城太上天皇の変を経て、嵯峨朝に儀式の唐風化が進むと、儒教的な礼秩序や家父長制観念が官人層のあいだにも浸透し、その出身母体となっていたウヂが父系的な出自集団へと変質していった[笹山 二〇〇七]。

このような平安初期の動きは、中国的な律令制への近接であるととらえられる。これにより、支配者層の紐帯《ちゅうたい》として機能してきた氏族制的要素は解体されていった[長山 一九九二、大隅 二〇一八]。天皇と貴族は族制的・神話的世界から脱却し、両者の関係は、礼制にもとづく君臣秩序や家父長的関係を軸に、定義しなおされていったのである。

〈**参考文献**〉

阿部武彦　一九五四年「古代族長継承の問題について」（のち再録『日本古代の氏族と祭祀』吉川弘文館、一九八四年）
飯田瑞穂　一九八〇年「太政官奏について」（のち再録『飯田瑞穂著作集5』吉川弘文館、二〇〇一年）
石母田正　一九七一年『日本の古代国家』（岩波書店、のち岩波文庫、二〇一七年）
井上光貞　一九六七年「太政官成立過程における唐制と固有法との交渉」（のち再録『井上光貞著作集2』岩波書店、一九八六年）
大隅清陽　二〇一一年『律令官制と礼秩序の研究』（吉川弘文館）
大隅清陽　二〇一四年「律令官僚制と天皇」（『岩波講座日本歴史3』岩波書店）
大隅清陽　二〇一八年「畿内政権論」（広瀬和雄・山中章・吉川真司編『講座畿内の古代学1　畿内制』雄山閣）
大津透　一九九九年『古代の天皇制』（岩波書店）
岡田精司　一九八三年「大王就任儀礼の原形とその展開」（のち再録『古代祭祀の史的研究』塙書房、一九九二年）
川尻秋生　二〇〇二年「日本古代における合議制の特質」（『歴史学研究』七六三号）
熊谷公男　一九八九年「〝祖の名〟とウヂの構造」（関晃先生古稀記念会編『律令国家の構造』吉川弘文館）
倉本一宏　一九九七年『日本古代国家成立期の政権構造』（吉川弘文館）
坂上康俊　二〇一一年「日唐律令官僚制の比較研究」（大津透編『律令制研究入門』名著刊行会）
鷺森浩幸　二〇〇四年「王家と貴族」（のち再録『天皇と貴族の古代政治史』塙書房、二〇一八年）

笹山晴生　二〇〇七年「平安時代の王権」（のち再録『平安初期の王権と文化』吉川弘文館、二〇一六年）
佐藤長門　二〇〇九年『日本古代王権の構造と展開』（吉川弘文館）
関晃　一九五二年「律令国家の展開」（のち再録『関晃著作集４』吉川弘文館、一九九七年）
関晃　一九五九年「大化改新と天皇権力」（のち再録『関晃著作集２』吉川弘文館、一九九六年）
関晃　一九七六年「律令貴族論」（のち再録『関晃著作集４』吉川弘文館、一九九七年）
虎尾達哉　一九八四年「律令官人制における二つの秩序」（のち再録『律令官人社会の研究』塙書房、二〇〇六年）
長山泰孝　一九九二年『古代国家と王権』（吉川弘文館）
早川庄八　一九八六年『日本古代官僚制の研究』（岩波書店）
山下信一郎　一九九四年「律令俸禄制と賜禄儀」（のち再録『日本古代の国家と給与制』吉川弘文館、二〇一二年）
吉川真司　一九九八年『律令官僚制の研究』（塙書房）
吉田孝　一九八三年『律令国家と古代の社会』（岩波書店）
吉村武彦　一九九六年「仕奉と氏・職位」（『日本古代の社会と国家』岩波書店）

9 調庸制と班田制

神戸 航介

はじめに

このテーマでは、律令制の代名詞とされる公地公民に関わる人民支配の仕組みである、調庸制と班田制の特質について述べる。教科書の叙述では、両者は大宝律令の制定とともに説明されるが、その内実は律令制以前の日本の支配体制と深く関わっており、研究上ではその点をふまえた実態の解明が主たる論点となる。

大宝令・養老令において、調庸制は賦役令《ぶやくりょう》、班田制は田令《でんりょう》という篇目に規定されており、いずれも唐の律令を範として制定されたものである。そのため、中国の律令条文との比較により日本の特徴を抽出するという方法が有効とみなされるが、近年の研究動向としては、中国で北宋天聖令《てんせいれい》が新たに発見されたことが特筆される。天聖令は宋代の法典ではあるが唐令条文を基礎として作文されたものであることから、もととなった唐令の形態を推定することができ、さらに不行とされた七三七(開元二十五)年の唐令条文を末尾に附載していることから、律令条文の日唐比較が精度を増すことになった。新たな知見を得られたのは当然ながら、従来仮説にとどまっていたものに根拠が与えられ、比較研究の方向性がおおむね間違っていなかったことが判明した部分も大きい。この点をふまえ、調庸制と班田制の日本的特質は何かを述べる。

1 調庸制

日本の律令制下における調

律令国家の公民は、戸籍・計帳によって把握され、様々な負担を課されていた。位階を有する者や特別な職役に従事している場合など、特殊な状況に応じて様々な免除の規定が存在したが、基本的にはすべての民衆が何らかの租税や役務を負っていた。まずもっとも代表的な租税である調は、人ごとに布などの品を課す人頭税である。

唐制では、租調庸から構成される課役《かえき》は、二一歳から五九歳の男子に課される人頭税であった。調としては、一人につき絹二匹か布二端、兼調(付加税)として綿か麻をおさめる規定となっていた。絹と布いずれを出すかは各地域の生産状況によって異なるが、両者は唐代の社会において貨幣のごとき一般的価値をもつものである。

一方、日本の調も、二一歳から六〇歳の健康な男子(正丁《せいてい》)に賦課される人頭税である。なお、次丁《じてい》

（六一～六五歳および身体的障がいのある男子）は二人、中男《ちゅうなん》（一七～二〇歳の男子）は四人で正丁一人分の調をおさめることになっている。

主たる調品目として賦役令に規定されるのは絹・絁《あしぎぬ》・糸・綿・布などの繊維品で、正丁一人分の貢納量は布なら二丈六尺、絹・絁なら八尺五寸といった具合に決められていた。また、京畿内の場合は布一丈三尺で、畿外諸国の半分となる。

唐制と異なる日本固有の特徴は、織物以外にも様々な品物が規定されていることである。これを調《ちょう》雑物《ざつぶつ》と呼び、具体的には、鉄・鍬・塩や、鰒《あわび》・堅魚《かつお》などの海産物であり、賦役令の条文の中で三四種類の品物が煩を惜しまず列挙されている。その土地ごとの産物に応じてどの国が何を出すかは決まっていたらしく、「近江鮒《おうみのふな》」など固有の地域性があるものもあり、教科書などで調が「特産物を献上する制度」とされる所以である。また、これ以外にも調副物《ちょうのそわつもの》という付加税があり、胡麻油や樽など中央官衙の必要物品をおさめることになっていた。なお、調副物は七一七（養老元）年に廃止され、中男等の集団労働によって中央の必要物を調達させる中男作物制に移行する。

調の納入にあたっては、布なら二人分を合成して五丈二尺×二尺八寸で一端とし、絹なら六人分を合成して長さ五丈一尺×二尺二寸で一疋とすることとされていた（奈良時代を通じて数度の規格変更がある）。このような合成規定は調副物に顕著であるが、複数の課丁分を一定の分量にまとめることとされている。人頭税の体裁をとるが個人が支払う税という性格は稀薄で、繊維品の場合は郡の諸施設を拠点として紡織する分業により生産されており［東村 二〇一二］、調雑物も漁業など集団による生産が前提となっている。古代の地域社会においては郡司など首長層の権力が強く、彼らの労働編成のもとでの大規模生産・共同体的協業により生産され、そのとりまとめのもとで貢納していたと考えられている。

調は日本での訓は「ツキ」「ミツキ」であり、朝廷への貢ぎ物の意である。こうしたことから調の淵源は、大化前代における、郡司の前身である国造など地方の首長によるヤマト王権への服属儀礼にともなう貢納物であるとの説が有力である［石上 一九七三］。また、一部の食料品については、膳《かしわで》氏・阿曇《あずみ》氏など特定の職能を担う氏族の管轄下にある部民《べみん》からの食物供給制度に由来するとみられている［今津 一九九二］。奈良時代には調以外にも贄《にえ》という、天皇の食料品を諸国が貢納する制度があるが、貢納品目が調と一部重なるなど本来共通する性格を有していたと思われ、両者の関係性が議論されている。

実際の貢納形態・貢納品目などについては、平城宮跡など都城遺跡から出土する荷札木簡（税物に付けられる木札）により知ることができ、どの国からどのような品物が貢納されていたかがわかる（本書「10 平城木簡は何を語るか」も参照）。写真が掲載されている教科書も多いので広く認知されていると思うが、荷札木簡の書式は、もっとも典型的なものでは、「国―郡―郷―戸主名―戸口名―貢納品目・数量―年月日」となる。布など繊維品の場合は品物に直接書き入れており、正倉院宝物の中に実例がある。ただし、ここに名を記された者が自ら書いたわけではなく、国郡段階で行政機構により記入されたものである。実際に名の記された貢納者が生産のどの段階を担ったのかということもあまり関係がなく、計帳など名簿形式の文書から適宜抜き出して記したものと思われる。貢納物の荷札木簡や布等に付された題記がいかなる機能を有していたかについては議論があるが、天皇の御覧（貢納物の視覚的確認)の場において貢納の事実を表示するためとする今津勝紀氏の説[今津 一九八九]が有力である。

京進された調は、中央の大蔵省で保管された。中央における調の用途は、主として官衙運営費と官人給与である。とくに重要な用途として、相嘗祭《あいなめさい》や祈年祭《きねんさい》などで全国の神社へ分かつ幣帛や、毎年十二月に特定の天皇陵墓等に荷前使《のさきのつかい》を派遣してその年の貢納物を奉献することがあり、初穂としてのミツギモノを天皇から諸神・皇祖へ奉る点に調の本質があるとの説がある[大津 一九九五]。公民から出される税物をまず神に捧げ、その残りを中央で分配するというのが、律令財政の基本的な仕組みだったのである。

日本の律令制下における庸

つぎに庸は、律令条文では、民衆による年間一〇日の力役負担である歳役《さいえき》の代納物として、布二丈六尺を収取すると規定されている、基本的課役の一つである。次丁は二人で正丁一人分の庸を負担し、中男は庸を負担しない。また、京畿内には庸が課されないことになっていた。北宋天聖令によって知られる唐令においては歳役二〇日の代納物として庸があるが、あくまで主たる負担は歳役であり、中央政府の指示のもと、京に限らず居所付近の地で実際に力役に従事することが行われていたらしい[神戸 二〇一九]。

一方日本の場合、実際に力役としての歳役を徴発することは想定されておらず、全員から庸を取るのが原則だった。中央において造営など大規模な労働力が必要となる場合には、庸を財源として人民に代価を支払い徴発する雇役《こえき》制が用いられた[青木 一九五八]。この点については当否をめぐり議論があったが、北宋天聖令の出現により範となった唐令の全体像が明らかになり、妥当性が確認されている。

庸は中央の民部省のクラに収納され、仕丁《しちょう》や衛士《えじ》など地方から交替で都におもむき中央官衙に勤務する下級職員の食料に充てられた。調も含め税目・用途・保管官司に固有の対応関係がある点に、日本の律令財政の特徴が認められる。また、日本の庸は布以外にも、米や塩・綿による納入も行われている。平城宮跡から出土した庸米付札の木簡によれば、庸米の俵は六斗ないし五斗八升のものが多く、これは正丁一人の一カ月分の支給量に対応する［狩野 一九八二］。つまり貢納する側からすれば、その郷土から仕丁などとして中央に出仕する者に対する仕送りという意識が強いのである。庸の起源は大化前代に行われていた、大王宮に奉仕する地方の部民などの資養物として地元の共同体が供出する「チカラシロ」であると想定されるが、右の認識から、大化前代の貢納原理がかなり残存していたと理解されている。

日本の律令制下における力役

このほか、民衆が負担する力役としては雑徭《ぞうよう》があり、年間六〇日以内で国司のもとで地方官衙の諸労働に従事する規定が日本賦役令に存在した。雑徭が実際に現地でどのように徴発されていたかは史料が少なく不明な点が多いが、雑徭の和訓が「クサグサノミユキ」であることなどから、律令制以前の行幸奉仕役など、天皇やその代理である国司のために、共同体の外から課される力役が歴史的前提としてあるという説が有力である［吉田 一九八三a・b］。雑徭という名称自体は唐制に由来するが、天聖令の発見により、唐賦役令には雑徭の徴発を直接規定した条文がないことが判明し、律令における位置づけが唐と異なることが指摘されている[大津 二〇〇五]。

調庸の徴収と輸送

調庸の徴収については、毎年作成される計帳にもとづき行われる。計帳は各戸の戸主に戸に所属する者の氏名・年齢等を申告させ、国ごとにとりまとめて中央に報告する帳簿であり、これにより中央では各国からの年間の貢納量を把握したのである。調庸は八月中旬から輸納を開始し、京までの距離に応じて近国は十月末、中国は十一月末、遠国は十二月末が納入期限とされていた。輸送に当たっては民衆が運脚として徴発され、国司・郡司に引率されて京に輸送した。運脚は教科書ではほぼ必ず取り上げられるが、その実像はあまり明らかになっていない。唐の場合は脚直といって、運送費用として銭や布を別に徴収し、これをもとに雇用労働により輸送していたが、日本の場合は部内の民衆が自ら運脚に当たる原則で、『延喜式』に規定がある脚直も現地に残る者が輸送に当たる者の食料等を負担するものであり、この点に貢納制の性質が残存している可能性がある。

2　班田制

日本の律令制下における班田制

班田制は、一定数の田地を口分田として公民に支給し耕作させ、死亡時に収公する制度である。律令制形成の出発点とされる大化改新詔に「初めて戸籍・計帳・班田収授の法を造れ」とあることから、一般に「班田収授法」の名で知られている。

班田は六年ごとの十一月から翌年五月に作成する戸籍にもとづき実施され、六歳以上の男子に口分田二段(一段=約一一・七アール)を支給する。女子には男子の三分の二が支給され、また公奴婢《くぬひ》など賤民身分も支給の対象となる(家人《けにん》・私奴婢《しぬひ》は良民の三分の一)。

日本の班田制は、中国の北魏以来の均田制を下地としている。均田制は、戸籍に登録された成年男子に口分田を給付し、その代償として課役を負担させる仕組みである。なお、日本の場合は調庸を負担しない女性や賤民にも口分田が与えられることから、課役との対応関係がない点が特徴である。

均田制と班田制を比較した吉田孝氏は、均田制の特質を限田制的要素(土地を調査して帳簿に登録し、大土地所有を制限する)と屯田制的要素(公田・官田を一定基準で人民に割り付けて耕作させる)の二点に整理している。成人男子に永業田《えいぎょうでん》(世襲を認められた田地)二〇畝《ほ》と口分田八〇畝の一〇〇畝(一畝=約六アール)を班給する原則だが、この数値は実際に支給される額ではなく理想であり、実際の受田額はもっと少なく、庶民の小規模な開墾地は受田すべき額の中に包摂されるように、一〇〇畝の受田額の中で現実に保有している土地が調整されるというものであった。さらに官人永業田制といって、官人に対して品階に応じて開墾できる面積を制限する制度が存在した。

これに対し日本の田令では、男子の口分田二段という数字は実際に班給する額であり、また官人永業田制を導入していない。すなわち右の二つの要素のうち、限田制的要素を取り払い、屯田制的要素のみを取り入れたことになる。

とすれば、日本はすでに耕作された熟田のみを規制の対象とし、新たな墾田を制度の枠内に取り入れなかったことになる。百姓が新たに開墾した田地は、唐のように自動的に位置づけられることはなかった。これを解消したのが三世一身法・墾田永年私財法である。まず七二三(養老七)年の三世一身法は、前年に発出された百万町歩開墾計画と軌を一にする開墾奨励策で、民衆の新規開墾地を三世代にわたり伝えることを認めたものであるが、同時に三世代後には収公することを制度化したもので、墾田を制度の枠内に組み込もうとしたものであった。

そして七四三(天平十五)年制定の墾田永年私財法は、開発した田地は私財として永年収公しないこと、位階に応じて占有する田地の面積に制限を設けること、国司が開発した田地は離任後に収公することなどを定めて開墾を奨励した。吉田氏の理解によれば、墾田を国制の枠内に組み込むことで田地の拡大を目指したのであり、官人の位階に応じて開墾の限度額を定めた点は唐の官人永業田制とも共通し、唐制の受容と評価することも可能である。

以上のような吉田説に対しては、いくつかの論点について検証が進み修正が試みられており、とくに大宝令の復原が困難な田令荒廃条という条文をめぐって多くの議論がある。荒廃条は、かつて熟田でありながら荒廃した土地を貸し出して耕作させること、地方官の主導により空閑地を開発することを定めたものだが、大宝令では「荒地」(未開墾の土地)の語が存在し、未墾地の開墾を認める規定があった可能性があり、かつ新出の天聖令によれば、吉田氏の想定とは異なり、対応する唐令に「荒地」の語がないことが確認された。仮にそうだとすれば、時の立法者が班田制と均田制の相違を理解し、開墾地を制度の枠内に取り入れようとしていたことになる[坂上 二〇〇四]。また、墾田永年私財法制定の意図として災害復興という社会政策的意義を強調する見解もある［吉川 二〇〇六など］。とはいえ、均田制のフィクション性と班田制の実現目標としての性格や、墾田永年私財法が土地支配を進展させたとする画期的な理解を示した吉田説の大枠は、おおむね現在も通説としての地位を保っている。教科書ではかつては墾田永年私財法によって公地公民制が崩壊すると記述されてきたが、現在では修正されている。

天聖令発見以降の研究動向としては、とくに班田手続きに関する研究が進展した。班田の年がくると、まず諸国の国司が国内の田地の種類等を調査し、結果をまとめた帳簿に給田対象者の名簿を加えて太政官に送る。その後、太政官が班田の実施を許可する文書（報符）を発給し、これを受けて初めて班田が可能となった。以上の手続きは唐制と異なる日本独自の色彩が強く、中央の主導権を強調する点に特徴があるとされている［三谷 二〇〇九］。

日本の律令制下における田租制

そのほか班田収授法については、条里制《じょうりせい》の施行や田図の作成など土地管理システムをめぐり研究が蓄積されている。土地制度に関わる論点は本書「12 墾田永年私財法と初期荘園」で触れられるので参照していただき、ここでは田租制について述べたい。田租（租）は、田地ごとに収穫稲の一部を貢納させる制度である。

唐制では、租は課丁一人に対して粟（籾つきの穀物）二石をおさめるもので、土地賦課ではなく人頭税であり、調庸と同じ課役を構成する一要素として京進する原則である。一方、日本では田の面積一段あたり一・五束をおさめることになっている。賃租《ちんそ》(他者への貸出し)した場合の田租は耕作者が負担するなど、土地ごとの賦課である。また、唐における租が賦役令に規定され人頭税として調庸と同じく課役の一部を構成していたのに対し、日本の租は賦役令に含まれず田令の中に規定があり、日本では中央には送らず、現地の国郡のクラである正倉《しょうそう》に蓄積された。

さらに一段あたり一・五束という税率は、一般には収穫の約三%といわれるが、これは令の注釈書である『令集解《りょうのしゅうげ》』に大宝令以前の収租法と考えられる「令前租法」についての記述があり、収穫高一〇〇束につき三束とされていることや、平安時代に田地の等級を定めた史料において最高の上田とされる田地の一段あたりの収穫高が五〇束であることにもとづいたものと思われる。したがって、収穫が少ない下級の田地ではもう少し税率は高くなるが、それでもかなり少額である。

以上の諸点から、日本の田租は租税とみなされなかったと理解されている[早川 一九七二]。それは律令制以前にさかのぼる田租の起源に由来するものと考えられ、具体的には、毎年の収穫の一部を、首長を介して神に捧げる初穂貢納の慣行があり、これが令制田租につながるものとする見方が強い[小口 一九九〇など]。

律令制下の田租は地方の正倉において、稲穂から外した穀(モミ)の状態で蓄積される。賑給《しんごう》(窮民救済のための施し)など用途はごく一部に限られ、消費ではなく蓄積に主眼があるもので、地方財政は、穎稲(稲穂の状態のイネ)を民衆に貸与し利息を得る公出挙《くすいこ》が担っていた。この正倉におさめられた稲穀・穎稲を正税《しょうぜい》という。公出挙は利息を得ることで恒常的に財源を増やして国衙の諸経費を確保するというものであるが、民衆に対する貸付けはその年の農業経営を保証する種稲分与と関連するものと理解される。

すなわち、律令制以前の古い時代の田租(和訓でタチカラという)には、初穂貢納として神に捧げ、その残りが翌年の種稲として首長により民衆に分与されるという二つの機能があり、大宝令制定以降は、前者の機能は田租へ、後者の機能は公出挙へと継承されていったと考えられるのである。

さらに田租が国内に蓄積されるという点について、重要な学説が渡辺晃宏氏によって提唱されている。渡辺氏によれば、田租は各郡におかれた正倉に順次蓄積され、満倉になると封をし不動倉《ふどうそう》となり、そのカギを京進するが、これは田租の支配権を中央が奪うことを象徴するものであり、在地有力者のもとで管理されていたイネの中央による封じ込めであるとする[渡辺 一九八九]。渡辺説は田租の蓄積を律令制浸透の過程と結びつけた理解として高く評価されている。

近年では田租を直接論じた研究はきわめて少ないが、最近本庄総子氏が、通説では重視されなかった七〇六(慶雲三)年の租額変更を検討し、これが実質的に七把の減税であったことから、律令国家が田租を租税として認識していたと論じており、今後の展開が待たれる[本庄 二〇一九]。

おわりに

以上、調庸制と班田制・田租制について、唐制との比較を中心に現在の研究段階を述べてきた。大宝律令の成立は唐の先進的制度を先取り的に導入した面があり、律令制定後も前代の仕組みがかなり残っていることが理解されたと思う。

律令制の導入には、既存の国制に先進的制度をおおいかぶせたという側面があり、両者のすりあわせの中で律令条文のあり方が修正されたり放棄されたりすることがある。そうした現象が顕著に現われるのが調庸制・班田制という民衆支配の分野であるといえるだろう。

〈**参考文献**〉

青木和夫　一九五八年「雇役制の成立」(のち再録『日本律令国家論攷』岩波書店、一九九二年)

石上英一　一九七三年「日本古代における調庸制の特質」(『歴史学研究』別冊特集)

今津勝紀　一九八九年「調庸墨書銘と荷札木簡」(のち再録『日本古代の税制と社会』塙書房、二〇一二年)

今津勝紀　一九九二年「律令調制の構造とその歴史的前提」(のち再録『日本古代の税制と社会』塙書房、二〇一二年)

大津透　一九九五年「貢納と祭祀」(のち再録『古代の天皇制』岩波書店、一九九九年)

大津透　二〇〇五年「唐日律令制下の雑徭について」(のち再録『日唐律令制の財政構造』岩波書店)

小口雅史　一九九〇年「日本古代における「イネ」の収取について」(黛弘道編『古代王権と祭儀』吉川弘文館)

狩野久　一九八一年「庸米付札について」(のち再録『日本古代の国家と都城』東京大学出版会、一九九〇年)

神戸航介　二〇一九年「日唐律令力役編成制度の特質」(のち再録『日本古代財務行政の研究』吉川弘文館、二〇二二年)

坂上康俊　二〇〇四年「律令国家の法と社会」(のち再録『唐法典と日本律令制』吉川弘文館、二〇二三年)
佐々田悠　二〇一八年「田令田長条に関する覚え書き」(小口雅史編『律令制と日本古代国家』同成社)
早川庄八　一九七一年「律令「租税」制に関する二、三の問題」(のち再録『日本古代の財政制度』名著刊行会、二〇〇〇年)
東村純子　二〇一一年『考古学からみた古代日本の紡織』(六一書房)
本庄総子　二〇一九年「慶雲三年輸租折衷法と熟田」(『史林』一〇二巻三号)
三谷芳幸　二〇〇九年「律令国家と校班田」(のち再録『律令国家と土地支配』吉川弘文館、二〇一三年)
吉川真司　二〇〇六年「律令体制の展開と列島社会」(のち再録『律令体制史研究』岩波書店、二〇二二年)
吉田孝　一九八三年a「編戸制・班田制の構造的特質」(『律令国家と古代の社会』岩波書店)
吉田孝　一九八三年b「雑徭制の展開過程」(『律令国家と古代の社会』岩波書店)
渡辺晃宏　一九八九年「平安時代の不動穀」(『史学雑誌』九八編一二号)
渡辺晃宏　一九九三年「律令国家の稲穀蓄積の成立と展開」(笹山晴生先生還暦記念会編『日本律令制論集　下』吉川弘文館)

10 平城木簡は何を語るか

山本 祥隆

はじめに

教科書において、木簡について直接割かれる文量は必ずしも多くない。木簡は多種多様な歴史資料の一つであり、それのみで歴史を描き出すことはできないからであろう。

一方、木簡には史料としての特有の強みがあり、とりわけ古代史研究において木簡は揺るぎない地位を確立している。本稿では古代木簡、とくに平城宮・京跡から出土した木簡が、古代史のどのような側面を明らかにしたかを紹介する。なお、タイトルの「平城木簡」は平城宮・京跡出土木簡の総称とする。また、本稿は［山本 二〇一四］を基にしつつ、末尾に掲げた参考文献などからの知見を加味して増補したものであることを、はじめに断っておく。

木簡とは何か

一般に、木簡の定義には①木であること、②文字が記されること、③発掘調査で出土したこと、の三つが挙げられる。

①については、いわゆる札のみでなく、井戸枠や檜扇《ひおうぎ》(ヒノキの薄板でつくった扇)などの木製品、あるいは自然木であってもよい。②については、墨書の場合が圧倒的に多いが、朱書や刻書でも構わない。ただし、スタンプ(焼印など)だけのものや、絵のみで文字がないものは除外される。③については、出土品も伝世品も歴史資料としての価値に変わりはないが、伝世品まで含めると対象が際限なく広がってしまう。それ以上に、長期間土中に埋もれていた出土品はきわめて弱く脆く、特別な取り扱いが求められる。脆弱な出土品を確実に後世に伝えていくための方途として、木簡の定義に③を加える場合が多い。

このように、実は木簡の定義はかなり緩く、例えば棺桶の蓋や位牌、将棋の駒なども木簡となりうる。木に文字を記す行為の普遍性は高く、木簡は時代や地域を超越して存在する。当然、どの時代、どの地域の研究においても、木簡は貴重な歴史資料となりうるのである。

だが、とくに古代史研究の分野で木簡は重宝される。一般に、時代をさかのぼるほど歴史資料が限られていくからである。とりわけ本稿が対象とする平城木簡は質・量ともに他を圧倒しており、八世紀は木簡利用の最盛期とも評される。

編纂史料と一次史料

ただし、古代史研究の基幹をなすのはやはり律令格式六国史である。国制の根幹を規定する法制史料である律令格式や、国の正史としての六国史があってこそ、包括的で体系的な古代史像を描きうる。例えば後述する長屋王についても、その系譜や経歴などが『続日本紀』をはじめとする諸史料から知られる。その下地があってこそ、長屋王家木簡もその価値を充分に発揮できるのである。

一方、律令格式六国史をはじめとするいわゆる編纂史料には限界も存する。編纂史料は、編纂者の意図や目的、思考や思想などの影響を一定程度こうむることを免れない。内容は編纂者が伝えたい事柄に偏りがちであり、また意図的でなくても特定のバイアスがかかり、結果的に「史実」が歪められてしまうこともある。

対して、木簡(などのいわゆる一次史料)は、出土(や伝世)が偶発的で内容も断片的という弱点も有するものの、編纂の手が加わらない生の(あるいはそれに近い)情報を提供してくれる。この点が、木簡(など一次史料)の史料としての強みである。

郡評論争

木簡の史料的価値が顕著かつ最大限に発揮されたのは、やはり郡評論争であろう。地方行政組織「コホリ」の表記に端を発し、大化改新詔や『日本書紀』自体の信憑性をめぐって争われた郡評論争に終止符を打ったのは、藤原宮跡出土の荷札木簡であった。荷札の用字から、七世紀段階での「コホリ」の表記が「評」であったこと、それが大宝令の施行にともない「郡」に改められたことが判明したのである。『日本書紀』に編纂過程での修文・改訂が含まれることを白日のもとにさらした荷札たちは、木簡の重要性を広く知らしめ、その地位を確固たるものとしたといえる。

1 平城宮木簡

郡評論争はやや極端な事例で、実際には編纂史料・一次史料双方を読み込み、あいおぎないつつ歴史像を紡ぎ出す場合が多い。以下、平城宮木簡と、代表的な平城京木簡である長屋王家木簡・二条大路木簡とが明らかにしたところの具体相を順に素描する。

SK二一九木簡・SK八二〇木簡

一九六一年、大膳職《だいぜんしき》推定地で検出した廃棄土坑SK二一九から出土した四〇点の木簡が、最初の平城宮木簡である。続いて、一九六三年に内裏北外郭官衙地区で検出した廃棄土坑SK八二〇から出土した木簡は総数約一八〇〇点にのぼり、日本ではじめての大規模古代木簡群となった。

これ以前にも木簡は出土していたが、単発的な事例にとどまり、SK二一九木簡の発見以前は専門家のあいだでも木簡に対する認識は希薄であった。その意味で最初期の平城宮木簡は、木に文字を記す行為が古代人の日常に深く根ざしていた事実そのものを周知せしめた点に大きな価値がある。

また、とくにSK八二〇木簡は、質的にも優れた資料群であった。その分析により、種々の通信や兵衛《ひょうえ》の配置記録などの「文書《もんじょ》」、各種の物品に付された広義の「付札《つけふだ》」(税物に付して都に送られた荷札《にふだ》と、物品管理用のラベルである狭義の付札に細分される)、文字や文例などの練習に落書きや手遊《てすさ》びなども含む「習書《しゅうしょ》」、という古代木簡の典型的な用法が判明したのである。

なお、令をみると、調は繊維製品でおさめることを基本とするが食料品など「雑物」での納入も認めること(賦役令《ぶやくりょう》1調絹絁《ちょうけんし》条)、絹や布などはその両端に、糸や綿は包みに「国郡里戸主姓名年月日」を記すこと(同2調皆随近《ちょうかいずいきん》条)を規定するが、「雑物」でおさめる場合の「国郡里戸主姓名年月日」の注記法は定められていない。その意味で、調の荷札木簡はその存在自体が、令に規定を欠く税物納入の実態を語っているといえる。

さらに、SK八二〇木簡には贄《にえ》の荷札も多く含まれていた。贄は天皇などの食膳に供する食料品を貢納する税目で、十世紀成立の延喜式には規定がみられる。だが令には規定が存せず、八世紀段階でのあり方は不明瞭であった。そこにSK八二〇から贄荷札が多数出土したことにより、研究は飛躍的に進展したのである。

令の規定のみではうかがい知れない税制の実態を明らかにした点は、SK八二〇木簡(とくに荷札)の功績として特筆に値するであろう。

大極殿院の和銅三年荷札

二〇〇二年、平城宮第一次大極殿院の南面築地回廊部分の整地土から、左の木簡が出土した。

【木簡①】『平城宮木簡七』一一二八六号
（表）伊勢国安農郡阿□〔刀カ〕里阿斗部身
（裏）和銅三年正月
（長さ二〇〇ミリ・幅二四ミリ・厚さ四ミリ　〇五一型式）

裏面の「和銅三年」は七一〇年、三月に平城京へ遷都した年に当たる。つまり、遷都の時点では、元日朝賀（正月元日に天皇が皇太子以下文武百官の拝賀を受ける儀式）などを執り行う重要施設である第一次大極殿院が整地を施している段階にとどまり、未完成であったことが判明したのである。

ここで『続日本紀』に目を向けると、七一〇年には元日朝賀の記録が残るが、つぎの記録は七一五（霊亀元）年までくだる。そのため、七一一（和銅四）～七一四（和銅七）年には朝賀が行われなかったのか、それとも『続日本紀』が記録を逸しているのか、また遷都直前の七一〇年の朝賀が催されたのは藤原宮・平城宮いずれであったかについて、見解が割れていた。

この疑問も、木簡①により氷解した。平城宮の大極殿院は未完成であったのだから、七一〇年の元日朝賀は藤原宮で行われたことになる。また、『続日本紀』にしばらく朝賀の記事がみえないことも、大極殿院の完成を待ち、満を持して七一五年に数年ぶりの元日朝賀が挙行されたため、と無理なく解釈できるようになった。

『続日本紀』によると、七一五年の元日朝賀では前年に立太子した首《おびと》皇子（のちの聖武天皇）が、はじめて礼服を着して拝賀に臨んだという。いわば皇太子のハレの場へのデビューとなった特別な朝賀であった訳だが、上述の理解によれば、そこには完成なった大極殿院のお披露目としての意味合いも込められていたことが推察されよう。たった一点の荷札が、『続日本紀』の記事に彩りを加えた事例である。

東方官衙大土坑の削屑

二〇〇八年に平城宮東方官衙地区で検出した巨大な廃棄土坑SK一九一八九からは、膨大な量の木簡が出土した。大部分は削屑《けずりくず》(木簡の表面から文字を刀子《とうす》〈小刀〉で削り取ることによって生じる、鉋屑《かんな》状の薄い木端《こっぱ》)であるものの、最終的には数十万点規模の資料群となる見込みである(洗浄・整理作業継続中)。共伴土器の年代観や木簡の年紀・内容などから、SK一九一八九木簡は七七一・七七二(宝亀二・三)年頃の資料を主体とし、当該期の衛府《えふ》(軍隊)の再編制により生じた廃棄物と推定されている。

このSK一九一八九の削屑には、時に珍しいウジ名がみえる。例えば、出部《いずべ》氏。出部氏は『続日本紀』には一度しか登場せず(七二五〈神亀二〉年閏正月丁未〈二十二日〉条「従八位上出部直佩刀《はかし》」)、ほかの史料にもみえないため、『続日本紀』の記事は生部《みぶべ》(=壬生部)の誤記ではないかとの見解もあった。だが、SK一九一八九木簡に「出部」削屑が複数含まれていたことにより、出部氏の実在と宮内での活動が証明されたのである。

そもそも、『続日本紀』などの正史は五位以上のいわゆる貴族層に記述を限定するのが原則である。一方、木簡は事務作業などの場面で多用され、多くは実務を担う中・下級官人の手になり、そこには彼らの名が頻出する。史書と木簡とでは、カバーする範囲が異なるのである。時に木簡は、史書には残りにくい歴史の一コマを垣間みせてくれる。

2 長屋王家木簡

続いて、平城京木簡のうち、長屋王家木簡を取り上げる。長屋王は奈良時代初期の皇親政治家で、父は天武天皇の長子である高市《たけち》皇子、母は天智天皇の皇女で元明天皇の同母姉にあたる御名部《みなべ》皇女という高貴な血筋を有する。宮内卿・式部卿・大納言・右大臣などを歴任し、とくに聖武天皇の治世においては正二位左大臣として太政官の首班を担った。だが、七二九(天平元)年二月、国家転覆罪の嫌疑をかけられ、正妻の吉備内親王や所生の諸王らとともに自尽に追い込まれた(長屋王の変)。

長屋王家木簡とは

この長屋王の邸宅内で発見された一大木簡群が、長屋王家木簡である。場所は、平城京左京三条二坊一・二・七・八坪。デパート建設にともなう事前の大規模調査で検出した南北溝状の廃棄土坑SD四七五〇から出土した約三万五〇〇〇点の木簡群を、「長屋王家木簡」と称している。年代は平城遷都直後〜七一七(養老元)年頃、長屋王が従三位式部卿であった時期にほぼ相当する。

長屋王邸の所在

長屋王家木簡の意義やそのもたらした新知見は多岐に渡るが、長屋王邸の所在を明らかにした功績は見逃せない。

長屋王の邸宅は、『万葉集』に「佐保宅」、『懐風藻《かいふうそう》』に「作寶楼《さほろう》」などとあることから、佐保(平城京左京北端付近から京外北方にかけての地域)に所在すると考えられていた。左京三条二坊はその南西に位置するため、ここに長屋王邸が存したとは誰も想像していなかっただろう。そこに、長屋王家木簡が出現した。なかには長屋王の名が記された木簡が複数含まれ、とりわけ雅楽寮《ががくりょう》(宮廷の歌舞などを掌る官司)が「長屋王家令所《かれいしょ》」に宛てた文書木簡が決め手となり、邸宅の主の特定に至ったのである。

『続日本紀』は長屋王の変の顛末については事細かに叙述するが、その舞台は「長屋王宅」と記すのみで、具体的な所在はわからない。また、発掘調査で建物跡などの遺構を検出しても、それがどの官司、誰の邸宅に当たるかは判断が難しい場合が多い。だが、木簡などの文字資料がともなえば、官司名や邸宅の主を推定できる可能性が飛躍的に高まる。木簡が果たしうる重要な役割の一つである。

ちなみに、大内裏図が伝わる平安宮と異なり、平城宮内の官衙配置は元来ほとんど不明であった。長年に渡る発掘調査の成果などにより、現在では造酒司《ぞうしゅし》や式部省などの所在地が確定しているが、それらの比定にも木簡が決定的な役割を果たしている。

所領と二つの家政機関

長屋王家木簡に特徴的な木簡の一つに、蔬菜《そさい》類の進上状がある。

【木簡②】『平城宮発掘調査出土木簡概報(二十五)』六頁下段(三八)

(表) 山背御薗司　進上　大根一束　菁　二把　知佐四把

（裏）古自二把
　　　右七種物　奴否万呂十月廿六日
（長さ〈一三二〉ミリ・幅三一ミリ・厚さ三ミリ　〇一九型式）

類似の木簡も多く出土し、長屋王家では「御田」「御薗」などと呼ばれる所領から新鮮な蔬菜類を取り寄せ消費していたことが判明した。

実は、蔬菜類の荷札はほとんど存しない。鮨など加工品が多い海産物と異なり、貴族層は各自の所領から新鮮な蔬菜類を、生鮮さを優先して荷札など付けずに取り寄せていたのだろう。このような蔬菜類の収取・消費のあり方は、長屋王家木簡によりはじめて明らかになったものである。

ところで、長屋王家木簡にみえる所領は木簡②の「山背《やましろ》」以外にも「片岡」「木上《きのえ》」「耳梨」など数多くあり、当時従三位式部卿であった長屋王にしては過分にも感じられる。おそらく、父・高市皇子から継承した所領も含まれるのであろう。

同様の事態は、家政機関についても指摘しうる。令の規定では、従三位である長屋王の家政機関の職員は、家令(長官)・書吏《しょり》(第四等官)の二名のみのはずである(家令職員令8従三位条)。それなのに、長屋王家木簡にはほかにも家扶《かふ》(次官)・家従《かじゅう》(第三等官)・大書吏・少書吏などが登場する。

これについては現在、長屋王は従三位として給された家政機関(家令・書吏)に加えて高市皇子の家政機関(家扶・家従・大書吏・少書吏)を有しており、両者が協力しつつ長屋王家を支えていた、との理解が通説の位置を占める。換言すれば、長屋王は父・高市皇子の家政機関を継承していたことになる。長屋王家木簡は、八世紀初頭の実態として、父から子へと所領や家産が継承されることがありえたことを教えてくれたのである。

長屋王家の暮らし

長屋王家木簡からは、邸内での生活の様相もうかがわれる。

木簡には、長屋王の家族が多く登場する。正妻の吉備内親王はもちろん、側妻である安倍(阿部)大《おお》刀自《とじ》や石川夫人なども同居していた様子がみられ、興味深い。膳若翁《かしわでのわかおきな》(男児)、円方《まどかた》若翁・紀若翁・忍海部《おしぬみべ》若翁・弥努《ちぬ》若翁・日下部若翁(以上、女児)など、子女も多い。「若翁犬」と記された木簡もあり、子どもたちには愛玩用に犬があてがわれていたようだ。邸内でのにぎやかな日々が目に浮かぶ。

竹野《たかの》王子・山形王子といった、長屋王の妹たちも登場する。彼女たちの名が載る木簡にはしばしば「宮」の表記が認められることから、経済的には長屋王に一定程度依拠しつつも、近隣に別宅を構えていた可能性も想定されている。当時の家族・親族のあり方をうかがうよすがとなろう。

さらに、邸内では多種多様な職人・工人や技術者たちが働いていた。木簡には、金工関連の鋳物師《いもじ》・鍛冶《かぬち》、木工関連の轆轤師《ろくろし》・椅作工《いすつくりこう》、土器製作を担う土師女《はじめ》・奈閉作《なべつくり》などの職人・工人がみえ、より専門性の高い技術者と考えられる画写人《えうつすひと》・書法模人《しょほうもすひと》(過去の書家の筆跡を模写する技術者)・露盤《ろばん》師(露盤＝塔の相輪をつくる技術者)なども確認できる。

右の様相は、単なる貴族の邸宅というより、さながら〝ミニ国家〟と呼ぶべき実態とも評価しうる。というよりも、前代の大王家の家政機関・家産機構に依拠しつつ、それを再構成して律令官司制が構築されていると解した方がよいかもしれない。長屋王家木簡は、律令官司制を相対化し、理解を深めるためのデータを提供してくれることとなった。

3 二条大路木簡

最後に、長屋王家木簡と対をなす二条大路木簡を紹介しよう。

二条大路木簡とは

二条大路木簡は、平城京左京三条二坊八坪と二条二坊五坪のあいだを走る二条大路上に開削された濠状遺構SD五一〇〇・SD五三〇〇・SD五三一〇から出土した木簡の総称である。この三つの濠状遺構は、その検出位置から当初は大路の南北両側溝とも考えられたが、みな両端が閉じており(ただし、SD五三一〇の西端は未確認)、長大な廃棄土坑と判明した。

二条大路木簡の発見は一九八八・一九八九年で、長屋王家木簡が出土したのと一連のデパート建設にともなう調査であったが、両者は性格も時期も異なる別個の資料群である。二条大路木簡の総数は約七万四〇〇〇点、長屋王家木簡の二倍以上にのぼる。奈良時代初頭の資料群であった長屋王家木簡に対し、二条大路木簡は天平年間前半〜中頃、とくに七三六(天平八)年頃の木簡を主体とする。

光明皇后宮と藤原麻呂邸

二条大路木簡の性格は複雑で、含まれる木簡もバラエティに富むが、大きく二つのグループに分けられる。①藤原麻呂の家政機関に関わるグループと、②光明皇后の皇后宮に関わるグループ、である。さらに、①の木簡は二条二坊五坪の南端中央に設けられた門付近にまとまるなど、分布の偏りも認められた。これらを総合的に勘案し、現在では二条大路木簡の時期の左京三条二坊一・二・七・八坪は光明皇后の皇后宮、北隣の二条二坊五坪は藤原麻呂邸であったと考えられている。長屋王邸に続き、邸宅の主を特定できた事例となる(ただし、光明皇后宮の比定には異論もある)。

長屋王家木簡の発見以前、左京三条二坊一・二・七・八坪が長屋王邸とは想定されていなかったことは前述した。その宅地は、七二九(天平元)年二月の長屋王の変により官に没収されたはずである。同年八月、光明子は聖武天皇の皇后として立后した。その後、長屋王邸の跡地は光明皇后宮となっていたのである。

光明子は、聖武天皇とともに、いわば長屋王を自害に追い込んだ側の人物である。その長屋王の旧宅地を自らの皇后宮としたことを物語る二条大路木簡は、平城京内での土地利用のあり方について、長屋王家木簡をしのぐ衝撃をもたらしたといえよう。

さらに、二条大路木簡のうち、つぎの一点に着目したい。

【木簡③】『平城宮発掘調査出土木簡概報(二十二)』一九頁上段(一四七)

(表) 贄帳　□□□□□□□□□□□□〔天平八年　月九日封田孔足ヵ〕

(裏) 八年八月以来

(長さ三五六ミリ・幅二三ミリ・厚さ七ミリ　○六一型式〈題籤《だいせん》軸〉)

贄に関する帳簿の軸だが、別の木簡を再利用してつくられており、表面の天地逆の文字は元の木簡に記されていたものである。ここにみえる苅田孔足《かりたのあなたり》は、ほかの木簡から藤原麻呂の家政機関につとめていたことがわかっている。一方、贄は天皇・皇后に貢納される食料品であるから、「贄帳」は光明皇后宮で作成された帳簿のはずである。

ここからは、麻呂の家政機関と皇后宮とがある程度一体的に活動していた様子が垣間みえる。麻呂と光明皇后は異母兄妹であるから、血縁を軸とする人的なつながりやネットワークが滲出していると も評価しうる。長屋王家木簡ともあい通じる様相といえよう。

芳野行幸

『続日本紀』によると、聖武天皇は七三六(天平八)年六〜七月に芳野《よしの》(=吉野)への行幸を催した。ただ、『続日本紀』の記事は「芳野離宮に行幸したまふ」(六月乙亥〈二十七日〉条)、「芳野監《げん》と側近の百姓とに物賜ふ」(七月丁亥〈十日〉条)、「車駕《きょが》、宮に還りたまふ」(七月庚寅〈十三日〉条)と味気なく、それ以上のことはわからない。

二条大路木簡には、この芳野行幸に関わる木簡が多く含まれる。そこからは、当時左右京大夫の職にあった藤原麻呂の家政機関が、必要物資の調達など、行幸において重要な役割を担っていたことが推定されている。

わけても、つぎの木簡は注目に値する。

【木簡④】『平城京木簡三』五〇〇五号

油二升一合　大殿常燈料 日別三合 七日料　油八合　膳所料 三日料

（表）○油七合　文基息所燈料 日一合　油六合　内坐所物備給燈料

油一升四合　天子大坐所燈料　合六升　油四合　召女豎息所燈料

「此物能畫書者患道者吉成明公莫憑必退山〔西×〕陽道」（天地逆）

（裏）○　七月内

（長さ三六〇ミリ・幅八〇ミリ・厚さ一五ミリ　〇六一型式〈文書箱蓋〉）

文書箱の蓋を転用し、油の使用料と用途を記録した木簡である。裏面に「七月内」とあることから某年七月分の記録と考えられるが、表面に「天子大坐所」とあるのが重要である。文字通り、聖武天皇の滞在場所を指すのであろう。すなわち、この木簡は光明皇后宮での油の使用記録、とりわけ芳野行幸の帰りに天皇が皇后宮に一時滞在した七三六年七月の記録と考えられるのである。

ここで、裏面に天地逆に記された文言をみてみよう。読み下しにくいが、「患道」「莫憑」「必退山陽道」などとあり、疫病退散を祈念したものとみる説が有力である。

実は、芳野行幸が催された七三六年は、天然痘が猛威を振るった七三五・七三七年に挟まれた小康期に当たる。とりわけ、麻呂を含む藤原四子全員の命を奪い、列島規模で甚大な被害を出した七三七年の大流行は、日本史上未曽有の大災害であった。この年の疫病被害の実態については、近年の新型コロナウイルス感染症の流行により注目度を増しているところである。

疫病流行が一時下火となり、不気味な静けさを漂わせていた七三六年に催された芳野行幸に関わる油の使用記録に、疫病除けと思しき文言が記されている。ここからは、この行幸自体の目的が、疫病退散祈願にあったとみることも可能であろう。そこには、現代の私たちと変わらない、疫病の鎮静化を願う天平の人々の悲痛な祈りが投影されている。

二条大路木簡は、『続日本紀』が沈黙する芳野行幸の目的やその具体相を語ってくれている。これも、木簡が史書の記述に肉付けを与え、彩りを加えた一例である。

おわりに

繰り返しになるが、古代史(奈良時代史)研究の根幹をなす史料は律令格式六国史である。正当な史料批判の手続きによりつつそれらを読解することにより、はじめて確実な史実に立脚した骨太な歴史像を描き出すことが可能となる。

一方で、これも前述したように、編纂史料にはその性格に由来する不可避の限界も存する。さらに、律令格式六国史を基盤とする歴史像は確かに骨太ではあるが、それのみではやや味気ない傾向も否めない。歴史像をより具体的で味わい深いものにするためには、編纂史料の位置づけを相対化し、その不得手な部分をおぎなってくれるパートナーが求められるのである。

木簡は、まさにそのような役割を担いうる好個の歴史資料である。本稿では、とくに律令格式六国史との対比を意識しつつ、木簡が古代史研究におよぼした影響の一端を紹介した。それにより構築された歴史像の豊かさや鮮やかさ、また具体性の高さについて、感じ取っていただけたとしたら幸いである。

率直に言って、木簡(をはじめとする一次史料)のみから古代史像を紡ぎ出すことは難しい。だが、最初の平城木簡の出土から六〇余年、その間の研究の蓄積により、木簡が既往の古代史像に何を加えることができ、どのように発展させてくれるかが明らかになった。現在、教科書の記述の背景には、木簡から得られた知見を盛り込んだ多角的・立体的な古代史像が存する。私たちは、意識せずともその恩恵に浴しているのである。その豊かな果実の味わいを知った今、「木簡が古代史研究に欠かせない」といわれる所以も、自ずから理解していただけるであろう。

出土が偶発的で内容も断片的な木簡は、概して、一人ひとりの声は大きくない。たった一点の荷札が、平城遷都時に大極殿院が未完であったという驚くべき事実を示し、かつ七一五(霊亀元)年の元日朝賀にさらなる意味合いを付与した木簡①のような事例は、稀有な例外である。木簡の語らいを正しく聞き取るためには、基盤となる歴史像をふまえつつ、数多くの木簡たちの声に耳を傾ける必要がある。本稿では、分量の制約と筆者の力不足から、木簡の持つ意義のごく一部を紹介したにとどまる。木簡のもたらした歴史像の醍醐味を味わい尽くしたい方には、左記の文献などの参照をお願いしたい。

〈参考文献(抄)〉

鐘江宏之　二〇〇七年『日本史リブレット15　地下から出土した文字』(山川出版社)
鬼頭清明　一九八四年『木簡の社会史――天平人の日常生活』(河出書房新社)
佐藤信　二〇一〇年『木簡から読み解く平城京』(日本放送出版協会)
東野治之　一九八三年『木簡が語る日本の古代』(岩波新書)
奈良文化財研究所編　二〇一四年『〈歴史の証人〉木簡を究める』(クバプロ)
奈良文化財研究所編　二〇一八年『10周年記念　地下の正倉院展　10年のあゆみ』(奈良文化財研究所)
奈良文化財研究所編　二〇二〇年『木簡　古代からの便り』(岩波書店)
平野邦雄・鈴木靖民編　一九九六年『木簡が語る古代史　上　都の変遷と暮らし』(吉川弘文館)
平野邦雄・鈴木靖民編　二〇〇一年『木簡が語る古代史　下　国家の支配としくみ』(吉川弘文館)
木簡学会編　二〇一〇年『木簡から古代がみえる』(岩波新書)
山本祥隆　二〇一四年「木簡を探る――木簡が明らかにした歴史の諸相」(奈良文化財研究所編『〈歴史の証人〉木簡を究める』クバプロ)
渡辺晃宏　二〇〇一年『日本の歴史4　平城京と木簡の世紀』(講談社)
渡辺晃宏　二〇一〇年『平城京一三〇〇年「全検証」――奈良の都を木簡からよみ解く』(柏書房)

11

地方官衙の発掘と地方社会

浅野 啓介

はじめに

地方官衙について、山川出版社の現在の教科書『詳説日本史』(日探 二〇二三、四四頁)には、つぎのように記載されている。

国には、中央から派遣された国司が政治をおこなう拠点として国府(国衙)が設けられ、国府の中心には政務や儀礼をおこなう国庁があった。国府の近くにはのちに国分寺も建立され、文化的な中心でもあった。一方、郡には郡家(郡衙)が設けられ、租を蓄える正倉がおかれ、近くに郡司の氏寺も営まれた。国司には中央の官人が一定の任期で派遣されたが、郡司にはもとの国造などの在地の豪族が任命され、任期はなく地位は世襲され、多くの田地の保有が認められていた。

それに対して、私がもっていた山川出版社の日本史の教科書『新詳説日本史』(日史 一九九一、四〇〜

四一頁)には、

国司は中央の貴族が交代で任地に派遣され、郡司はもとの国造など在地の豪族のなかから任命され、国司に協力して地方の政治にあたった。

とあって、現在の教科書に記載のある国府や郡家の記載がない。これが約三〇年のあいだに変わった点である。この背景には地方官衙の発掘調査の進展があると考えられる。本稿では、この発掘調査の進展と、それによって明らかとなった古代の地方社会の様相についてみていく。

1 国司と国府

国司

国司は先述のように中央から国に派遣される地方官で、『日本書紀』の大化の時代にはじめて現れる。ただ、その頃の国司の実態はいったん派遣されるのみで常駐したかどうかについては諸説ある。令制国司の基礎が確立するのは天武朝頃と考えられる。大宝・養老令制下の国司は守《かみ》・介《すけ》・掾《じょう》・目《さかん》の四等官からなり(その下位の史生《ししょう》、国医師、国博士を含めて国司ということもある)、任国の祭祀・行政・軍事など庶政全般を統括した。一方で、朝集使として中央に政務を報告する義務もあった。もっとも規模の大きい大国では四等官で六人、もっとも規模の小さい下国で二人であった。国司で有名な人物として挙げられるのは大伴家持で、越中守や因幡守などを歴任して赴任をしていて、最終的には公卿の中納言になっている。『万葉集』には家持が国司館で詠んだ歌が残っている。

国府

国府は、政務・儀礼を行う国庁(政庁)、各種の実務を行う役所群(曹司《ぞうし》)、国司の館、国府所属の官人の給食を担当する厨などが設けられている。発掘調査によらない歴史地理学的調査で周防国府について明らかにされていた「方八町」の敷地は、中世のものであったことがのちの発掘調査でわかっている。

発掘調査が行われて明らかになった例として、下野国府(栃木県栃木市)について述べたい。道路計画や開発事業等にともなって一九七六年度より事前の発掘調査が栃木県教育委員会によって行われた。下野国府(**図1**)では、国庁、朱雀道、曹司、館、正倉などが検出されている。国庁は、正殿は神社があるため発掘調査は行われていないが、発掘調査により四期の変遷が明らかになっている。Ⅰ期(八世紀前半〜中頃)は、周囲を掘立柱塀で区画した方九〇メートルの一郭が形成された。その内部には、前殿・正殿・脇殿が左右対称のコの字型に配され、前殿の前には前庭が設けられている。殿舎はいずれも掘立柱建物であり、脇殿は桁《けた》の長い構造をとっている。Ⅱ期(八世紀後半〜九世紀初め頃)には、Ⅰ期の殿舎がほぼ踏襲されるとともに、北辺には廊状の長大な建物が新たにつくられる。そして、脇殿とおそらく正殿が瓦葺となる。Ⅲ期(九世紀前葉〜中葉)には、主要な殿舎が礎石建物になり、区画施設は築地塀に変わる。北辺などに設けられていた長舎はなくなり、前殿が小型化する。Ⅳ期(九世紀前半〜十世紀初め)は前殿が消滅し、脇殿は再び掘立柱建物となる、という変遷をたどる[山中 一九九四]。八世紀における礎石建物や瓦葺建物の誕生は全国の国府と共通する。

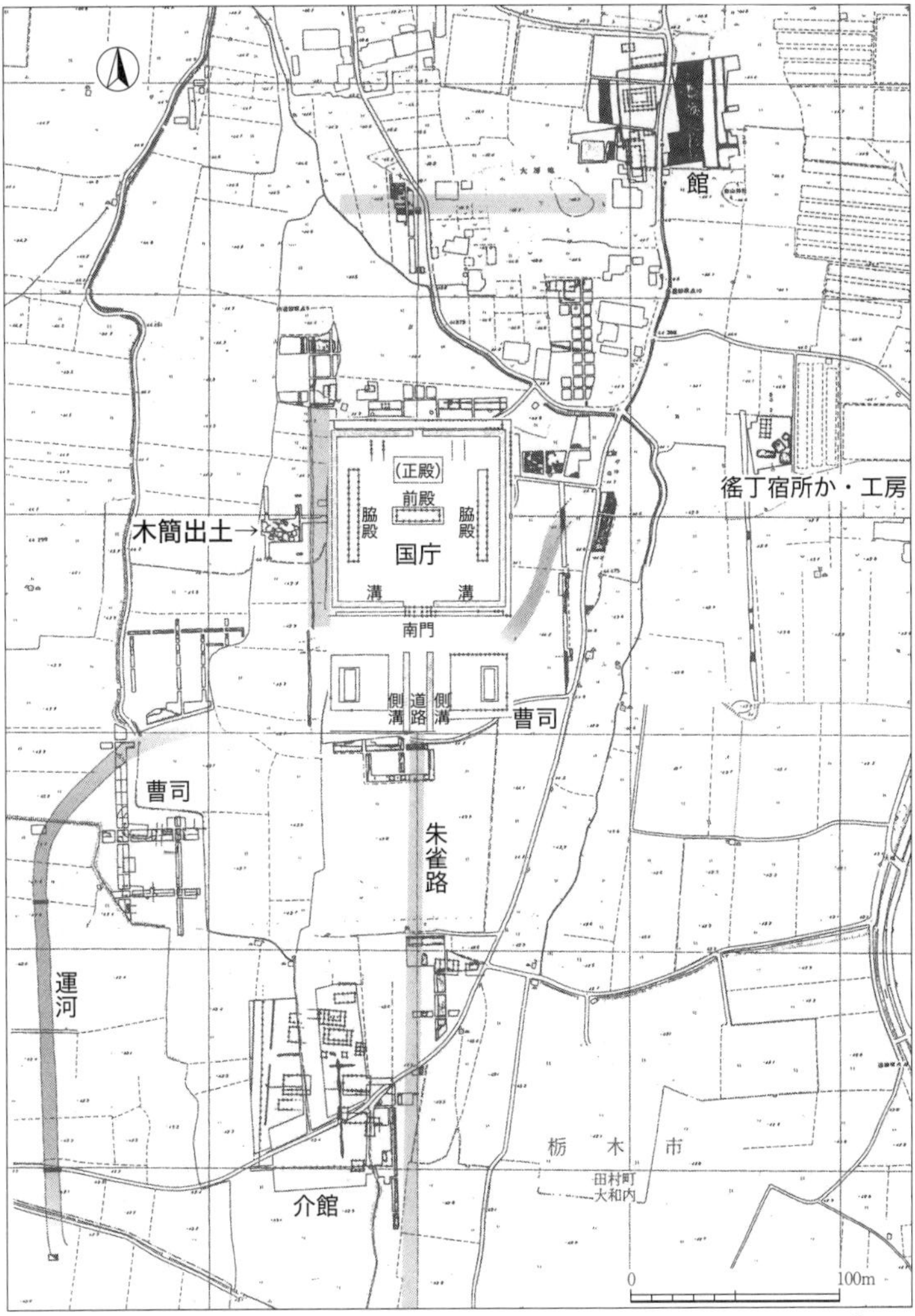

図1　下野国府の遺構配置図(国庁の遺構はⅡ期のもの、[奈良文化財研究所 2004]より作成)

国庁

国庁（図2～4）は儀礼の場として知られ、律令の儀制令《ぎせいりょう》18元日国司条には、元日にまず、①国司が部下の国司や郡司たちを従え、「庁」（マツリゴトドノ、国庁正殿）に向かい天皇に対する朝拝の儀式を行う。ついで、②天皇から遣わされた国司長官自らが部下・郡司たちから賀礼を受ける。その後、③長官が宴を催すことが許される、と記されている。その財源は国家的な財源による［佐藤 二〇〇七］。都でも大極殿や朝堂院で文武百官が天皇を拝賀する元日朝賀が行われていた。この条文については大宝令からあったであろうから、国庁が大宝年間には必要とされるべきものだったことが考えられる。宴についても『万葉集』四一三六号番歌に七五〇（天平勝宝二）年正月二日に、越中守である大伴家持が国庁で饗を諸郡司に給わったと記されている。また、下野国庁では政庁Ⅱ期に使用されたごみ穴から「始政日文」と書かれた木簡が出土しており、この「始政」は政始のことと考えられる。政始は、都においては毎年正月、公卿がはじめて宮内の太政官庁もしくは外記庁において政事を議する朝議であり、下野国庁で政始が八世紀後半頃には行われていたことを示している［加藤 一九九三］。都の庁では、四等官のうち目が公文書を読み、介以上が口頭で決裁を行う。そして捺印も行ったと考えられる。したがって、国庁でも同じように行われていたと考えられる［古尾谷 二〇二〇］。実際に職員令《しきいんりょう》の70大国条には目の仕事として公文書を読んだり、授受した公文書を記録することが規定されており、掾の仕事は目の作製した公文書の審査と署名となっている。『朝野群載』の「国務条事」には通常の政務として文書への捺印が庁でなされると書かれ、この部分は十・十一世紀のものかと想定されているが［佐藤監修・朝野群載研究会編 二〇一五］、国庁での文書の捺印は八世紀にさかのぼると想定される。

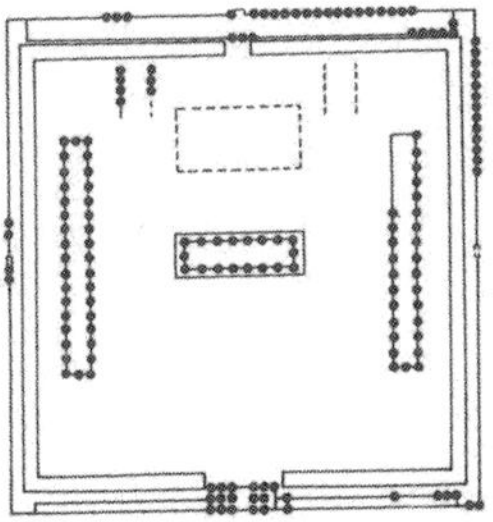

図2 下野国庁Ⅱ期

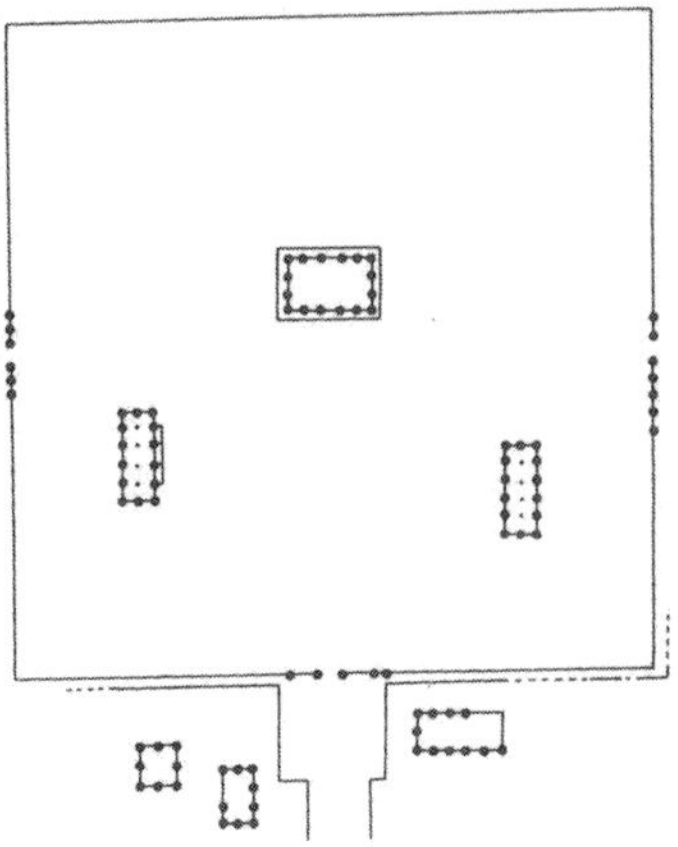

図3 城輪柵政庁（出羽国庁、山形県酒田市）

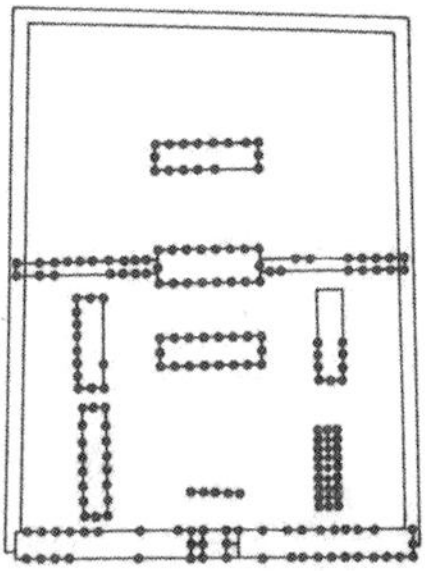

図4 肥前国庁ⅡB期（佐賀県佐賀市）

＊図2～4はいずれも［奈良文化財研究所 2004］より

実際にどのような政務を庁で行っていたかについては、再び下野国府の木簡を取り上げる［栃木県文化振興事業団 一九八七］。七九一（延暦十）年に都から蝦夷征討のため革製の甲をつくるよう命令が到来したが、その甲の皮を準備したことを示す木簡や、国司の給料にもなる公廨《くがい》、正税《しょうぜい》、出挙等の稲の計算を行ったことを示すものが出土している。また、下野国のことではないが、七三五（天平七）年の周防国正税帳（正倉院文書）には末尾に国司の位署があるが、目が日付の下に署名をし、守と掾の署名があり、さらに「周防国印」が捺されている。これら署名や捺印を国庁で行っていたと考えられる。

曹司

曹司については、政庁周辺に役所跡がみつかっており、それに当たる。下野国府跡の木簡にも「藤所」や「造瓦倉所」等があることがわかる。「造瓦倉所解」と書かれた木簡からは、解とあることから下級官司あるいは個人から上級官司あるいは個人に出された文書であり、国庁とは別の場所にあったと考えられる「造瓦倉所」からの文書木簡が国庁に到来し、なんらかの決裁が行われたと考えられる。また、下野にかかわらずいえば、平安時代には「税所」「大帳所」「朝集所」「健児所」など様々な所があった。

国司館

国司館については、下野では国庁の南約二町から三町の位置で検出された一郭には、東西約七〇メートル・南北一〇〇メートルほどの規模で、東西に並ぶ二棟の南側に廂《ひさし》のある東西棟を中心として、この前後に三面に廂のある建物等を配している。周囲は溝や掘立柱塀で囲まれ、八世紀後半から十世紀初め頃にかけて四期の変遷をたどる。この地区からは「介」と書かれた土器がみつかっており、介の館と考えられている［山中 一九九四］。そして、国庁と国司館の関係については『続日本紀』七六一(天平宝字五)年八月癸丑条に記されている。美作介県犬養沙弥麻呂《あがたいぬかいのしゃみまろ》は美作守紀飯麻呂《きのいいまろ》の許可を得ず、国政を自分勝手に行い、一人で自分の館で公文に印を捺した。それを守が訴えて、介の沙弥麻呂が解任となった。つまり、公文の捺印は国庁で行うべきことであり、館で行うことではなかった。また、『延暦交替式』には七三〇(天平二)年のこととして、国司は国内の政務に関しては複数の国司が関知(共知)

すべきで、悪い事例として私の屋で税帳をつくることが挙げられているように、国司館で政治をやりたがる国司と、共知すべきとする正しい国司とのあいだでの緊張関係がある場合もあった。九八八(永延二)年の尾張国郡司百姓等解では尾張国守藤原元命が郡司たちに訴えられているのだが、その例の一つとして、政務を行うのは国庁であるべきなのに元命は館に身を隠していることが挙げられている[加藤 二〇二二]。国庁は全国的には十世紀に変化を遂げるか場所を移転するとのことで[山中 一九九四]、それまで国庁と国司館はこのような駆け引きがあった場であったと考えられる。

国府の祖型と形成過程

国府のことでこれからも議論になると考えられるのは、まずは、地方官衙の祖型についてである。それぞれの地方官衙が都の太政官曹司と類似しているか朝堂院と類似しているかで議論があり、また、藤原宮跡との関係も指摘されている。そして、もっとも端的なのは宮城県仙台市郡山《こおりやま》遺跡Ⅱ期官衙が藤原宮の影響が強く現れ[林部 二〇一二]、福岡県行橋《ゆくはし》市福原長者原《ふくばるちょうじゃばる》官衙遺跡でも同様のことがいわれている[行橋市教育委員会 二〇一六]。これよりあとの時代の官衙がどれを祖型とするのかはこれからもっと検討されていくだろう。

二つ目は、国府の形成過程である。山中敏史氏は、国府は二つの画期を経て成立したとし、第一の画期を七世紀第四四半期頃から八世紀初め頃で、国衙の機能の一部を果たしたとみられる施設が造営された時期で、おそらくこの時期の国司の多くは、拠点的な評衙・郡衙に駐在したりするかたちで任務を果たしていたのだろうとし、第二の画期を八世紀前半から中頃とし、国庁や曹司が創設され、九世紀代にかけて継承される国衙の基本構造が成立するとしている［山中 一九九四］。その後、大橋泰夫氏は近年の発掘調査成果をふまえ、第一の画期が七世紀中頃から後葉で、拠点的官衙施設が特定の場所に設置され、特定の任務を携えた巡検使的な国司(国宰)が独立した官舎をもっていない時期、第二の画期が七世紀末から八世紀初めで国司が常駐して国衙が設置される時期で、これ以降定型国庁が現れるようになる。そして八世紀以降、国庁と郡庁では規模・構造が明らかに格差が大きくなり、国庁は瓦葺礎石建物となる、としている［大橋 二〇一八］。このように地方官衙の発掘は当時の地方行政、とくに国司と郡司の関係を具体的に追究するうえで必須である。税は国や郡から都に送られるわけで、地方官衙の分析は国家体制の分析の大事な幹の一つといえるだろう。

2 郡司と郡家

郡司

郡司は律令制下の地方行政区画である郡の官人である。大領《だいりょう》・少領《しょうりょう》・主政《しゅせい》・主帳《しゅちょう》の四等官からなり、大領・少領は郡領とも称する。孝徳朝に設置された評の官人の後身で、大宝律令の制定で郡司となった。とくに郡領には伝統的支配力をもつ地方豪族が任用され、資格としては孝徳朝以来の譜第(家系)が重視された。郡司は、位が自分よりも下の者であったとしても、国司に対しては下馬の礼があった。

郡家

郡家（図5〜8）は郡の拠点で、正殿や脇殿などがある郡庁、曹司、郡司館、倉庫群である正倉院、厨などから構成される。七世紀末から諸国にみられはじめ、十世紀になると遺構の存続が確認できない［山中 一九九四］。

郡家の全体像を知ることのできる文献として代表的なものは「上野国交替実録帳」で、一〇三〇（長元三）年の不与解由状（国司の交替に際し、後任国司の監査の結果、交替事務を終了したことを証する解由状を、前任国司に発給できない場合に作成される文書）の草案である。郡家の発掘調査が行われていなかった頃はこの史料から郡家の内容を推定していた。例えば新田《にった》郡の項には正倉二二宇、郡庁六宇、一・二・四館各三〜四宇、厨家四宇が記載されている。これらは一〇三〇年段階ですでにないものであった。群馬県太田《おおた》市新田郡家は発掘調査によって実際に発見されており、郡庁については九世紀第一四半期まで存在したと考えられている［太田市教育委員会 二〇一七］。

郡庁

郡庁で行われたことについては、文献がなくわからないものの、国庁に関して記述した政務や儀式の郡の範囲内のことが行われたのであろう。国庁の規模が東西七〇〜八〇メートルほどの例が一般的であるのに対して、郡庁の規模は方五四メートルほどが平均規模といわれていて、郡庁の方が一回り小さく、国庁には瓦葺きの建物が奈良時代後半から出てくるのに対して、郡庁で瓦葺きのものはほとんどない［奈良文化財研究所 二〇〇四］。このように、国府と郡家には格差があった。

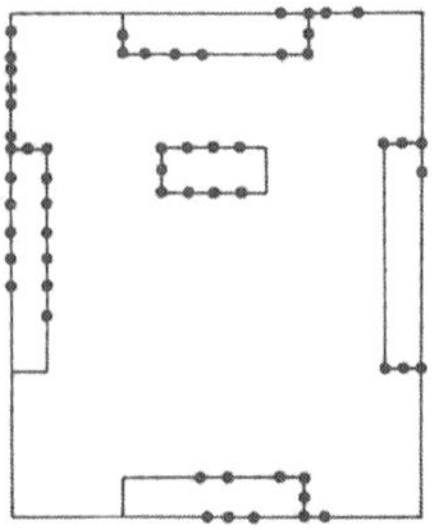

図5　泉廃寺(陸奥国行方郡衙)Ⅰ期
(福島県南相馬市)

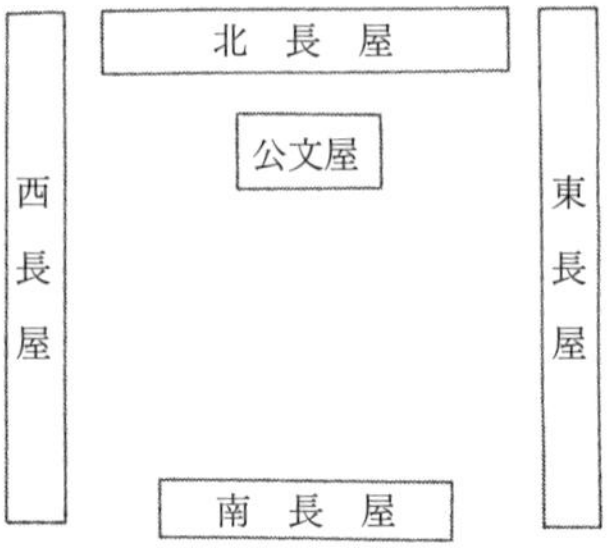

図6　上野国新田郡庁の復元(『上野国交替実録帳』による)

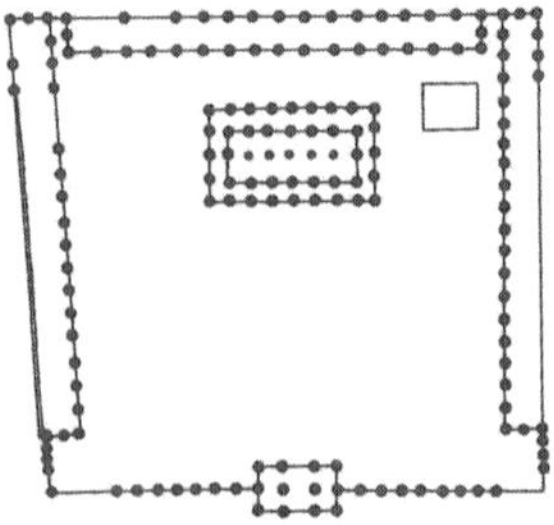

図7　岡遺跡(近江国栗太郡衙)Ⅲ-2期
(滋賀県栗東市)

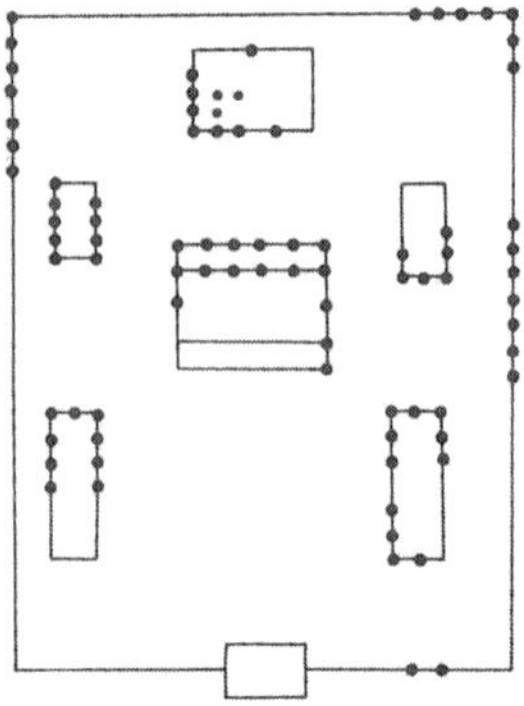

図8　弥勒寺東遺跡(美濃国武義郡衙、岐阜県関市)

＊図5～8はいずれも[奈良文化財研究所 2004]より

郡庁については、各郡家のあいだに同一の建物構成や配置形式が認められるわけではなく、国庁よりも、多様な形態が存在している。ロの字型、コの字型、品字型などに分類されているが、明確に分けきることができるわけではない。これらの郡庁の出現は七世紀第四四半期頃である［山中 一九九四］。郡家の発掘調査が行われはじめた頃は、郡家は首長の居宅が発展したものとの意見もあったが［吉田 一九七三］、発掘調査の進展の結果、豪族の拠点と考えられる古墳群が近くに立地する郡家はあるが、豪族の居宅と別個に郡家が建てられたことが明らかになっている［山中 一九九四］。

正倉

正倉は主として正税を収納する倉であり、不動穀倉・動用穀倉・頴稲倉などに分かれる。このうち、「遠年の貯」として田租の穀（籾殻付の穀、腐りにくい）を貯える不動倉の鑰《やく》（カギ）は都で管理している。史料に現れる頻度は郡庁よりも正倉の方が圧倒的に多い。茨城県つくば市の平沢官衙遺跡（常陸国筑波郡正倉）では発掘調査で六〇棟の倉がみつかっており、三棟正倉が復元されている（**図9**）。平沢官衙遺跡では、方位や配置の関係から、正倉建物が一気に建てられたのではなく、数棟ずつ建てられたと考えられているが［山本 二〇〇〇］、このことは、不動穀倉が穀をためて満倉になった段階で不動倉とすると考えられており［渡辺 一九八九］、一棟もしくは数棟ずつ倉が必要になってくる状況であったらしいことと符合している。正倉は、初穂が積み収められて、天皇と国司がそのカギをにぎる［大津 一九九九］という、国家支配にとって象徴的な場所であったのであろう。

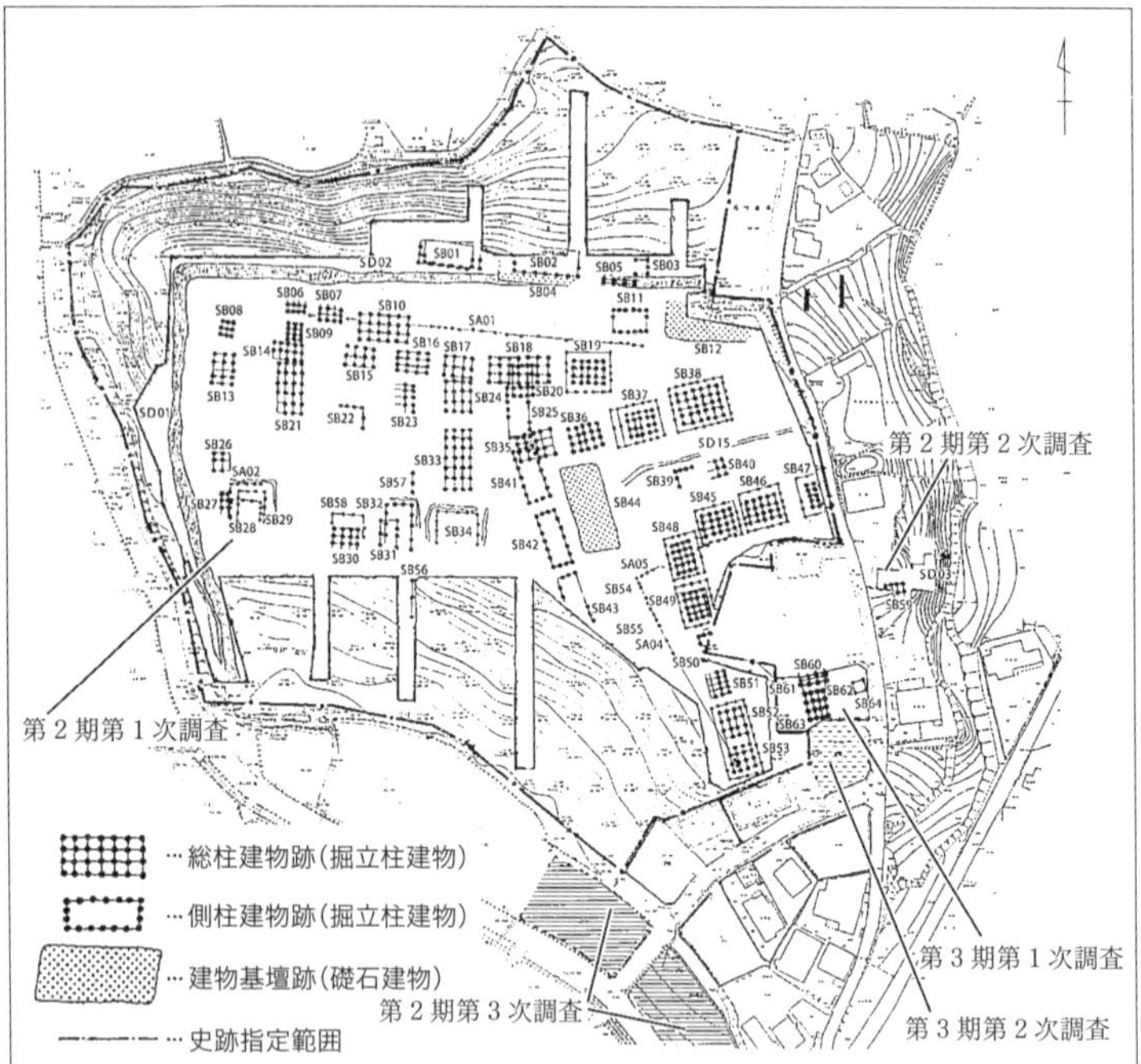

図9　平沢官衙遺跡の遺構確認状況模式図（つくば市教育局文化財課編『史跡平沢官衙遺跡再整備基本計画・基本設計』より）

郡家の立地と多様な機能

郡家の発掘調査によって明らかになったのは、郡家の立地と、郡家などの地方官衙が多様な機能をもっていたことである。立地については、古来よりの古墳のある豪族の本拠地につくられた郡家や、直線道路に接して建てられた官衙もある。郡家の交通機能が重要視されていた現れである。また、多様な機能については、静岡県浜松市の伊場遺跡（**図10**）が代表例だろう。伊場遺跡では、おそらく官衙施設の近くを流れていた大溝の中から多くの木簡が発見されている。古代東海道に接し、津、

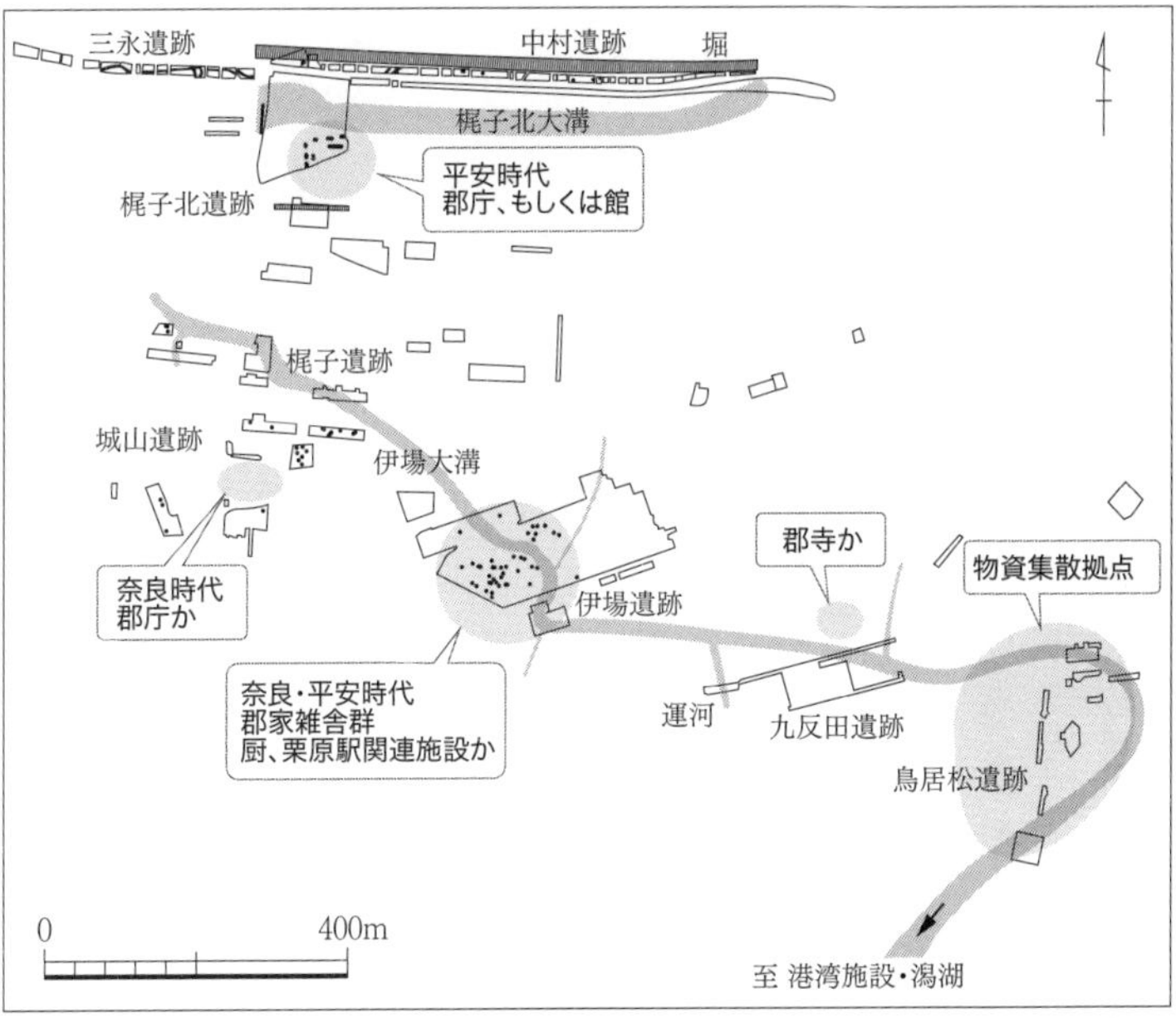

図10 伊場遺跡の広がり（鈴木敏則『古代木簡のパイオニア　伊場遺跡』より作成）

寺、厨、駅家、軍団の機能があるが、これまで述べてきた郡家を象徴する施設である郡庁や正倉院の確実なものがみつかっていない。郡家か津か国府の出先か官衙名を特定しにくいことをもって遺跡保存の際に低い評価をする見方があり、県指定史跡を解除されるということにもなったが、その後の調査の進展により木簡をはじめとした多くの資料の分析が行われた。その結果、古代の官衙遺跡は、郡庁、正倉院、津、寺、厨、駅家、軍団など様々な機能をもっていることが明らかとなった。

おわりに

最後に地方社会の実像に触れたい。石川県津幡《つばた》町の加茂遺跡は、古代の北陸道、これに直行する道路、大溝、掘立柱建物などが検出された古代の遺跡だが、この遺跡から出土した牓示札《ぼうじさつ》には六人の郡司が署名部分に現れ、うち二名に名が署名されている。これは加賀国加賀郡の郡司であり、郡家の政庁で書かれたものではないだろうか。この木簡によれば、加賀郡司が民衆に対して、田夫は田に寅時に向かい、戌時に家に帰ることなど八カ条を命令している。この木簡は幅六一七ミリあり、形態から立てかけられていたことがわかっている。古代の民衆が文字を読めたとは考えられないので、郡司の命令を伝える者(ここでは田領という郡の役人)が読み聞かせたと考えられる。このようにして郡庁から出されたと思われる命令が民衆に伝えられたのである。

〈**参考文献**〉

太田市教育委員会　二〇一七年『史跡上野国新田郡家跡保存活用計画』
大津透　一九九九年「クラとカギ」(『古代の天皇制』岩波書店)
大橋泰夫　二〇一八年『古代国府の成立と国郡制』(吉川弘文館)
加藤友康　一九九三年「国・郡の行政と木簡——「国府跡」出土木簡の検討を中心として」(『木簡研究』一五号)
加藤友康　二〇二二年「国府のなかの国司館——国庁と国司の館」(『山口県立大学学術情報』一五号)

佐藤信　二〇〇七年『日本史リブレット8　古代の地方官衙と社会』（山川出版社）
佐藤信監修・朝野群載研究会編　二〇一五年『朝野群載　巻二十二　校訂と註釈』（吉川弘文館）
栃木県文化振興事業団　一九八七年『下野国府Ⅶ　木簡・漆紙文書調査報告』（『栃木県埋蔵文化財調査報告』七四集）
奈良文化財研究所　二〇〇四年『古代の官衙遺跡Ⅱ　遺物・遺跡編』（奈良文化財研究所）
林部均　二〇一一年「古代宮都と郡山遺跡・多賀城――古代宮都からみた地方官衙論序説」（『国立歴史民俗博物館研究報告』一六三集）
古尾谷知浩　二〇二〇年「国の「庁」とクラ」（『日本古代の手工業生産と建築生産』塙書房）
山中敏史　一九九四年『古代地方官衙遺跡の研究』（塙書房）
山本賢一郎　二〇〇〇年「常陸国筑波郡衙正倉の変遷――平沢官衙遺跡」（『郡衙正倉の成立と変遷』奈良国立文化財研究所）
行橋市教育委員会　二〇一六年『福原長者原遺跡』（『行橋市文化財調査報告書』五八集）
吉田晶　一九七三年「評制の成立過程」（『日本古代国家成立史論』東京大学出版会）
渡辺晃宏　一九八九年「平安時代の不動穀」（『史学雑誌』九八編一二号）

12 墾田永年私財法と初期荘園

北村　安裕

1　高校教科書の記述から

墾田永年私財法と初期荘園は、古代の土地所有や大土地経営を理解するためのキーワードとなる歴史用語である。その概要を知るために、まずは高校の教科書『詳説日本史』(日探 山川出版社 二〇二三)の記述を要約してみたい。

律令制下の百姓《ひゃくせい》(人民)には一定額の口分田が班給されていたが、人口の増加にともなって水田の不足が生じてきた。そこで政府は、七二二(養老六)年に百万町の開墾計画を立てて耕地の増加を目指したが、成果は上がらなかった。七二三(養老七)年の三世一身法では、一定の期限を設けて墾田(新たに開墾した田)の私有を認めることで、耕地を増加させようとした。さらに、七四三(天平十五)年には墾田の永年私有を認める墾田永年私財法が出された。この法令によって、中央政府が掌握する水田は増加して、律令制にもとづく土地支配は強化されたが、貴族・豪族・寺院らによる土地経営の拡大を誘発する結果を招いた。東大寺などは、広大な未開地を占地して、中央から派遣される国司や地方豪族から選ばれる郡司の協力を受け、付近の農民や他地域から流入した浮浪人を労働力として土地開発を進めていった。こうした初期荘園の経営を通じて、一部の農民は富裕化したが、自らの口分田の耕作ができなくなって貧困化する者もあり、農民の階層分化は律令制支配を動揺させていくことになった。

以上の内容の中で、一九八〇年代以前の教科書からもっとも大きく変わった部分は、墾田永年私財法の評価だろう。かつての理解では、律令制は土地と人民の公有制（「公地公民制」）を基盤にするとされ、土地の私有を認める墾田永年私財法によってこの体制が崩壊したと考えられていた。この考え方によれば、私財法を直接の契機とする初期荘園も律令制に背馳する土地経営ということになる。このような見方がどのように変化したのか、次節では律令制国家による墾田に関する政策を概観しつつ、墾田永年私財法の評価の変化について詳しくみていこう。

2　墾田永年私財法と土地支配の深化

墾田に関する法規定

律令制下の土地支配は、田令《でんりょう》（令の篇目の一つ）にもとづいてなされていた。墾田に関する規定としては、養老田令（七五七〈天平宝字元〉年施行）に「官人」（主に国司）による「空閑地《くうかんち》」開発に関する規定があるものの、墾田全般に関するものとはなっていない。養老田令以前の法である大宝田令は、散逸してしまっていて、墾田全般に関する規定の有無は明確でない。『令集解』田令29荒廃条が引用する大宝令の注釈書(古記)に、一般的な墾田とみられる「百姓墾《ひゃくせいこん》」の収公についての議論がみえるが、あくまで注釈の内容であって大宝令の本文だったとは考えにくい〔小口 二〇〇二〕。現状では、墾田が田令にもとづく体制に明確な位置づけを有していたとみなすことは難しい。律令制下の土地制度は、耕作可能な水田(熟田)を集中的に把握・管理するものだったのである。

墾田に関連する法令で、確認しうる限りもっとも早いものは、七一一(和銅四)年十二月に出された(『続日本紀』同月丙午条)。ここでは、貴族らによる山野の占有が禁止されるとともに、開墾予定地を占有する際の手続きが示された。国司を経由して太政官の判断を仰げ、というきわめて簡素な内容ではあるが、ここで貴族らによる開墾に一定の手続きが導入されたことは、墾田に関する法令の前史として位置づけられる。

七二二(養老六)年閏四月には、一〇〇万町の水田を開墾する計画が立てられた(『続日本紀』同月乙丑条)。一〇日間を限度として百姓を徴発して開墾させる計画で、必要な農具も貸与することになっていた。一〇〇万町という数値は、当時の全国の水田数をも超える現実性の低い目標ではあったが、雑穀のハタケの開発も視野に入れており、一定の実効性は期待されていたと思われる。ただし、翌年四月に民間による開墾をうながす三世一身法が発せられている(『続日本紀』同月辛亥条)ことからみると、大きな成果に結びついたと考えることは難しい。

三世一身法は、新たな灌漑施設を設けて開墾した場合には「三世」(本人・子・孫、あるいは子・孫・曾孫)、旧来の灌漑施設を利用した開墾の場合は「一身」(本人の死去まで)という期限を設け、墾田の所有を認める法令である。同法では、百姓の数は多いが水田が少ないという現状を確認したうえで、開墾を進める必要性を提起している。水田の不足を政府が問題視するのは、口分田不足によって班田収授制が維持できなくなることへの危機意識があったからだろう。この法令によれば、開墾された水田は「三世」「一身」期間の経過後に公有となるので、口分田の原資は増加する。百姓にとっても、それまで法的に曖昧な存在だったとみられる墾田の所有が一定期間とはいえ保障されるというメリットがあり、開墾意欲の上昇が期待されたのである。しかし、現実は思惑通りには進まなかった。

七四三(天平十五)年五月には、墾田永年私財法が出された(『類聚三代格《るいじゅうさんだいきゃく》』一五、『続日本紀』同月乙丑条)。同法は、墾田は今後収公しないという大原則を打ち出したうえで、親王・貴族から庶人までの位階・身分に応じた所有限度額を提示し、国司の墾田は過去の法令に従うこと、国に申請してから占地すること、開墾予定地を三年の間に開墾しない場合は収公することを定める。

同法によると、三世一身法の適用を受けた墾田は、所有期限が近づくと耕作が放棄されてしまっていた。三世一身法から二〇年ほどが経過して、実際に「一身」の期限を迎えつつある時期であり、この状況を放置することは三世一身法による達成を無化するだけでなく、大地の荒廃にもつながりえた。そこで政府は、墾田の回収を断念することと引き換えに、水田の荒廃を防ぐとともに、さらなる墾田開発の推進を企図したのである。

墾田永年私財法と天平期の土地政策

1節で触れたように、かつて墾田永年私財法は「公地公民」の原則を変更し、律令体制を崩壊に向かわせる要因とみなされていた。評価が転換する契機となったのが、吉田孝氏による日本と中国(唐)の田令に関する比較研究である［吉田 一九八三］。その概要を示すと、以下のようになる。

日本の班田収授制は唐の土地分給制度(均田制)を模範としていたが、均田制は土地の割り当て(屯田制的要素)と私有地の制限(限田制的要素)の両面性をもっていた。唐の官人には身分に応じて土地が給付されていたが、給付額は実質的には私有地の所有限度額であり、未開地を開発して取得することが前提だった。人民に分給される土地についても満額を支給することは前提とされておらず、その受田額も実質的には土地の所有限度額に相当するものだった。農民が開墾した際には、開墾地を受田額に組み入れることが可能だったのである。こうして、唐では墾田も土地支配体制に位置づけられており、身分秩序に応じた土地所有が実現されていたと考えられる。

これに対して、日本の班田収授制は熟田である口分田の満額支給を前提としており、唐の屯田制的要素のみを引き継いだものだった。田令が墾田に関する規定を欠いていたこともあり、日本では新たに開発した土地を口分田の受田額に組み入れることは不可能だったのである。こうした状態を前提とすると、墾田の所有を認めるとともに、当初は身分に応じた保有制限規定を有していた墾田永年私財法は、唐に比べて曖昧だった墾田の扱いを明確化するとともに、十分には受け継げていなかった限田制的要素を補完した法令として評価できる。

以上の吉田説は、現在ではほぼ通説的位置にあるといってよい。墾田永年私財法によって律令国家の土地支配が強化されたとする高校教科書の記述は、こうした研究によっているのである。

天平期における土地支配の強化に関連して、条里呼称法と班田図の全国的な整備にも触れておきたい。条里呼称法とは、大地に仮想上の碁盤目状区画を敷いて「○条□里」の形で土地の所在を表示する仕組みである。日本で独自に発達した合理的なシステムであり、天平年間に全国的に機能しはじめている〔金田 一九八五〕。なお、「条里」という語句からは全国に残る碁盤目状の水田区画が想起されるが、近年はそれらが班田収授制とともに一律に成立したとは考えられなくなってきている。

班田図は、班田の結果を条里に沿ってまとめ、条ごとに一巻としたものである〔岸 一九五九〕。これによって、中央政府や国郡は土地利用や所有状況を視覚的に把握することが可能になった。史料上の初見となるのは七二九(天平元)年のものであるが、墾田永年私財法の直前にあたる七四二(天平十四)年には全国的に作成され、もっとも重要な田図(「四証図」)の一つとして平安時代にまで引き継がれていった。条里呼称法・班田図・墾田永年私財法は、密接に結びつきながら律令国家の土地支配を強化し、平安時代における土地の管理・把握の基盤となっていったのである。

3　初期荘園の特性

墾田永年私財法が出されると、貴族・豪族・寺院は墾田開発をともなう大土地経営を展開していった。こうして成立した経営体は一般に「初期荘園」と呼ばれているが、これは平安時代中期以降に本格化していく荘園の前段階と認識されたことによる名称である。初期荘園の概念で把握されるのは主として八世紀中葉から九世紀にかけての大土地経営だが、その中でも典型的なものとして研究の対象となってきたのが、比較的史料にめぐまれた東大寺領北陸荘園である。

研究に先鞭をつけた藤間生大氏は、初期荘園を奴隷労働による直接的な土地経営として把握し、奴隷制の貫徹状況に応じて経営に地域的特徴があることを想定した〔藤間 一九四七〕。初期荘園を奴隷制の所産とみなす点については現在ではほぼ否定されているが、藤間氏の分析視角は以降の研究の礎となっている。藤間説の検証が進む中で、岸俊男氏は東大寺領の経営が当初は造東大寺司(東大寺を造営するための中央官司)に担われていたことを明らかにするとともに、越前国坂井郡桑原《くわばら》荘の経営が国司の関与が強い公田の経営方式に近いものだったことを指摘して〔岸 一九五二〕、現在では通説となっている。労働力をはじめとした経営の内実のほかにも、中央政局との関連や、国郡機構・周辺農民・地域共同体との関係、地方豪族の関与のあり方など、多様な論点から初期荘園の特性は深められていった。以下では、代表的な東大寺領荘園である桑原荘を例として、初期荘園の特性について具体的に見ていきたい。

桑原荘の成立と経営

寺院の墾田地取得については、七四九(天平勝宝元)年四月に、聖武天皇が鋳造されつつあった盧舎那大仏を拝礼した際に方針として示された(『続日本紀』同月甲午条)。閏五月には東大寺などの一部の有力寺院に墾田一〇〇町が先行的に施入され(『続日本紀』同月癸丑条)、七月には寺院の格に応じて一〇〇〜四〇〇〇町の墾田地が施入された(同年九月二十九日大宰府牒案《ちょうあん》、『東大寺要録』所引天平勝宝二年三月二十九日民部省符)。この時、東大寺は最大規模である四〇〇〇町の施入を受けている。同年には越前国などに東大寺僧や造東大寺司官人らが派遣され、墾田地の占定がなされた(天平神護二年九月十九日「足羽郡司解《あすわ》」)。

桑原荘は七五五(天平勝宝七)年三月に東大寺が大伴麻呂より一八〇貫文で購入した荘園であり、既墾地三〇町余を含む一〇〇町ほどの土地からなっていた(同月九日「越前国公験《くげん》」)。

当初、造東大寺司より田使《でんし》として派遣された曽禰乙《そねおと》(弟)麻呂《まろ》が実務の中心を担う一方、越前国史生《ししょう》の安都雄足《あとのおたり》が経営を統括する役目を負っていた。雄足は活動の基盤を造東大寺司に有しつつ越前国司の一員となっており、造東大寺司・国郡・桑原荘の三者のあいだをつなぐ役割を期待されていた。

雄足と並んで桑原荘の経営に関与した人物としては、隣接する足羽郡の大領《だいりょう》(郡司)だった生江東人《いくえのあずまひと》がいる。東人は現地豪族の出身だが中央の官人としても活動しており、墾田地占定の際に造東大寺司官人として現地に派遣されている。荘園が設定されたあとは、安定的な経営を支える使命をおびて足羽郡司に就いていたとみられる。桑原荘に関しても、文書の作成に関わったほか、荘園経営の費用をまかなうための稲を提供して直接的に経営を支えた。地方豪族としての影響力を行使しつつ、郡司としての立場や、中央とのつながりを活かしえた東人は、桑原荘の経営においても重要な人物だったといえる。

以上の人員構成からは、造東大寺司と円滑な関係を保ちつつ、国郡機構や地方の人脈を活用して荘園経営を進める意図がうかがえる。ただし実際の経営にあたっては、雄足・東人の署名を欠いた文書を提出するなど、田使の乙麻呂の専権が目立ち、雄足や東人は期待された役割を十全には果たせなかったようである。やがて坂井郡に基盤をもつ阿刀僧《あとのほうし》という人物の登用によって監査体制が強化され、田使も相対的に高い位階をもった尾張古萬侶《おわりのこまろ》に変更されることになる。

桑原荘が管理する土地・物品や収支について報告した文書によれば、開墾に当たっては農民に「功稲」（対価としての稲）が支給された。開発された墾田は、賃租《ちんそ》（一年限定の賃貸借）の契約が結ばれ、周辺農民らによって耕作された。耕作を請け負った農民が逃亡した際に田使が弁済していることから、農民は田使と直接的に賃租の契約を結んでいたとみられる。

周辺農民と並んで労働力として重要だったのが、浮浪人（戸籍に記された本貫地を離れた者）である。八世紀後期には、浮浪人が貴族らの荘に「寄住」して労働力となっていたことが確認できる。九世紀前半になると、浮浪人の存在が荘園経営の成否を左右するまでになる事例も確認でき、水田耕作を通じて富裕化していく者も現れてくる。桑原荘においても、浮浪人による賃租がなされていた可能性は高いだろう。

桑原荘では帳簿上は毎年二〇〜三〇町程度の水田が開墾されていたが、例年ほぼ同数の水田が耕作不能におちいっており、熟田の総数はほとんど増加していなかった。こうした中、七五七（天平宝字元）年十一月になると灌漑設備の拡張が計画された（同月十二日「越前国使等解」）。以前より使われてきた用水路が不便な状態にあったため水田は荒廃し、農民も積極的に賃租に応じなかったという。このため越前国に申請し、総延長一五〇〇丈を超える新たな用水路建設が企画されたのである。この経緯からは、水田の状況によっては農民が賃租に応じない場合もあり、それが荘園経営を不安定なものにしていたことがわかる。領主には、耕地の開墾を終えたあとも、水田の条件を維持・向上させることが求められていたのである。また、用水路は周辺農民の水田上にも計画されていたため、開削に当たっては利害調整が必要だったはずであり、その際には国郡機構に属する安都雄足が大きな役割を果たしたと考えられる。

東大寺領荘園の多様性と衰退

桑原荘は、貴族の墾田地として開発され、造東大寺司から派遣された田使を中心とした経営の時期を経て、国郡の力も利用した大規模な灌漑施設の整備へと移行していった。ただし、東大寺領荘園の由来や存在形態、経営のあり方などは、越前国だけを取り上げても多様性がみられる。坂井郡の鯖田《さばた》国富《くにとみ》荘は、大領品治部広耳《ほんちべのひろみみ》によって寄進された墾田一〇〇町によって構成される。広耳は、寄進後も担当郡司として経営に関与し続けていった。墾田のほとんどは熟田だったが、小規模のまとまりで散在しており、のちに東大寺は水田の一円化を進めていくことになる。足羽郡の道守《ちもり》荘は、東大寺側が占地した墾田地一〇〇町余と、生江東人が造東大寺司官人だった時期に開発した墾田地一〇〇町を基盤とする。経営に当たっては、東人と同族の生江息島《おきしま》が郡の官人を兼任して経営に関わった。息島と並んで経営を統括していた道守床足《とこたり》は、安都雄足や生江氏らの私的土地経営にも関わりがあった。このように、東大寺領北陸荘園には多様性があり、中央官司に直結する荘園という特殊性をもちつつも、その分析からは地方社会における様々な関係性が浮かび上がってくるのである。

七六五(天平神護元)年三月には、寺院がすでに占定した土地と現地の百姓の小規模開墾を除いて、墾田永年私財法にもとづく開墾が禁止された(『続日本紀』同月丙申条)。その理由として、貧窮の百姓が「勢力ある家」に駆使されて生活できなくなっていることが挙げられている。桑原荘では利益が見込めない場合には賃租に応じない者もおり、この法令で述べられている事態はやや極端な事例なのかもしれないが、初期荘園の存在が現地農民の生活にも大きな影響を与えていたことがうかがえる。なお、この措置は七七二(宝亀三)年十月に解除された(『類聚三代格』一五)が、その際に身分にもとづく墾田地の制限も解除されたと考えられている[吉田 一九八三]。

八世紀中葉に大規模に展開した東大寺領北陸荘園であったが、順調な経営は長くは続かなかった。九五一(天暦五)年十月二十三日「越前国足羽郡庁牒」によれば、道守荘などは条里の区画はあるものの「荒野」「原沢」と化してしまって耕作する者がいなかったという。東大寺領が衰退した原因としては、専属の荘民がいなかったことによる経営の不安定性や、経営の要だった地方豪族層の地位・権威の低下を見出す見解がある。

4 初期荘園をめぐる論点

先に触れたように、初期荘園に関するかつての研究では、律令制が敷いた「公地公民制」が墾田永年私財法を契機として崩壊することによって初期荘園が成立する、という理解が前提だった。この見方が転換したのは、一九八〇年代後半から九〇年代にかけてのことである。墾田永年私財法に関する研究の進展のほか、律令制下の土地・人民支配を「公地公民制」ととらえることに対する批判[吉村 一九九六]や、初期荘園が律令制支配と密着して経営されていたとする理解[藤井 一九八六]などが旧来の図式に変更をせまったのである。

この時期には、古代の大土地経営全般に関する研究も進展した。寺院の資財帳や荘園図について検討した石上英一氏は、墾田永年私財法以前にも貴族や寺院による大土地経営が存在しており、それらが律令制以前から続いていた可能性を示した［石上 一九八八・一八九七］。さらに、経営管理施設をともなって耕地と非耕地で構成される大土地経営のあり方を抽出し、これを「古代荘園」として把握することを提唱した［石上 一九九六］。吉田孝氏も、初期荘園でも経営拠点となった「荘」が墾田永年私財法以前から存在し、さらに律令制以前にまで系譜をたどりうるものがあることを指摘した［吉田 一九九二］。八世紀前半における王族の土地経営を示す長屋王家木簡の発見と研究の進展もあり、古代の大土地経営が律令制以前から墾田永年私財法以後まで一貫して続いていたことが認識されるようになっている。

その後の研究としては、古代の大土地経営が多様な用益を包摂するものだったことを具体的に明らかにした鷺森浩幸氏の研究［鷺森 二〇〇一］や、国家規制との相互関係の中で大土地経営の展開をとらえた本稿筆者の研究［北村 二〇一五］、荘園図を主たる素材として寺領の存在形態を明らかにした三河雅弘氏の研究［三河 二〇一七］などがある。

これらの研究によれば、初期荘園は後代の荘園制の原初的形態としての側面とともに、律令制以前の大土地経営から連続する側面をも有していたことになる。とすれば、平安中期以降の荘園との対比からなされた「初期荘園」という名称自体にも再考の余地が出てくる。

また近年の研究成果によれば、古代の大土地経営は一定の領域を確保したうえで水田・ハタケ・山野などの多様な用益を組み合わせてなされていた。こうしたあり方を念頭におくと、これまでの初期荘園に関する研究は水田の開発・用益のみに集中しすぎていたようにも思う。史料上の限界もあるが、今後は水田以外の地目における経営をも視野に入れつつ、実態に即して経営の実相を復原していく必要があるだろう。

初期荘園の終焉についても見直しが進んでいる。前節でみた東大寺領の衰退から、一般的には平安中期に向けて初期荘園は衰退すると考えられてきた。しかし、東大寺領荘園が衰退したのはほかの院宮王臣家との競合の結果であり、荘園全体は維持ないし増加しているとする見解［吉川 二〇〇二］も有力となりつつある。この見解が正しければ、初期荘園の経営が後代の荘園へと直接接続していく場合もみられたことになり、その変容過程を跡づけていく研究が求められる。

古代の大土地経営に関する研究においては、律令制以前の大土地経営であるミヤケ・タドコロから八世紀中葉以降の初期荘園、さらには平安時代中期以降の本格的荘園にいたるまで、連続性に着目しつつ、各期の土地所有・経営の特性や国家との関係などを意義づけていく必要がある。こうした作業を通してはじめて初期荘園の位置づけは可能なように思う。近年の初期荘園研究は、考古学的成果をふまえたうえで個別の荘園のあり方を明らかにするものが中心となっている。しかし初期荘園は、古代の土地所有や大土地経営の様相ばかりでなく、地域における豪族と農民の関係や共同体のあり方、国や郡の具体的機能など、史料に乏しい地方社会の実像を知るためには依然として有力な研究素材である。大土地所有・経営に関する新しい研究動向をふまえつつ、今後とも深めていくべきテーマといえる。

〈参考文献〉

石上英一　一九八八年「日本古代における所有の問題」（のち再録『律令国家と社会構造』名著刊行会、一

九九六年）
石上英一　一九九六年「古代荘園と荘園図」（金田章裕ほか編『日本古代荘園図』東京大学出版会）
石上英一　一九九七年『古代荘園史料の基礎的研究　上・下』（塙書房）
小口雅史　二〇〇二年「国家的土地所有の成立と展開」「初期荘園と大土地所有の展開」（渡辺尚志・五味文彦編『新体系日本史3　土地所有史』山川出版社）
岸俊男　一九五二年「越前国東大寺領庄園の経営」（のち再録『日本古代政治史研究』塙書房、一九六六年）
岸俊男　一九五九年「班田図と条里制」（のち再録『日本古代籍帳の研究』塙書房、一九七三年）
北村安裕　二〇一五年『日本古代の大土地経営と社会』（同成社）
金田章裕　一九八五年『条里と村落の歴史地理学研究』（大明堂）
鷺森浩幸　二〇〇一年『日本古代の王家・寺院と所領』（塙書房）
藤間生大　一九四七年『日本庄園史』（近藤書店）
藤井一二　一九八六年『初期荘園史の研究』（塙書房）
三河雅弘　二〇一七年『古代寺院の土地領有と荘園図』（同成社）
吉川真司　二〇〇二年「院宮王臣家」（のち再録『律令体制史研究』岩波書店、二〇二二年）
吉田孝　一九八三年「編戸制・班田制の構造的特質」「墾田永年私財法の基礎的研究」（『律令国家と古代の社会』岩波書店）
吉田孝　一九九一年「律令国家と荘園」（のち再録『続　律令国家と古代の社会』岩波書店、二〇一八年）
吉村武彦　一九九六年『日本古代の社会と国家』（岩波書店）

13

蝦夷とは何か

大高　広和

はじめに

古代において東北や南九州の辺境部がどのように日本という国家の領域に組み込まれていったのかという問題について、山川出版社の教科書『詳説日本史』(日探 二〇二三、四四〜四五頁)では「律令国家は、……東北地方に住む人々を蝦夷《えみし》、九州南部の人々を隼人《はやと》と呼び、異民族(夷狄)として服従させ、支配地を拡大していった。七世紀半ばに、日本海側に渟足《ぬたり》柵・磐舟《いわふね》柵が設けられた」とあるのが、正面から扱った最初の記述である。そして八世紀の東北では城柵の設置とともに軍事的な制圧政策も進められ、奈良時代の末から平安時代の初めにかけての大規模な戦いを経て、秋田県の米代《よねしろ》川流域および岩手県の北上川上流域まで国家の支配がおよんでいくことが述べられている。

この古代東北における支配拡大の対象となった蝦夷とはあくまで国家側による呼称であり、その中央集権化の過程で中国的な夷狄(四夷)観念にもとづいて設定された擬似的な種族(異民族)概念である。古代国家は「東夷の小帝国」として、朝鮮諸国を指す「諸蕃」や蝦夷・隼人などの列島内の諸種族である「夷狄」に君臨しようとしたとされてきたが[石母田 一九六二・一九六三]、「諸蕃」や「夷狄」という独自の枠組みが奈良時代に確立していたかは疑問で[大高 二〇一三・二〇一八]、蝦夷や隼人といった個々の概念がどのように成立・変遷したかという問題は改めて考究する必要がある。

文献上「蝦夷」と呼ばれた人々の存在が確認できる範囲には、越(新潟県)や渡島(北海道)も含まれている。また、後述するように、「蝦夷」呼称の前身である「毛人」は、関東地方を中心とする東国の人々に対する呼称であったと考えられる。一方、古墳時代を通じて古墳が造営された東北南部など、東北地方に住んでいた人々がみな「蝦夷」と呼ばれた訳でもない。

本稿では、そのような蝦夷とは何かという問題について、「蝦夷」という概念の成立過程を中心に考えていきたい。

1 毛人から蝦夷へ

「蝦夷」表記の成立と唐

「蝦夷」表記の確実な初見史料は、六五九(斉明五・唐顕慶四)年に唐の高宗のもとに蝦夷が倭国の使者に引き連れられて入朝したという中国史料である(『通典』巻一八五ほか)。高宗に対面した蝦夷は長さ四尺もの鬚《ひげ》をもち、卓越した弓矢の腕前をもっていたことが特筆されている。この遣使については

『日本書紀』(斉明五年七月戊寅条)でも「道奥蝦夷男女二人」を唐の皇帝に示したと記されていて、倭国は自らが夷狄を従える大国であることを唐に示したつもりだったかもしれないが、唐は夷狄である倭国がより遠方の夷狄の存在を紹介(仲介)したという「重訳」の概念で理解したと考えられる［河内 二〇〇四］。後述するように『日本書紀』の「蝦夷」表記は文飾が多いが、中国史料がそのような操作をすることは考えがたく、この時までに「蝦夷」という表記が成立していたことは確実である。

問題は「蝦夷」表記を創出したのは誰かという点で、最近では、倭国側が「蝦夷」として唐に紹介したのではなく、紹介された唐側が「髭の長い東方の夷狄」という意味で命名したという説が注目される［相澤 二〇一六］。エビ(鰕・蝦)は髭が長い存在だという中国の伝統的観念があり、そうした外貌を「蝦夷」の語源とする説は本居宣長(『古事記伝』)以来存在するが、八世紀以前の日本ではエビを「鰕」ではなく「蝦」(本来の意味はカエル)の字で表す事例が確認できないという点に着目した説である。

しかし、おそらくこの唐命名説では、倭国の使者は蝦夷を古い表記の「毛人」として紹介したと考えることになるが、唐側の史料では「毛人」と「蝦夷」とは別物として理解されており［河内 二〇〇四］、疑問も残る。また、後述するように「毛人」の読みはこの時すでにエミシ(のちにエビスに転訛)だったと思われるが、唐命名説では「エミ(エビ)」と「蝦」とのあいだには因果関係のないもの、つまり偶然の一致と考える。しかし、「エミシ(エビス)」の音から「蝦」の字が採用されたという考え方［工藤 二〇〇〇］も捨てがたく、倭国側が六五九年の遣唐使に「毛人」を同行することにした際、中国の思想や漢字表記に通じた人物(渡来系氏族か)が中国風の異民族(夷狄)呼称として「蝦夷」を考案、お披露目したものとも考えられよう。

いずれにせよ、「蝦夷」表記の成立が六五九年の遣唐使入朝という対外的な契機にもとづく公算は大きい。当初は唐にとっての「夷(東夷)」という意味合いが強かったとしても、それは倭国・日本にとっての「夷」としても通用する名称であったことは、その後の歴史にとって重要だろう。

エミシ・毛人・蝦夷

エミシという言葉については、『日本書紀』神武天皇即位前紀の歌謡に「愛瀰詩《えみし》」とあり、これは東北や東国ではなくヤマトの磯城《しき》(奈良県桜井市付近)の敵対勢力に対して用いられているものだが、十世紀以後の『日本書紀』の写本に記された訓注の事例に従って、一般に古代の「蝦夷」はエミシと読まれている[小口 二〇〇八]。この古歌の中で「愛瀰詩」は一人で百人に匹敵するような強い存在として歌われ、反抗者(まつろわぬ人)としての性格を読み取ることもできるし[高橋 一九六三]、神武東征という文脈をふまえれば「東方の地の勇猛な人々」とも解釈できる[熊田 二〇〇一]。なお、『日本書紀』写本の訓注にはエビスともあり、エビスの訓は『日本書紀』が成立した養老年間(七一七〜七二三年)にはすでに存在していた(『釈日本紀』巻十九)[児島 一九八四]。ミとビ、シとスの音は近く、エミシは実際には早い段階からエビスに転訛していたと考えてよいだろう。

エミシの表記としては、明らかに「毛人」が「蝦夷」より古い。『日本書紀』では分注の一例を除いて「毛人」という語は登場せず、編纂時にすべて「蝦夷」に統一したものと考えられる。『日本書紀』以外の比較的古い史料では、人名は「毛人」を用いるのが一般的で(小野毛人など)、蘇我蝦夷も『上宮聖徳法王帝説』では「蘇我豊浦毛人」と記されることはよく知られている。『日本書紀』には壬申の乱における功臣として鴨君蝦夷《かものきみえみし》という人物も載せられているから、蘇我蝦夷をおとしめるために名前を書き換えた[門脇 一九七七]のではなく、「毛人」を「蝦夷」に書き換えるという徹底的・機械的な編集方針があったものとみられる。ここからは、「毛人」と「蝦夷」とが同じくエミシと読まれていたことと、『日本書紀』における「蝦夷」という表記には編纂時の強い政治的意図が込められていることが読み取れる。

毛人と東国

「毛人」は、『宋書』倭国伝に載る四七八(昇明二)年の倭王武の上表文に、「東は毛人を征すること五十五国」とあるのがもっとも古い。上表文からは西の「衆夷」、そして「海北」(朝鮮半島)というように、倭王武、すなわちワカタケル大王(雄略天皇)の時代のヤマト王権(倭国)の世界観、他者認識がうかがわれるが[石上 一九八七]、これらの中では東の「毛人」のみ固有名詞的な独特の表現であることが注目される。これも中国との外交上の史料であることもあり、古代中国の『山海経』などにみえる、東方に住む長い毛におおわれた人々である「毛民」からの影響が指摘されるが[高橋 一九六三、工藤 一九八二]、古墳時代の東国を代表する地域名である「毛野」(上毛野・下毛野)に由来する、もしくは同源の言葉であるとの見解[高橋 一九九一]も重要である。

注目すべき点は、『日本書紀』が「蝦夷」にこだわっているのに対し、『古事記』では「蝦夷」は景行天皇代のヤマトタケル伝承にしか登場せず、さらにヤマトタケルは「東方(東国)」の「荒ぶる神と伏《まつろ》はぬ人等」の討伐に遣わされて「蝦夷等」を従わせ、その帰路に東国を「アヅマ(阿豆麻)」と名づけた、とされることである。そこに東北に関する地名や記述はなく、「蝦夷」にも東方の荒ぶる存在以上の性格は見出せない。記紀のもととなった「帝紀」や「旧辞」には、蝦夷のことはほとんど記されていなかったとも推測されているが[坂本 一九五六]、『古事記』の「蝦夷」は本来の伝承では東方の「毛人」だったとみるべきだろう。

一方、『日本書紀』ではヤマトタケルは上総から「陸奥国」に入り、「蝦夷」を「竹水門《たかのみなと》」に討ち、「日高見国《ひたかみのくに》」から西南の常陸を経て甲斐国へ至ったとされている。「日高見国」については、北上川下流、陸奥国桃生《ものう》郡に延喜式内社の日高見神社(現宮城県石巻市)があるが、『常陸国風土記』逸文には霞ケ浦の南側の信太《しだ》郡がもと「日高見国」だとする記述があり、「竹水門」も陸奥国宮城郡多賀郷(多賀城周辺か)のほかに、陸奥国行方《なめかた》郡多珂《たか》郷(現福島県南相馬市)、常陸国多珂郡(現茨城県北東部)などの候補地がある。これらは古い伝承の舞台が常陸周辺であった可能性を示唆し、『日本書紀』は「蝦夷」を陸奥国に関連づけるため、説話の舞台を北に拡大しているように思われる。

つとに津田左右吉はヤマトタケルの蝦夷征討説話について、『古事記』は内地(東国)の綏撫《すいぶ》を主とするのに対し、『日本書紀』は蝦夷の征討をおもな目的としており、七世紀後半以降の国家の蝦夷に対する態度の大きな変化がその背景にあると喝破している[津田 一九一九]。またエミシという語自体、古代歌謡の「愛瀰詩」の段階では東方の地に住む勇猛な人々、あるいは反抗者一般を指したらしいが、対象はしだいに東国、そして陸奥に限定されていったと考えられる[高橋 一九六三、熊田 二〇〇一]。「蝦夷」の前身で倭王武の上表文にもみえる「毛人」は、基本的にはヤマト王権による東方(東国。東北地方も含みうる)の他者を対象とした概念だったのである。

2 「蝦夷」観念の成立

中国的夷狄観としての「蝦夷」

前節でみたように、六五九年の遣唐使派遣を下限として、中国風の異民族(夷狄)呼称として「蝦夷」表記が成立する。『日本書紀』(斉明五年七月戊寅条)に引用される伊吉連博徳書《いきのむらじはかとこのしょ》によると、倭国側は、「蝦夷」には近い順に「熟蝦夷《にぎえみし》・麁蝦夷《あらえみし》・都加留《つかる》」の三種があり、この時入朝したのは毎年倭国に入貢している「熟蝦夷」だが、彼らに五穀はなく肉食で、建物(屋舎)もなく深い山の中の樹の根元で暮らしている、と高宗に伝えている。七世紀には東北北部でも農業が行われ集落遺跡では竪穴住居が検出されるから、五穀も建物もないというのは事実ではなく、四尺もの鬚という外貌とともに、中国の夷狄観に則って異族性を強調したものだろう。

また景行天皇紀では、まず「東夷」のうち「日高見国」の人は身体に刺青をして勇猛な「蝦夷」で、討伐すべきだとする武内宿祢《たけうちのすくね》からの報告があり、その後、反乱を鎮めるためヤマトタケルが討伐に向かったとされる。その出発に際し景行天皇は、首長もおらず凶暴な「東夷」の中でも「蝦夷」がもっとも手強く、男女は雑居し父子の区別がなく、冬は穴に宿り夏は樹上の家に住み、毛皮を着て血を飲む、などと述べたとされ、やはり中国の典型的な夷狄観に則って未開・野蛮な「蝦夷」像を展開している[河内 二〇〇四]。

『日本書紀』にみられるこのような中国的夷狄観・蔑視観におおわれた「蝦夷」観念は、史料論上これを遡ることができないので、「蝦夷」表記とともに七世紀半ば頃に成立したと考えておきたい。先述のような『日本書紀』の「蝦夷」表記への執着に鑑みると、七世紀以前の蝦夷記事は「毛人」の史料をもとにしたものか、編纂時に造作されたものである蓋然性が高い。

「蝦夷」観念の成立時期

一方で、「蝦夷」という概念は六世紀半ばから後半頃に成立したとする説も有力である［熊谷 二〇〇四］。その文献上のおもな根拠が五八一（敏達十）年とされる『日本書紀』の記事で、「蝦夷数千」が「辺境」を侵略したが、その首長（「魁帥《ひとごのかみ》」）の綾糟《あやかす》らを召喚すると、初瀬川（奈良県桜井市）に入り、三諸岳（三輪山）に向かって王権への服属を誓ったという。たしかにこの記事にみえる服属儀礼は、七世紀後半の天武・持統朝における飛鳥寺の西の槻木（ケヤキ）の下での儀礼や、八世紀の平城宮での元日朝賀などとは異なっていて、独自性・具体性の高い記述である。しかし、「魁帥」には『日本書紀』唯一の「毛人」の用例である「大毛人」との注が付されており、右の伊吉連博徳書や景行天皇紀のように中国的夷狄観の影響が濃いともいえず、もとは「毛人」に関する伝承記事だったとみるべきだろう。

ただし、全国的には六世紀の中頃におかれた国造が現在の新潟県中部から宮城県南部にかけて分布し［今泉 一九九二］、反対にその北側は、七世紀後半以降の政府の蝦夷政策の拠点となった城柵の存在や文献・出土文字史料などにより、「蝦夷」が居住していた地域とされる［熊谷 二〇〇四］。この「蝦夷」居住地の南限のラインは六世紀半ばから後半の前方後円墳の分布域の境界にも近く（**図1**）、「蝦夷」観念の成立時期を傍証するものとされている［熊谷 二〇二二］。たしかに五八九（崇峻二）年には、「東山道」に近江臣満《おうみのおみみつ》が派遣され「蝦夷国境」を観察したという『日本書紀』の記事があり、この頃には何らか

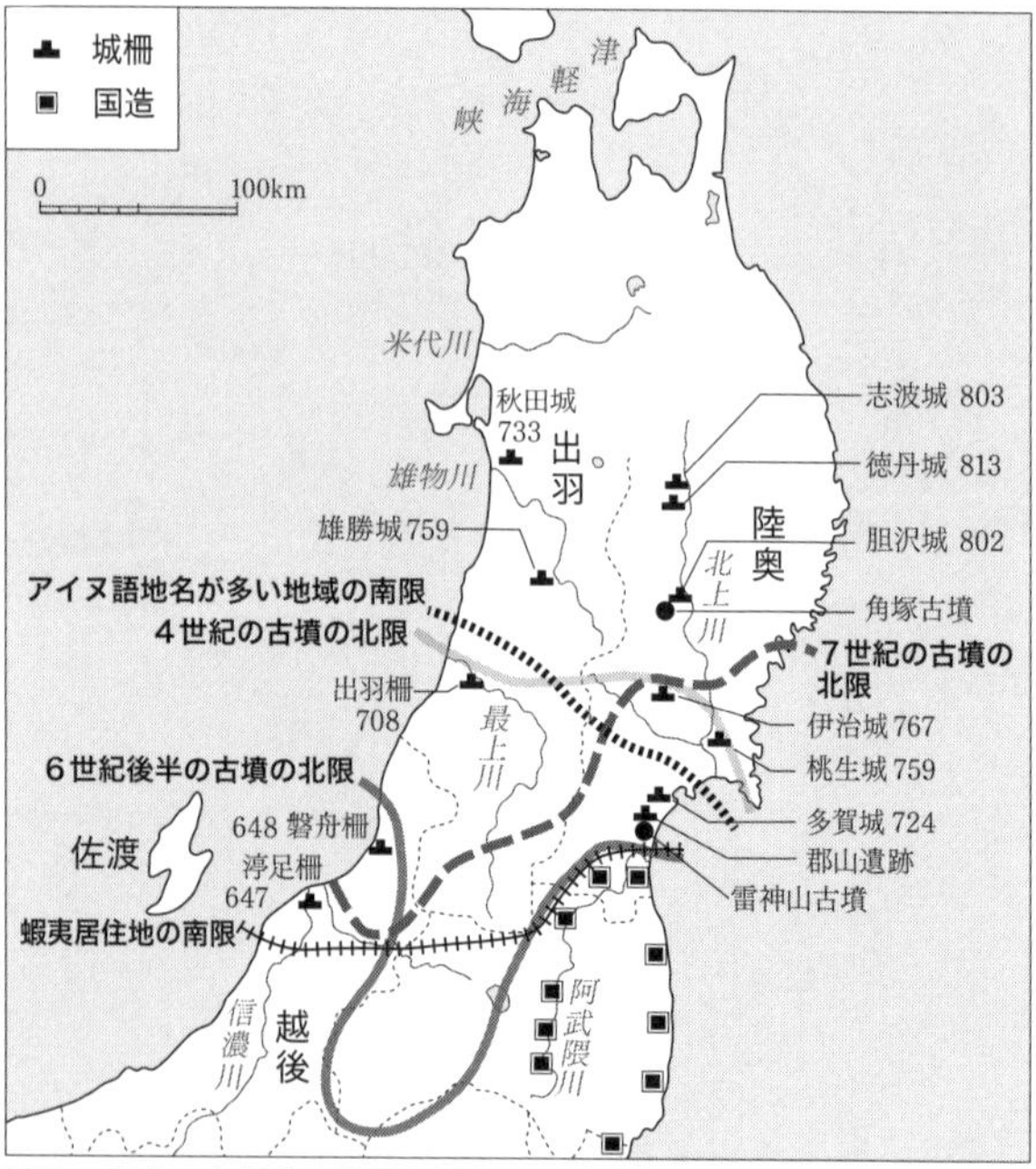

図1　東北の古墳分布範囲と城柵・国造（［藤沢 2015］［熊谷 2004］より作成）

の線引きのできつつあったことがうかがわれるが、それは「毛人」とされる人々の対象範囲の北上を意味するにとどまり［樋口 二〇二二］、国造制や前方後円墳の問題は「蝦夷」観念の成立には直結できないとみられる。つぎに述べるように、城柵遺跡以外の考古資料の分布からは上記のような「蝦夷」の領域の線引きはできないとも指摘されており［菊地 二〇一五］、中国的夷狄観にもとづいて新たに「蝦夷」が創出されたのは、やはり七世紀半ばと考えておくべきだろう。

「蝦夷」とされた人々の実態

では、「蝦夷」観念は当時のどういった人々を念頭に成立したのだろうか。その問題については、政治的な誇張が多く含まれる国家側が残した文献史料を離れ、「蝦夷」と呼ばれた人々が残した痕跡、つまり考古学的資料を利用する必要があるが、個々の出土資料を「蝦夷」のものと証明することは困難だということを念頭におかなければならない。

古墳時代の東北地方では、土師器を用い方形の竪穴住居に暮らす古墳文化が、その南部(福島・宮城・山形県域)においては古墳時代前期(三世紀後半~四世紀頃)から急速に広がり、宮城県名取市の雷神山《らいじんやま》古墳(全長一六八メートル)など、ヤマト王権との関係を示す規模の大きな前方後円墳・前方後方墳も築かれた。中期(五世紀頃)に入ると古墳の築造は低調となるが、それは全国的な古墳の築造動向とも連動するもので、古墳文化の集落遺跡は継続的に存在し、中期後半には再び南部において古墳が活発に築かれた。岩手県南部に最北の前方後円墳、奥州市角塚《つのづか》古墳が築かれたのもこの頃である。しかし、後期(六世紀頃)の半ば以降になると、古墳の築造域は宮城県南部と福島県の浜通り・中通りにほぼ限定される[藤沢 二〇一五a]。このように東北南部には基本的に古墳文化が展開したのに対し、東北北部(青森・岩手・秋田県域)では農耕を行う弥生文化から、狩猟・採集・漁労を中心とする、北海道と同じ続縄文文化に移り変わった。ただし北部と南部とのあいだでは活発な相互交流があり、七世紀に入る頃には、古墳文化の影響を受けた農耕を基礎とする文化に再び転換していき、北部でも方形の竪穴住居に住み、南部と類似した土師器を用い、また「末期古墳」と呼ばれる独自性の高い墳墓も築く文化が八世紀にかけて広がっていく。末期古墳は少なくとも九世紀後半まで築かれ、東北北部を中心に、一部は宮城県北部、そして北海道の石狩川流域(道央)にも分布する[藤沢 二〇一五b]。

「蝦夷」と呼ばれた人々の中心は東北北部にあるので、このような倭国と共通しながらも独自性のある文化をもった人々の存在が、七世紀半ば頃の「蝦夷」観念の成立の背景にあったことは認めてよいだろう。しかし、問題は「蝦夷」の存在範囲がこの東北地方を南北に隔てるラインよりは南に広がっていて必ずしも重ならないことで、また形式などに独自性があるとはいっても、土師器や住居、古墳といった要素は北部と南部とで共通・類似している。国家側はそのようなわずかな違いをとらえて「蝦夷」と名づけ、中国的夷狄観を当てはめようとしたものと考えられ、「蝦夷」が国家による主観的な異民族概念とされる所以である。

ただ、倭人と比較した時に、「蝦夷」とされた人々が相対的に狩猟との結びつきが強かったらしいことは文献史料などからうかがわれ[熊谷 二〇〇四]、東北北部を中心にアイヌ語地名が分布することなどから、その言語も倭人とはかなり異なっていた可能性がある。しかし前述のように六五九年の遣唐使が「熟蝦夷・麁蝦夷・都加留」の三種を挙げていることは、「蝦夷」には一括りにできない側面があるという国家側の認識を示している。宮城県中・北部の仙台平野から大崎平野の辺りは、南の古墳文化と北の続縄文文化が交錯した地域で、六世紀後半以降、関東からの移民の拠点集落が現れ急成長し[菅原 二〇一五]、七世紀半ばにはのちに初期陸奥国府となる城柵(仙台市郡山《こおりやま》遺跡)が仙台平野に築かれ、移民集落が大崎・牡鹿《おじか》地方に展開していく。移民と在地系住民は必ずしも敵対的、または排他的に居住していた訳ではなかったが、こうした東北南部の両者が交錯する地域の在地系住民が「蝦夷」であり、「熟蝦夷」に該当するという理解[八木 二〇一〇]も可能である。ただし、蝦夷を右のように三種に分けることは以後にはなく、夷狄視された画一的な「蝦夷」観が国家の公式見解となっていったのだろう。そのような観念が国家と蝦夷との軋轢《あつれき》を増幅させたことは想像に難くない。

おわりに

古代国家の東北への支配拡大政策は、おおむね以上のような過程を経て成立した「蝦夷」という概念を対象として立案され、実施されていったのである。
最後に、蝦夷がアイヌかどうかという問題について補足しておく。そもそもアイヌは土師器などの倭国の文化の影響を受けて続縄文文化から成立した擦文文化と、オホーツク海沿岸のオホーツク文化の双方の要素が融合して、十二〜十三世紀頃に成立したとするのが一般的である。古代に「蝦夷」と呼ばれた人々の一部が、アイヌの祖先の一部であることは認めてよいだろう。しかしまた一方で、古代の「蝦夷」は和人（大和民族）の祖先の一部でもあることは、同じく理解しておかなくてはならない。

〈参考文献〉
相澤秀太郎　二〇一六年「「蝦夷」表記の成立」（『歴史』一二七輯）
石上英一　一九八七年「古代東アジア地域と日本」（『日本の社会史1』岩波書店）
石母田正　一九六二年「日本古代における国際意識について」（のち再録『石母田正著作集4』岩波書店、一九八九年）
石母田正　一九六三年「天皇と「諸蕃」」（のち再録『石母田正著作集4』岩波書店、一九八九年）
今泉隆雄　一九九二年「律令国家とエミシ」（のち再録『古代国家の東北辺境支配』吉川弘文館、二〇一五年）

大高広和　二〇一三年「大宝律令の制定と「蕃」「夷」」(『史学雑誌』一二二編一二号)
大高広和　二〇一八年「古代国家の対外的諸関係」(『日本史研究』六六六号)
小口雅史　二〇〇八年「文献史料からみた「エゾ」の成立」(小口雅史ほか編『エミシ・エゾ・アイヌ』岩田書院)
門脇禎二　一九七七年『蘇我蝦夷・入鹿』(吉川弘文館)
菊地芳朗　二〇一五年「前方後円墳の終焉と終末期古墳」(藤沢敦編『東北の古代史2』吉川弘文館)
工藤雅樹　一九八二年「古代国家と蝦夷」(のち再録『蝦夷と東北古代史』吉川弘文館、一九九八年)
工藤雅樹　二〇〇〇年『古代蝦夷』(吉川弘文館)
熊谷公男　二〇〇四年『古代の蝦夷と城柵』(吉川弘文館)
熊谷公男　二〇〇二年「古代東北の歴史環境」(吉村武彦ほか編『陸奥と渡島』角川選書)
熊田亮介　二〇〇一年「夷狄・諸蕃と天皇」(『日本の歴史8　古代天皇制を考える』講談社)
河内春人　二〇〇四年「唐から見たエミシ」(のち再録『東アジア交流史のなかの遣唐使』汲古書院、二〇一三年)
児島恭子　一九八四年「エミシ、エゾ、「毛人」「蝦夷」の意味――蝦夷論序章」(のち改題「エミシ・エビス・エゾの意味再論」『アイヌ民族史の研究――蝦夷・アイヌ観の歴史的変遷』吉川弘文館、二〇〇三年)
坂本太郎　一九五六年「日本書紀と蝦夷」(のち再録『坂本太郎著作集2』吉川弘文館、一九八八年)
菅原祥夫　二〇一五年「律令国家形成期の移民と集落」(熊谷公男編『東北の古代史3』吉川弘文館)
高橋富雄　一九六三年『蝦夷』(吉川弘文館)

高橋富雄　一九九一年『古代蝦夷を考える』(吉川弘文館)
津田左右吉　一九一九年「東国及びエミシに関する物語」(のち再録『津田左右吉全集別巻第一』岩波書店、一九六六年)
樋口知志　二〇二二年「『日本書紀』に描かれた蝦夷と隼人」(『歴史研究』六九九号)
藤沢敦　二〇一五年ａ「不安定な古墳の変遷」(同編『東北の古代史２』吉川弘文館)
藤沢敦　二〇一五年ｂ「北東北の社会変容と末期古墳の成立」(同編『東北の古代史２』吉川弘文館)
八木光則　二〇一〇年『古代蝦夷社会の成立』(同成社)

14 遣唐使の役割と変遷

吉永　匡史

はじめに

六一八年、隋を滅ぼして李淵《りえん》(高祖《こうそ》)が建国した唐は、アジアの大帝国として周辺地域に多大な影響をおよぼした。周辺国は唐と外交を行うにあたり、それぞれ遣唐使を派遣した(遣唐使は日本に限定されるものではない)。唐との政治的距離感は異なるものの、遣使により先進的な唐の制度・宗教・文化が輸入され、周辺地域は唐王朝の影響下におかれたのである。唐の建国から一二年が過ぎ、二代皇帝太宗《たいそう》の治世下の六三〇(舒明二・貞観四)年、倭国は遣唐使をはじめて派遣した。以後、約二六〇年間にわたり、遣唐使の任命・派遣が重ねられた。

日本古代史における遣唐使研究は、外交のあり方、内政との関係、仏教の展開、中国文物の輸入、学術・技術の伝播・受容など、様々な観点から行われている。本稿では、このうち文化の輸入に焦点をしぼり、遣唐使の役割と変遷について論じていきたい。

1 遣唐使の性質と時期区分

派遣の経緯

六二三(推古三十一)年、かつて遣隋使に随員して中国に渡り、隋から唐への王朝交替を経験した留学《るがく》生《しょう》の薬師《くすし》恵日《えにち》らが帰国した。彼らは在唐者たちの学業が習熟したことを述べ、唐は「法式《のり》」が整備された「珍《たから》の国」であるから、今後継続的に遣使することを提言した(『日本書紀』)。

実際のところ、六二三年時点では唐の最初の律令である武徳《ぶとく》律令すら施行されておらず、右の奏言は唐側の思惑が背景にある可能性も大きい［榎本 二〇一四］。ただここで注目されるのは、従来の儒学や仏教に加えて、統治技術としての法律も、倭国の継受の方針に加わったことである。七年後に犬上《いぬがみの》御田鍬《みたすき》を大使とする第一次遣唐使が派遣されており、上記の方針はその後の遣唐使による文化輸入のあり方と齟齬しない。隋から唐にかけて三二年の留学を経て帰国した高向玄理《たかむこのくろまろ》らが、帰国後に学術面・政治面で大きな役割を果たしたことに顕著なように、遣唐使を遣隋使と断絶させてとらえるべきではないだろう。

唐との外交関係は、六六三年の白村江の戦いで唐と敵対したことによって、困難な状況を一時的に抱えることとなり、ほぼ三〇年間、遣使を中断することになった。しかし大宝度遣唐使(七〇一年任命)以後は、外交上の大きな問題を抱えることはなく、むしろ、政治・外交上の課題を極力避けたものとみられる。こうした姿勢は、つぎに述べるような唐と日本の外交のあり方も大きく影響している。

冊封と朝貢

中国皇帝によって国王に任じられ、当該国の統治を委任されることを冊封という。倭の五王は中国南朝の皇帝によって倭国王に冊封されたが、遣隋使を派遣した推古大王が隋から冊封された形跡はうかがえない。これは遣唐使も同様であって、史料上、天皇が倭国王(日本国王)に冊封されたことを示す記事は確認できず、日本は唐皇帝から冊封されなかったというのが通説である。

冊封されなかったとすれば、日唐の外交関係はどのように理解すればよいのか。唐の外交は、前述の冊封、そして周辺国の国王(異民族の首長)もしくはその使者が貢物をもって中国皇帝に拝謁する外交形態、すなわち朝貢を原則とした。日本の遣唐使も例外ではなく、正月の朝賀《ちょうが》の儀式に他国の使者とともに列立していることから、唐側より朝貢使として取り扱われたことは明らかである［榎本 二〇一四］。

朝貢使であれば、天皇自身が渡唐したのでない以上、使者が貢物だけでなく唐皇帝宛ての国書(国家の正式な書状)を持参したこともまた疑いない。日本側の国書を詳しく伝える史料はないものの、臣下が奉る上表形式の国書を持参したものと考えられる［東野 一九九九］。これに対して唐から日本への国書は、七三五(開元二十三・天平七)年、玄宗《げんそう》が「日本国王主明楽美御徳《すめらみこと》」に「勅」した国書の文面が知られる(『唐丞相曲江張先生文集《とうじょうしょうきょくこうちょうせんせいぶんしゅう》』巻十二)。これは皇帝の命令としては最下級の格式での臣下宛て勅書であり、唐の外交政策上、「絶域《ぜついき》」に位置する日本の重要度がさして大きくなかったことを物語っている。

派遣回数と派遣間隔

日本の遣唐使は任命二〇回を数え、実際に唐に渡ったのは一五回であった(**表1**参照。次数は[榎本 二〇一四]による)。第一次遣唐使任命が六三〇(舒明二・貞観四)年、最後の任命は八九四(寛平六・乾寧元)年であるが、実際の渡唐は八三八(承和五・開成三)年出発の第十五次遣唐使が最後であり、約二六〇年ほどのあいだで二〇回にも満たないことになる。

同じく遣唐使を派遣した新羅はほぼ毎年、場合によっては年に二、三度も遣唐使を派遣していた。高句麗の後裔を自認した渤海も、毎年のように派遣している。朝鮮半島諸国はいずれも唐から冊封されており、また唐と地続きであるという日本との違いはあるが、これと比しても日本の遣唐使派遣は少ないと評してよい。

ただ、日本の派遣回数が少ないことには理由がある。太宗より「歳貢《さいこう》」(毎年の朝貢)は免除されていたが、八世紀初頭には「二十年一来の朝貢」(『唐決集《とうけつしゅう》』)、すなわち二〇年に一度という派遣間隔を唐朝と約束していたと考えられる[東野 一九九九]。実際の派遣間隔は厳密に二〇年にはなっておらず幅があるものの(**表1**)、遣唐使派遣には多額の費用がかかることを考慮すれば、新羅・渤海の遣使回数との差は説明できよう。

留学生／学問僧	請益生／請益僧	留学帰国者	備　考
		勝鳥養／霊雲・僧旻	
巨勢薬・氷老人(・坂合部磐積・高黄金)／道厳・道通・道光・恵施・覚勝・弁正・恵照・僧忍・知聡・道昭・定恵・安達・道観(・知弁・義徳・恵妙・智国・智宗)			
道福・義向			往途、薩摩竹島付近で遭難
		道昭	高向玄理、唐で死没
			第1船は往途南海の島に漂着し、大使ら殺害される
			唐使劉徳高を送る使節 唐使法聡、来日する
(智蔵)			黄書本実、仏足石図を写して帰国する
道慈・弁正(・智鳳・智鸞・智雄)			唐に抑留されていた(百済救援の役で捕虜となる)錦部刀良等を連れ帰る
阿倍仲麻呂・吉備真備(・井真成)／玄昉	大和長岡	道慈・行善	第7次遣唐使坂合部大分と、弁正の子秦朝元を連れ帰る
栄叡・普照(＝業行?)(・玄朗・玄法)	秦大麻呂／理鏡	吉備真備／玄昉	帰途、第4船難破する。阿倍仲麻呂の傔人羽栗吉麻呂、息子の羽栗翼・翔をともなって帰国
春桃原／行賀(・円覚)	藤原刷雄(・膳大丘)	(船夫子)	帰途、大使藤原清河と阿倍仲麻呂が乗る第1船は安南に漂着。唐に戻り、帰国できず。鑑真ら来日する
(戒明)			藤原清河を迎えるための遣使。内蔵全成は渤海路で帰国
	伊予部家守／(玄覚)		佐伯今毛人・大伴益立・藤原鷹主は入唐せず。代わって任じられた小野石根が節刀を執り入唐。帰途、第1船は難破・遭難
		戒明	唐使孫興進を送る使節
橘逸勢・粟田飽田麻呂／空海・霊仙・円基・妙澄	×豊村家長・伴少勝雄・久礼真蔵／最澄	橘逸勢・粟田飽田麻呂／永忠・空海	副使、唐にて死没。第3船は往途遭難。空海は薬生としての入唐か
長岑氏主・×佐伯安道・×志斐永世／円載・×真済	丹墀高主・×刀岐雄貞・春苑玉成・伴須賀雄／円仁・円行・戒明・常暁		副使、病を理由に入唐せず。往途、第3船は遭難大破し出発せず。大使らは新羅船を雇い帰国

＊3　留学生・請益生などの人名は、留学時の姓名を記すとは限らず、一般に流布していると判断される名前で記載した。

＊4　「留学生／学問僧」「請益生／請益僧」の項において、史料上で不確かな者や推測による者は(　)内に記した。

表1 遣唐使一覧(実際に渡唐した遣唐使のみ、[東野 1999][森公 2010][榎本 2014]より作成)

次	任命・出発・帰国	使　人	航路
1	630年(舒明２)８月出発 632年(舒明４)８月帰国	犬上御田鍬 薬師恵日	往：北路？ 復：北路
2	653年(白雉４)５月出発 654年(白雉５)７月帰国	吉士長丹(大使) 吉士　駒(副使)	往：北路？ 復：北路
	653年(白雉４)５月出発、往途７月沈没	高田根麻呂(大使) 掃守小麻呂(副使)	
3	654年(白雉５)２月出発 655年(斉明元)８月帰国	高向玄理(押使) 河辺麻呂(大使) 薬師恵日(副使)	往：北路 復：北路？
4	659年(斉明５)７月出発 661年(斉明７)５月帰国	坂合部石布(大使) 津守吉祥(副使)	往：北路 復：北路
5	665年(天智４)？月出発 667年(天智６)11月帰国	守大石・坂合部石積・吉士岐弥・吉士針間(送唐客使)	往：北路 復：北路
6	669年(天智８)？月出発 (帰国記事なし)	河内　鯨	往：北路？ 復：？
7	701年(大宝元)正月任命 702年(大宝２)６月出発 704年(慶雲元)７月帰国(執節使ら) 707年(慶雲４)３月帰国(副使ら)	粟田真人(執節使) 高橋笠間(大使) 坂合部大分(副使) 山上憶良(少録)	往：南路 復：南路
8	716年(霊亀２)８月任命 717年(養老元)３月出発 718年(養老２)10月帰国	多治比県守(押使) 大伴山守(大使) 藤原馬養(副使)	往：南路？ 復：南路？
9	732年(天平４)８月任命 733年(天平５)４月出発 734年(天平６)11月帰国(大使ら) 736(天平８)８月帰国(副使ら)	多治比広成(大使) 中臣名代(副使)	往：南路？ 復：南路
10	750年(天平勝宝２)９月任命 752年(天平勝宝４)閏３月出発 753年(天平勝宝５)12月帰国(第２・３船) 754年(天平勝宝６)４月帰国(第４船)	藤原清河(大使) 大伴古麻呂(副使) 吉備真備(副使)	往：南路 復：南路
11	759年(天平宝字３)正月任命 759年(天平宝字３)２月出発 761年(天平宝字５)８月帰国	高元度(迎入唐大使使) 内蔵全成(判官)	往：渤海路 復：南路
12	775年(宝亀６)６月任命 777年(宝亀８)６月出発 778年(宝亀９)10月第３船帰国、11月第２・４船帰国	×佐伯今毛人(大使) ×大伴益立(副使) ×藤原鷹取(副使) 小野石根(副使) 大神末足(副使)	往：南路 復：南路
13	778年(宝亀９)12月任命 779年(宝亀10)５月出発 781年(天応元)６月帰国	布施清直(送唐客使)	往：南路 復：？
14	801年(延暦20)８月任命 804年(延暦23)３月出発 805年(延暦24)６月帰国(第１・２船) 806年(大同元)10月帰国(第４船)	藤原葛野麻呂(大使) 石川道益(副使)	往：南路 復：？
15	834年(承和元)正月任命 838年(承和５)７月出発(第１・２・４船) 839年(承和６)８月帰国(大使ら) 840年(承和７)４月帰国(第２船)	藤原常嗣(大使) ×小野　篁(副使)	往：南路 復：北路

＊１ 「使人」の項は、遣唐使の副使以上を基本とした。ただし行論の都合上、これ以外を記す場合もある。
＊２ 「使人」「留学生／学問僧」「請益生／請益僧」の項において、実際に入唐しなかった者には×を付した。

時期区分

右にみてきたような遣唐使派遣事業は、どのように時期区分できるのだろうか。森公章氏の整理によれば、大きく二説に分けられる［森公 二〇一〇］。第一に、大宝度遣唐使に大きな画期を認め、七世紀を前期、大宝度以降を後期とする二区分説。ついで、上記の後期を八世紀の遣唐使と九世紀初頭の延暦度遣唐使以降とに分割し、前・中・後期とする三区分説である。いずれも七世紀と八世紀を境にする点は共通する。

右の区分は、おおむね航路とも対応する。すなわち七世紀は朝鮮半島沿岸部を経由して唐に向かう北路をとったが、日本と新羅の関係が悪化したため、このルートは困難となった。そのため八世紀以降は、五島列島の値嘉嶋《ちかのしま》より出発して東シナ海を直接横断する南路が採用された。なお、南島路（南西諸島を経由）はかつて正式な航路の一つに数えられていたが、現在は例外的とみる見解が有力である。

本稿は文化輸入に力点をおくが、その場合はどのように時期区分できるのか。この点を念頭におきつつ、つぎに入唐した「ヒト」に即して、遣唐使と留学者の文化活動を考えてみたい。

2 遣唐使と留学者の文化活動

使節団の構成

遣唐使は大使・副使・判官・録事《ろくじ》の四等官制を基本とする特殊な臨時官司である。大使（と副使）は刑罰権を天皇より委譲され、その象徴である節刀《せっとう》をおびて使節団を指揮し、唐より帰朝したのちに節刀を天皇へ返上した。遣新羅使や遣渤海使に節刀が仮授された形跡はみえず、これは遣唐使が別格の国家使節であったことを示している。

使節団には、書記官の史生《ししょう》や通訳の訳語《やくご》、各船の船長である船師など、遣唐使の任務や遣唐使船の運行に関わる多くの随員があった。遣唐使船は四隻編成であり総勢五五〇人ほどが分乗したが、その半数は、船員の水手《かこ》である。彼らは、海が凪《な》いだ時に船をこぐ要員でもあった。留学者の数は、一回の派遣あたり十数名程度と推測され［森克 一九五五］、新羅や渤海と比較すると、決して多いとはいえない人数であった。

遣唐使の人選

遣唐使の人選は、学問的素養のある、好学の人が優先して選ばれた。かつて自身が留学生であった高向玄理（白雉度押使）や吉備真備《きびのまきび》（天平勝宝度副使）はいうまでもなく、延暦度遣唐使の判官菅原清公《すがわらのきよとも》（菅原道真の祖父）・録事上毛野穎人《かみつけのかいひと》は文章生《もんじょうしょう》出身であり、高い学識をもち漢音（中国語）に通暁していた。とくに菅原清公は父（菅原古人《ふるひと》）の代から学者としての名声が高く、延暦度遣唐使の人選は、立太子前に大学頭《だいがくのかみ》を経験していた桓武天皇による学問振興の意図を感じさせる。

このほか、万葉歌人として著名な山上憶良《やまのうえのおくら》（大宝度少録）や、実際には渡唐しなかった者の中では、博識で知られた石上宅嗣《いそのかみのやかつぐ》、文才当代無双とされた小野篁《おののたかむら》なども目につく。こうした人選傾向からは、家柄や風采も当然考慮されたものの、学術・文化の受容が使節全体の重要目的であったことをうかがうに充分である。

遣唐使の要請と唐側の対応

遣唐使による、唐側に対する文化摂取の具体的要請をみてみよう。養老度遣唐使は、孔子廟・寺院・道観などの実地見学を申請して生の中国文化の摂取につとめ、あわせて禁物(国外持ち出し禁制品)を除く物品の購入も要請し、玄宗より許可された(『冊府元亀《さっぷげんき》』巻九七四)。さらに唐の学者について経書を学ぶことをも希望し、玄宗は四門助教《しもんじょきょう》趙玄默《ちょうげんもく》を鴻臚寺《こうろじ》(唐の外国使節迎接部門)に派遣している(『旧唐《くとう》書《じょ》』倭国日本伝)。

また天平勝宝度遣唐使に対しても、玄宗《げんそう》は府庫一切の縦覧を許可し、九経三史等をそなえた三教殿を開いて参観させている(『東大寺要録《とうだいじようろく》』)。質・量ともに最高レベルの宮廷図書館を閲覧したことが、次節で述べる遣唐使の書籍購入に影響を与えたことは疑いない。遣唐使の在唐期間は一、二年と短いものであったが、その間に可能な限り学殖を深め、見聞を広めることにつとめたのである。

留学の区分

これに対し、留学者は、ある程度の期間を勉学にあてることができた。彼らは留学期間に応じてそれぞれ二種類に分かれる。まず留学生・学問僧は、長期にわたりじっくりと学ぶタイプの留学である。代表的な留学生としては吉備真備や玄昉《げんぼう》などが挙げられ、一〇年を超える年数を唐で勉学に費やした。

一方で請益生《しょうえきしょう》・請益僧は、その道のひとかどの専門家が当該分野での難問を解決するために短期間入唐するものであり、大和長岡《やまとのながおか》や最澄《さいちょう》が代表例として挙げられる。すでに専門家としての立場があり、学ぶべき内容も定まっているので、短期間の留学で済ませたのである。これらは無事に帰国できたケースだが、阿倍仲麻呂《あべのなかまろ》のようにその優秀さを買われて唐朝に仕え、結局帰国できなかったり、井真成《せいしんせい》のように学業の道半ばで命尽きた事例もある（井真成墓誌）。

注意しておきたいのは、遣唐使一行のすべてが都に行けたわけではない点である。長安や洛陽に向かえたのは使節団のごく一部であって、入唐しても登《とう》州や揚《よう》州など遣唐使船の投錨地周辺にとどまって学んだ人も少なくなかった。この点、日本初の漢籍目録である『日本国見在書目録《にほんこくげんざいしょもくろく》』の土地家に『揚《よう》州《しゅう》図経《ずきょう》』などの地誌が多くみえることは象徴的であり、こうした実情の中で揚州（南路の投錨地の一つ）自体への関心をも見て取ることができる。

留学者の修学と成果

留学者の修学成果をいくつかみてみよう。学問生では、吉備真備が第一に挙げられる。真備は一八年もの長きにわたり在唐し、三史（『史記』『漢書』『後漢書』）・五経（『周易《しゅうえき》』『毛詩《もうし》』『尚書《しょうしょ》』『春秋《しゅんじゅう》』『礼《らい》記《き》』）・名刑《みょうぎょう》（律令学）・算術・陰陽道・暦道・天文・漏剋《ろうこく》・漢音・書道など計十三道を修得した（『扶桑略《ふそうりゃっ》記《き》』）。帰国後は大学助《だいがくのすけ》となり阿倍内親王（のちの孝謙天皇）に『礼記』と『漢書』を教えたほか（『続日本紀』）、学生四〇〇人に対して五経・三史・明法・算術・音韻・籀篆《ちゅうてん》の六道を教授した（「意見封事十二箇条」）。また大学における釈奠《せきてん》の儀について、その儀式次第と器物を整備し、施行を実現したことも特筆される。吉備真備がもたらした文物については次節で述べるが、奈良時代における唐文化・学術の摂取に随一の影響を与えたと評価してよいだろう。

つぎに請益生に目を向けると、国制への直接的影響という点では、律令学（明法）における大和長岡

（入唐時の氏名は大倭小東人《やまとのこあずまひと》）が注目される。彼は養老律令の撰定メンバーであり、撰定作業における疑義を解決するために養老度遣唐使とともに入唐した。帰国後は養老令撰定作業だけでなく、『唐令私記《とうれいしき》』などの注釈書の執筆も行ったと考えられ、平安時代に続く律令学の発展に大きく寄与した［吉永 二〇二〇］。

専門家の入唐請益という点では、宝亀度遣唐使に随行した伊予部家守《いよべのやかもり》も挙げられる。彼は儒学の専門家として五経を学び、とくに『春秋』の注釈書で、これまで日本に研究する者がいなかった公羊伝《くようでん》と穀梁伝《こくりょうでん》を修得した（『日本紀略《にほんきりゃく》』）。帰国後は七八四（延暦三）年に大学寮で二伝の講義を始め、七九八（延暦十七）年に至り二伝は晴れて正式に大学寮のテキストとなった。この間、桓武天皇の詔勅には『春秋』の知識・ロジックが効果的に利用されており、政治においても最新の学術が利用されていた［東野 一九九九］。

また伊予部家守の修学には、儒学以外に、『説文《せつもん》』『切韻《せついん》』という漢字の字書を学んだことも特筆される（『日本紀略』）。とくに『切韻』は音引きの字書であり、唐代の標準音（漢音）にもとづいていた。日本では古くから華南の発音（呉音）の影響が強かったため、唐代の標準音を身につけ、それにもとづいて漢字を正確に理解するには、入唐して実地で学ばねばならなかったのである。平安時代に至る日本人の中国語学習という点で、一つの転換点であるといえよう。

文化面では、延暦度遣唐使の成果がとくに注目される。遣唐判官菅原清公は帰国後、大学寮・式部省・弁官《べんかん》などの官職を歴任し、八一八（弘仁九）年にはその建言にもとづいて唐制への式服の改革、位記《いき》の書式変更、平安宮各門の唐風扁額への変更、舞踏《ぶとう》の採用が行われた。さらに天皇を頂点とする秩序形成という点では、音楽関係者が随行していたことも重要である。「遣唐使舞生」という特殊技能請益生がみえ(『教訓抄《きょうくんしょう》』)、唐の舞楽の直接的導入を行ったことが知られる。学術だけでなく、天皇の礼楽面を支える楽舞の修得という課題も、延暦度遣唐使は負っていたのである〔森公 二〇一八〕。

成果の反映時期

留学者の成果は研究・教育・政治に随時活かされていったが、すべてが即座に受容・実行されたのではなかった。先にみた伊予部家守の場合、その帰国は七七八(宝亀九)年であり、数年経ってから二伝の講説が実現している。また天平勝宝度の請益生　膳大丘《かしわでのおおおか》は唐のように孔子の名号を文宣王《ぶんせんおう》の尊号に変更するよう進言したが、それは帰国から一〇年以上経ち、彼が大学助となってからだった。つまり、しかるべき立場についたり、教育・研究の状況が整ったりしてからでなければ、実行されなかったケースもあったのである。遣唐使や留学者の成果は、無条件に即時導入されたわけではなく、帰国後の国内条件に左右されたといえよう〔森公 二〇一〇〕。

では、遣唐使や留学者は具体的にどのような文物を持ち帰ったのか。つぎに文物の将来とその受容をめぐる問題について考えたい。

3　文物の将来と受容

遣唐使による文物の将来

遣唐使が将来した文物の第一に挙げられるのは、朝貢に対する唐皇帝からの国書と回賜品である。その内実は不明であるが、白雉度遣唐使が「唐国の天子」に「奉対」して多くの「文書・宝物」を獲得し、帰国後これを献上していることが一つの手がかりとなる（『日本書紀』）。

「文書」については、国書が含まれることは言うまでもない。皇帝に拝謁した遣唐使には唐の官職が与えられるのが通例だったから、その告身《こくしん》（辞令書）も含まれるだろう。このほか、例えば永徽《えいき》律令（大宝律令の藍本）といった当時最新の法律などの書籍がここに含まれるのかは、書禁（書籍の輸出禁止令）の存否問題とあわせて考える必要がある［榎本 一九九二、坂上 二〇〇一］。

もう一方の「宝物」については、新羅や渤海に対する回賜品がおもに錦・綾などの高級絹織物や銀器であったから、おそらく日本のそれも同様であったろう。正倉院宝物には唐からの舶来品と推測される錦・綾や銀製品（例えば金銀花盤《きんぎんけばん》）があり、これらが回賜品の一部であった可能性は大きいと考えられる［東野 一九九九］。

このような回賜品は、そのまま日本に持ち帰るとは限らなかった。養老度の遣唐押使多治比県守《おうしたじひのあがたもり》は、玄宗からの回賜品のことごとくを使って書籍を購入し、帰国したと伝えている（『旧唐書』倭国日本伝）。遣唐使の文化的活動を想起すると、知識の集積である書籍の将来は、彼らの大きな関心事であったと考えられよう。

留学による将来品

留学者の中で、その将来品が史書に詳記されているのは、吉備真備である。七三五(天平七)年四月、真備はつぎのような文物を朝廷に献上した(『続日本紀』)。

『唐礼』一百三十巻　『太衍暦経』一巻　『太衍暦立成』十二巻　測影鉄尺一枚　銅律管一部　鉄如方響写律管声十二条　『楽書要録』十巻　絃纏漆角弓一張　馬上飲水漆角弓一張　露面漆四節角弓一張　射甲箭二十隻　平射箭十隻

右は書籍(儀式書・暦書・楽書)・調律器・武器(弓・箭《や》)に大別できる。唐礼は典礼の整備、暦書は最新の太衍暦《たいえんれき》の導入、楽書や調律器は礼楽の発展、武器は弓箭の改良や軍事儀礼の整備につながる。真備はこれ以外にも多種多様な文物を持ち帰ったようだが(『扶桑略記』)、そもそも『続日本紀』がこのように将来品を列記すること自体が異例であり、その重要性を示している。

また留学した僧侶が持ち帰った書籍も、仏典だけではなかった。最澄は法帖《ほうじょう》類を持ち帰っており(『比叡山《ひえいざん》最澄《さいちょう》和尚《かしょう》法門《ほうもん》道具《どうぐ》等目録《とうもくろく》』)、円仁《えんにん》も書儀《しょぎ》(書状の文例集)や詩文に関わる書籍を複数将来している(『入唐《にっとう》新求《しんぐ》聖教《せいきょう》目録《もくろく》』)。これらが書道や漢詩文の発展に寄与したことも見逃せない点である。

書籍の入手

とはいえ、書籍の将来は容易ではなかった。当時の書籍は写本であって複製に多大な労力がかかるため、多く流通するようなものではなく貴重品である。そのため、書き写すにしても所蔵者を捜索することから始まり、探し当てたとしても借用できるかは定かではなかった。外国人であれば、なおさら困難だろう。

そして書写には誤脱が避けられないため、数ある写本の中から、原本に近い良質なテキストを入手することは困難をきわめた。『日本国見在書目録』正史家にみえる『東観漢記《とうかんかんき》』百四十三巻は吉備真備将来本であるが、彼が収集に苦心するも結局完本《かんぽん》を得られなかったことが注記されている。これは当該書だけの問題ではなく、『日本国見在書目録』からうかがえる日本に将来された漢籍は、善本《ぜんぽん》・完本ばかりとはとてもいえず、端本《はほん》・異本《いほん》などの欠陥のある書籍が多かったのである〔榎本 二〇〇八〕。

拒否したもの

ここまで述べてきた遣唐使の往来と文物の受容は、すべての中国文化・学術を学び取ろうとしたようにみえるかもしれない。しかし、明確に拒絶したものがある。道教である。日本の律令格式には道士や道観の規定は定められておらず、『日本国見在書目録』をみても、道教の経典である道経はわずかしかとられていない。道教の開祖である老子は唐皇帝李《り》氏一族の祖ということになっており、道教を組織的に受容することは、唐帝室の祖を崇めることにつながるとして嫌厭されたものと考えられる。

おわりに

以上から遣唐使派遣の主目的は、文化的先進国である唐より広く文化・文物を導入することであったと考えられる。ただその回数や留学生の派遣人数からは、人的交流(「ヒト」)を主体にしたと評するのは難しく、むしろ唐の文化・学術を書籍などの「モノ」を通じて摂取することに重きがおかれたといえるだろう。

また留学者の留学期間は、延暦度以降は一、二年の短期留学ばかりとなり、一〇年を超えるような長期留学は確認できなくなる。「モノ」を通じた摂取は変わりないが、八世紀と九世紀のあいだに、学術・文化受容のあり方に一つの変化を見出すことができるだろう。

〈参考文献〉

池田温　二〇〇二年『東アジアの文化交流史』(吉川弘文館)
榎本淳一　一九九二年「「国風文化」と中国文化——文化移入における朝貢と貿易」(のち改題「文化受容における朝貢と貿易」『唐王朝と古代日本』吉川弘文館、二〇〇八年)
榎本淳一　二〇〇八年「遣唐使による漢籍将来」(『唐王朝と古代日本』吉川弘文館)
榎本淳一　二〇一四年「遣唐使の役割と変質」(『岩波講座日本歴史3』岩波書店)
大津透　二〇二〇年『律令国家と隋唐文明』(岩波新書)
木宮泰彦　一九五五年『日華文化交流史』(冨山房)
河内春人　二〇一三年『東アジア交流史のなかの遣唐使』(汲古書院)
坂上康俊　二〇〇一年「書禁・禁書と法典の将来」(のち再録『唐法典と日本律令制』吉川弘文館、二〇二三年)
東野治之　一九九二年『遣唐使と正倉院』(岩波書店)
東野治之　一九九九年『遣唐使船——東アジアのなかで』(朝日選書)

東野治之　二〇〇七年『遣唐使』(岩波新書)
増村宏　一九八八年『遣唐使の研究』(同朋舎出版)
森克己　一九五五年『遣唐使』(至文堂)
森公章　二〇〇八年『遣唐使と古代日本の対外政策』(吉川弘文館)
森公章　二〇一〇年『遣唐使の光芒――東アジアの歴史の使者』(角川選書)
森公章　二〇一八年「延暦度遣唐使三題」(のち改題「延暦度遣唐使の研究」『遣唐使と古代対外関係の行方――日唐・日宋の交流』吉川弘文館、二〇二二年)
吉永匡史　二〇二〇年「『唐令私記』にみる唐文化受容の一様相」(大津透編『日本古代律令制と中国文明』山川出版社)

15 正倉院宝物と天平文化

佐々田 悠

1 「国際性」とは何か

正倉院の成り立ち

七五二(天平勝宝四)年四月九日、東大寺の本尊盧舎那仏《るしゃなぶつ》(大仏)の開眼会に、聖武天皇(太上天皇)・光明皇后(皇太后)と娘の孝謙天皇は揃って出御した。インド出身の僧正菩提僊那《ぼだいせんな》が開眼師をつとめたこの法要には、文武百官および僧侶一万人が集い、堂内には一五メートル近い巨大な幡が掲げられた。そして在来・渡来の様々な楽舞が奏されるとともに、皇族・貴族から珍奇な品々が捧げられたという。まさに空前絶後の法要である。

四年後の七五六(天平勝宝八)年、聖武天皇が亡くなると、その四十九日に今度は天皇が生前使用した品々がひっそりと大仏に捧げられた。その数六〇〇点あまり。献納のリストである『国家珍宝帳』によれば、献納品は天皇が用いた袈裟に始まり、天皇・皇后がともに日常を過ごした御床(寝台)で終わっている。この遺愛の品々こそ正倉院宝物の起こりであり、大仏殿の北方に現存する正倉院正倉(校倉)の北倉におさめられた。一方、大仏開眼会や聖武天皇の一周忌斎会にともなう膨大な数の関係品、また寺内の堂塔に伝えられた仏具など東大寺の資財というべき品々は、南倉におさめられた。東大寺の正倉院には、奈良朝全盛期の皇室文化と仏教芸術の粋が伝えられたのである。

文化の「国際性」

天平文化といえば、教科書などにおいて中国・唐の影響を強く受けた国際色豊かな仏教文化として知られている。約九〇〇〇点におよぶ正倉院宝物はその代表的な存在である。第一級の文物が大量に、しかも地上に伝世した事例は世界を見渡してもほかに類をみない。また、宝物の一部に銘文があり、唐から舶載されたことが明らかなものがある。用いられている材料をみても、遠く西アジアのガラスや南アジアの薬物、さらには地中海産の珊瑚まで確認されており、当時の多様な国際交流をうかがわせる。正倉院が「シルクロードの終着駅」といわれる所以である。もっとも、正確には「終着駅」は唐の首都長安であり、日本は長安から枝分かれした行き先の一つにすぎない。また、舶載品の数もそこまで多くはなかった。宝物全体の数からみれば、五%に満たず、大半は国産品であったと考えられている[成瀬 二〇一二]。それでは、天平文化の「国際性」とは一体どういう意味であろうか。数%の優品による評価なのであろうか。もちろん、文化とはそうした一握りの文物で論じられるべきものではない。ここでは正倉院宝物についての近年の調査研究に触れながら、舶載品・国産品それぞれの「国際性」について考え、天平文化をもたらした国際関係や古代仏教の意義を確かめることにしたい。

2 朝貢と回賜――船載品

調査のあゆみ

戦後、正倉院では実技者や自然科学者を加えた総合的な学術調査(特別調査)が開始され、職員による経常調査にも分析機器が導入されるようになった。実体顕微鏡や軟X線透過装置、赤外線カメラについで、一九八二年にX線分析装置が導入された意義は大きく、無機材料に対して非破壊での測定が可能になった。さらに有機材料の測定に適した各種の分光分析装置も導入され、二〇一二年には高速液体クロマトグラフ装置が配備されている。これらは劣化・退色しやすい染料分析に優れた効果を発揮しており、例えば従来は見出せなかった紅花(『万葉集』にも移ろいやすさが歌われる)が分析で確認できるようになった。また、近年では絹糸の劣化状況の解明にも役立っている。もちろん調査の基本が肉眼観察にあることは変わらないが、こうした分析結果をあわせて考えることで大きな成果が得られている。宝物の保存に資することを目的としつつ、同時に正倉院宝物の成り立ち、製作地の問題にもきわめて重要な情報をもたらしている[成瀬 二〇一七]。

鏡の化学組成

北倉の鏡を例にみよう。正倉院の北倉には『国家珍宝帳』記載の鏡のうち一八面が伝わっている。いずれも青銅製の鋳造鏡で、九面は鏡背を螺鈿《らでん》や平脱《へいだつ》で飾ってある。これらの鏡はその出来映えから唐製と推定されていたが、蛍光X線分析(X線を照射して元素の種類と量を明らかにする)により鏡胎の化学組成の比較研究が可能になった。すなわち、北倉の鏡はいずれも銅約七〇%、スズ約二五%、鉛約五%からなり、これはこれまで知られている唐鏡や前漢鏡の組成とほぼ一致することが判明したのである。北倉の鏡は唐鏡であり、唐から日本にもたらされた可能性がきわめて高い。

一方、正倉院の南倉には三八面の鏡が伝わるが、その中に化学組成が銅約八〇%、スズ約二〇%、ヒ素約一〜三%の一群がある。鉛を含まず、少量のヒ素を含むのが特徴で、銅とスズの比率は日本の古代文献の記述と合致する。また、簡素な作りのものが主体をなすことから、これらは日本の官営工房で生産されたものと考えられている。銅製品に少量のヒ素を含むのは、奈良時代の銅の主産地であった長登《ながのぼり》銅山(山口県美祢《みね》市)の鉱石に由来する特徴とみられる。ただし、最近では唐鏡でもヒ素を一%程度含むケースがあることが判明しており、ヒ素のみを基準とすべきでないことにも注意が必要である[成瀬 二〇〇九]。

鏡を飾る素材

そこで、つぎに鏡背をみたい。例として平螺鈿背円鏡《へいらでんはいのえんきょう》(**図1**)を取り上げる。目をひくのは全面を埋め尽くす螺鈿の文様である。花や葉を複雑に連ね、大花文には雀がとまる。その大部分を占める白く光る部分は南方産のヤコウガイ(夜光貝)の貝殻である。厚さを一ミリほどに加工し、精緻に文様を切り出している。ところどころ花芯に配された赤色の部分は琥珀である。その深い色味から、ミャンマ

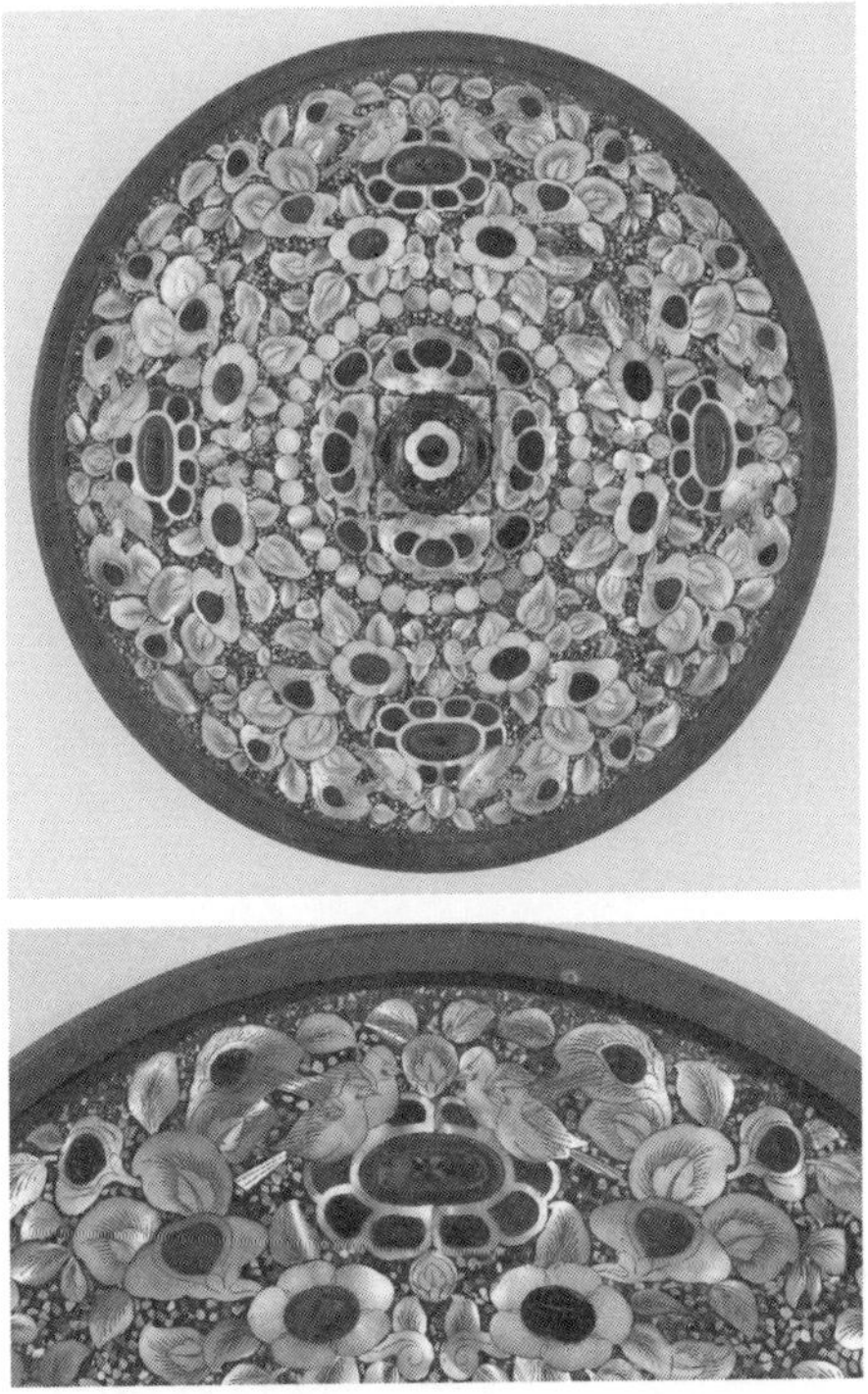

図1　平螺鈿背円鏡(北倉42-11)

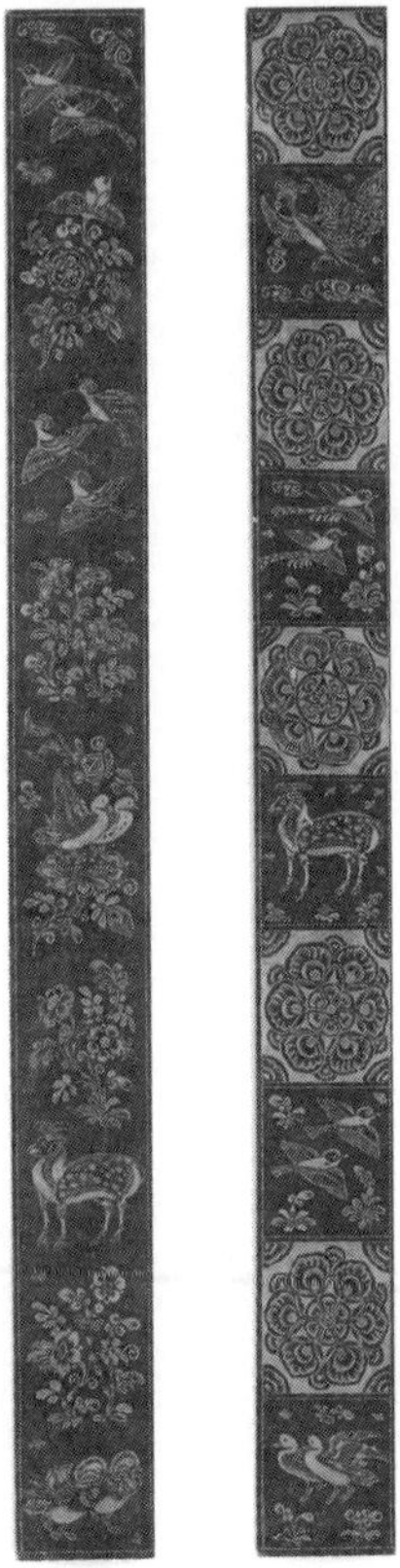

図2　紅牙撥鏤尺
(表裏、北倉13甲)

ー北部あたりの産出と考えられている。大花文の中心のみは琥珀ではなくタイマイ(玳瑁)を用いる。ウミガメの一種であるタイマイは、中国の南部から東南アジアに多く分布する。さらに注目されるのが文様以外の間地である。よくみると、黒色の地に青色と緑色の小さな粒が無数に埋め込まれている。青色はアフガニスタンに産出するラピスラズリ、緑色はイランを主産地とするトルコ石である。

これらの素材が日本に直接持ち込まれ、加工されたとは考えがたい。高級材をふんだんに用い、きわめて精巧に製作する技術を備えていたのは、世界帝国であった唐をおいてほかにない。改めて右の素材の産地をみると、唐の広大な勢力圏(唐の版図と朝貢を受ける周辺諸国)に重なっていることに気づく。この鏡はまさに唐の世界性を象徴的に表していよう。このように舶載の正倉院宝物が示す「国際性」とは、日本が広く世界に開かれていたことを意味するのではなく、日本が継受した唐の「国際性」であることに注意したい[東野 一九八八、飯田 二〇一八]。

朝貢と回賜

それでは、これらの鏡が唐から日本にもたらされ、聖武天皇遺愛の品となった経緯はどのように考えられるだろうか。当時の国際関係についていえば、日本は唐からの冊封は受けずに朝貢を行っていた。八世紀に何度か遣唐使を送っており、聖武天皇の時代にも第十・十二次の使節が派遣され、帰国している(第十一次は中止)。遣唐使は唐で大量の書物を買い込んだことが中国側の史書に記されるほどであったが、それ以外にも貴重な文物を持ち帰っていた。その最たるものが皇帝からの回賜品である。朝貢に際しては唐皇帝への貢ぎ物を献上するが、皇帝は自らの徳を示すため、貢ぎ物よりはるかに高価な返礼品を与えるのが常である。これを回賜《かいし》という。唐の世界性を表すこれらの鏡は、唐の皇帝から日本の天皇への回賜品そのものであった可能性が高い。鏡が聖武天皇の手元にあったこと自体、当時の唐中心の国際関係を如実に示している。

もう一つ、撥鏤《ばちる》の尺にも触れておく。正倉院には計八枚の撥鏤尺(**図2**)が伝わる。撥鏤とは、象牙を赤や紺の色に染め、表面を彫って象牙地の白色を出して文様を表す高度な技法である。これらの尺はいずれも長さが三〇センチ程度で唐一尺にあたり、片面には一寸相当の区画が設けられている。ただし、数値は厳密でなく、また分の目盛りもないことから、実用品とは考えがたい。唐では毎年二月二日、度量衡を統べる皇帝に木画や撥鏤で飾った尺が献上され、また皇帝から臣下に下賜されたというから(『唐六典《とうりくてん》』ほか)、この撥鏤尺も儀式用と考えられる。正倉院に伝わった事実からすれば、皇帝から遣唐使に下賜されて日本にもたらされた蓋然性が高く、数少ない舶載品の一つとして、先の鏡と似た意義があるといえよう。このように舶載品はきわめて政治的な国際関係を体現している。

3 唐の規範性——国産品

国産品の手本

正倉院宝物や南都の仏教彫刻・絵画の中には華やかな色彩や文様に彩られたものがあるが、その表現には唐に由来する一定の共通性が認められる。正倉院宝物の染織品に数多くみられる種々の唐花文はその最たるものであろう。また、樹下美人図として著名な鳥毛立女屏風《とりげりつじょのびょうぶ》(**図3**)が盛唐期に典型化した画題にもとづくことはよく知られている。この屏風は使用された紙や鳥毛から国産であることが判明しており、船載の手本をもとに描かれたと考えられる。ふっくらとした容貌は薬師寺蔵の吉祥天像にも認められる。

このように国産品といっても、その意匠や材料・技法は大陸の圧倒的な影響のもとに製作されたものが多い。国産品の「国際性」とは、まずもって唐の文物を直接の手本としたという意味でとらえられる。と同時に、唐花文や樹下美人図には広くアジア圏の要素を見出すことが可能で、宝物によってはインドやローマに連なる要素が含まれる。日本が手本とした唐の「国際性」によって、国産品もまた国際色豊かなものになったといえよう。もちろん、それは日本と海外の直接的交流を示すものではなく、また手本の受容の仕方は様々であり、日本なりの特徴を探る必要がある。

極彩色の世界

ここで、天平文化を支えた豊かな色遣いをみたい。仏像や仏具に施された多彩な色は天平文化の特徴の一つである。同系統の色を濃淡つけて塗り分け、立体感を出す暈繝《うんげん》彩色はみる者の目をひく(例：東大寺法華堂の執金剛神立像、正倉院宝物の粉地彩絵八角几《ふんじさいえのはっかくき》など)。X線分析や顕微鏡観察により、そうした多彩な色を成り立たせる素材についても調査が進んでいる[成瀬 二〇一七]。正倉院宝物でいえば、赤色には朱・ベンガラ・鉛丹《えんたん》・臙脂《えんじ》・蘇芳《すおう》が、黄色には石黄・藤黄《とうおう》が、緑色には岩緑青《いわろくしょう》が、青色には岩群青・藍が、それぞれ確認ないし推定されている。白色については鉛白《えんぱく》(塩基性炭酸鉛)のほか、三種の塩化物系鉛化合物などが確認されているが、注目されるのは素材によって製作地が違うらしいことで

図3 鳥毛立女屏風 第一扇(部分、北倉44)

図4 楓蘇芳染螺鈿槽琵琶(南倉101-1)

図5 碧地金銀絵箱
(中倉151-24)

ある。古代・中世の日本では鉛白は製造されず、中国からの輸入品が用いられた。逆に塩化物系鉛化合物の使用は今のところ日本以外では確認されていない。前者が古代の文献にいう「唐胡粉《ごふん》」、後者が「倭胡粉」に当たる。したがって、例えば楓《かえで》蘇芳染《すおうぞめ》螺鈿《らでんの》槽《そうの》琵琶《びわ》（**図4**）は、その捍撥《かんばち》（バチ受けの部分）に描かれた騎象奏楽図《きぞうそうがくず》がかつて唐代の一級の絵画資料とされたが、分析により下地に塩化物系鉛化合物が確認されたことから、現在では国産品である可能性が高いと考えられている。

塩化物系鉛化合物による白色は、開眼会などに用いた献物箱・几にも確認されている。これらは皇族・貴族があつらえたもので国産品とみられるが、素材的にも裏付けを得たことになる。また、興味深いことに、同じ色でも使い分けがみられる。碧地金銀絵箱《へきじきんぎんえのはこ》（**図5**）を例にいえば、箱の脚部など白色をみせる部分には隠蔽力の大きい鉛白を用い、下地や混色に用いる白色には塩化物系鉛化合物を用いている。また、地色の淡青色についても、目につく外面は発色の美しい岩群青（藍銅鉱）で彩り、底裏はややくすみのある藍鉄鉱を使用していることが最近判明した。鉛白は舶載品、岩群青も貴重であり、目立たない部分にそれぞれ代用品を当てたものと考えられる。こうした使い分けからは、用いるべき色や素材の基準・規範がありつつ、入手できる範囲内で、工夫しつつ製作した様子が見て取れる。

擬似技法

入手困難な素材に代えて、別の入手しやすい素材を加工して似せることもしばしば行われた。そうした擬似技法を「仮作《げさく》」と称する［内藤 二〇一二、西川 二〇一九］。例えば、竹の表面に天然の斑文の生じたものを斑竹《はんちく》といって珍重したが、開眼に使われた長大な天平宝物筆の筆管《ひっかん》には、これに似せて精巧に斑文を描いた仮斑竹《げはんちく》を用いている。前述した楓蘇芳染螺鈿槽琵琶のように楓を蘇芳で染めるのは、高級材の紫檀《したん》に似せるためらしい。献物箱・几にも仮作は散見される。金箔を押した材に墨や蘇芳で斑文を描いてタイマイに似せる仮玳瑁や、墨で木目を描き、黒柿《くろがき》に似せる仮黒柿が確認できる。金属を模す場合もあり、金箔押しの材に墨で唐草文を描いて透かし彫り金具風にみせたり、漆地に金銀泥《きんぎんでい》で文様を描いて平脱に模したりした例もある。平脱とは金属の文様を漆で塗り込めたのち文様上の塗膜を剝《は》ぎ起こして際立たせる漆芸技法で、唐代に流行したが、手間と技量を要する。

これら国産品の一部にみられる擬似技法は、本家からすれば確かに稚拙にみえる。しかし、貴重材や技量が圧倒的に不足している環境で、献上の台まで唐風に再現したわけで、当時における唐代文物のきわめて高い規範性をこそ読み取るべきであろう。こうした規範性の高さは着実に日本の血肉となり、一部では鳥毛立女屛風のように容易に舶載品と見分けのつかない出来のものを生み出した。一方で、右に挙げた擬似技法は少々雑で、必ずしも正確さを追求していないようにもみえる。唐の緻密な文様表現や色遣いにならいつつ、ある種の大らかさが同居するところに、天平文化の「らしさ」がある。

中央と地方

国産品の製作は、朝廷の権力と富を投入して、中央官庁(中務・兵部・大蔵・宮内省管下の寮司)や造東大寺司などの官営工房、皇族・貴族らの家政機関などにおいて様々に行われたと考えられる。正倉院宝物の伎楽面《ぎがくめん》(法要で演じられる中国南部発祥の仮面劇の面で、西域やインドに由来する人物が登場する)には珍しく製作者の名前が記された一群があり、将李魚成《しょうりのうおなり》、基永師《きえいし》、延均師《えんきんし》らがそれぞれ製作し、大仏開眼会に使用されたことがわかっているが、彼らの工房も都周辺にあったのであろう。しかし、再び伎楽面をみれば、別に讃岐、周防、長門、相模、上野などの国名を記した一群があり、地方作が少なからず存在したことも事実である。楽帽にも地方作とおぼしきものがある。また、『続日本紀』七一一(和銅四)年閏六月丁巳条に、織部司の挑文師《あやとりし》を全国に派遣して綾や錦を教習させたとあり、果たして正倉院に近江国から貢納された綾(八稜の唐花文を織りあらわす)の実物が伝わっている。これら地方作の存在は、唐代文物を手本とする形制が諸国に示され、製作・貢進を繰り返す中で、広く受容・咀嚼されていったであろうことを示唆する。天平文化における「国際性」の影響は、中央の皇族や貴族、寺院の範囲にとどまるものでは決してなく、全国に波及したのである。

4　仏具と香薬――新羅物

買新羅物解

天平文化を考えるうえで、もう一つ忘れてはならないのが新羅である。新羅産もしくは新羅経由でもたらされた舶載品は、2節で述べた唐のそれとは事情が異なるため、ここで取り上げる。遣唐使が途絶えていた七世紀後半、日本は新羅を介して大陸の国制や文化の知識を吸収し、大宝律令にいたる体制を構築した。奈良時代に入る頃には新羅への依存度は相対的に低下し、一時関係も悪化したが、新羅がもたらす文物への高い関心は維持され続けた。鳥毛立女屏風の下貼《したばり》に確認される七五二(天平勝宝四)年の「買新羅物解《ばいしらぎぶつげ》」(新羅物を購入するための貴族の申請書類)がそれを端的に物語っている。そこに挙がっている品目や、正倉院宝物の中の新羅産もしくは新羅経由と考えられるものを大別すると、以下のようになる［東野 一九八八、飯田 二〇一七］。

特産品と中継貿易

まず仏具である。正倉院の南倉には、仏事に用いられた匙《さじ》や皿、鋺《わん》が大量に残されている。銅匙が三四五枚、佐波理皿《さはりのさら》が七〇〇枚と残欠、佐波理加盤《さはりのかばん》（**図6**）＝重ね鋺が四三六口を数える。これらは総じて化学組成が銅約八〇%、錫約二〇%の佐波理製品で、熱処理により加工に適した性質をもち、美しい金色を呈する。緩衝材として新羅の文書断片が挟まっている例もあり、多くは新羅製と考えられる。これら数ものの仏具は、おそらく七世紀後半以来の蓄積によるのであろう。なお、「買新羅物解」にはほかに鏡や香炉、鉢、水瓶、如意などがみられ、仏具は日羅交易の主要な地位を占め続けたらしい。

図6　佐波理加盤（南倉47–1）

　つぎに香薬の類いである。「買新羅物解」には薫陸香《くんろくこう》や丁香《ちょうこう》、人参や畢撥《ひはつ》、蘇芳などの香料・薬物・染料がみえる。これらは現在でも特産である人参を除いて、東南～西アジア産であり、唐に集積されたものを新羅が交易によって入手し、さらに日本へ運んだと考えられる。いわゆる中継貿易であり、少量でも価値の高い香薬類は新羅に多大な富をもたらしたであろう。

最後に調度その他である。正倉院の北倉に現存する碁局《ききょく》とその容器は優品であり、唐製とみなされてきたが、松らしき材を用いることや、盤面の形式・装飾技法が朝鮮王朝時代のものに似ることから、最近では半島製の可能性が取り沙汰されている［西川 二〇一九］。また、中倉に新羅製の墨が残っており、舟形に固め、背に新羅の墨業者が製作した旨の文字がある。これは同じく残っている唐製の墨と同一の形式であり、唐にならった「商品」として日本にもたらされたと考えられる。そして注目されるのが毛氈《もうせん》(フェルトの敷物)である。正倉院には法要などの座具に用いられた毛氈が計四五床伝わっている。材質は羊毛で(かつてカシミヤとされたが誤り)、多くが中央アジアまたは中国産の品種に近いと判定されているが、これらが日本にもたらされた過程で考慮すべきなのが新羅である。一部の毛氈に新羅で書かれたと思われるタグがついており、唐から日本へというルート以外に、唐から新羅を経由して日本へ持ち込まれた、あるいは毛氈の製作自体を新羅が行った可能性も指摘されている［李 一九九七］。一様に解釈する必要はなく、複数のルートがありえよう。

このように新羅は、唐の形式に依拠して、あるいは唐を範としつつ自国の形式で調度を製作し、また独自の製作・生産による特産物を輸出していた。また、アジアのほかの地域から唐に集められた品々を中継するなど、幅広い交易活動を行っていたことがうかがえる。正倉院に伝わる新羅物からは、そうした新羅の「国際性」が判明し、またそれを当時の日本が積極的に受容していたことが知られる。

5　国際関係と仏教文化

多様な「国際性」

以上みてきたように、唐からの舶載品は数は多くないが、世界性を備えた優品が多く、唐と周辺諸国、また唐と日本の当時の国際関係を体現している。大多数を占める日本の国産品は、そうした唐の直接的な影響を受け、精粗ありながらも唐を規範として列島規模で受容した産物である。一方、新羅物は、唐の強い影響を受けつつ自国の特産品をもち、中継貿易を行う新羅の独自の立ち位置を示している。一口に「国際性」といっても、正倉院宝物にはこうした多様さが含まれており、舶載品であれ国産品であれ、それぞれの「国際性」が刻み込まれている。古代東アジア三国の関係性そのものが内包されている、といってもいいかもしれない。

このように日本・新羅はそれぞれに唐文化に強く依存したが、実はそうした関係は周辺諸国にはあまりみられず、アジアの中でも両国に顕著であった。これは直接的には大陸の東端にあって大国に近接するという地政的要因によると思われるが、それにともなって両国が政治的関係を媒介する中国主導の仏教に深く傾倒したことと無関係ではない。宗教・文化が政治と深く結びつきながら、東アジアの国際関係を規定していたのである。

天平文化とその前後

八世紀に入って再開された遣唐使により、唐との直接交流が可能になると、日本には生の唐文化が一気に流入した。大量の文物と人々の往来、ことに異国の知識・技術・生活を身につけた人間の渡来による「文化の直接的受容」［吉川 二〇一四］が果たした役割は大きい。本稿では触れられなかったが、留学生・僧として唐に滞在した吉備真備や玄昉らの帰国、また鑑真とその一行の来日は、膨大な経巻を含む貴重な文物をもたらすとともに、仏教・儒教儀礼や造営・造像を直接伝授する人材として、文化史的にはかりしれない意義をもったと考えられる。正倉院宝物の中にもその影響を見出すことができる。

天平文化の中心がこうした唐文化の直接的受容にあることは間違いなく、それは文化の受容を新羅に頼らざるをえなかった時期との大きな違いである。ただし、新羅との密接な交流は奈良時代も続き、天平文化の重要な一角を担ったこともまた疑いない。七世紀後半以来、仏具を中心に積み重ねられてきた日羅交易が、仏教文化である天平文化の素地をかたちづくったといってもよいであろう。その素地の上に、日本史上まれといえるほど仏教に傾倒した聖武・光明・孝謙という権力者の時代が訪れ、遣唐使の往来が加わり、天平文化が一気に華開いたのである。こうして日本に根付いた唐の規範性は、その後もかたちを変えながら、長く生き続けることになった。

〈**参考文献**〉

飯田剛彦　二〇一七年「東アジアのなかの正倉院宝物」(鈴木靖民ほか編『日本古代交流史入門』勉誠出版)
飯田剛彦　二〇一八年「遣唐使と天平文化」(佐藤信編『古代史講義——邪馬台国から平安時代まで』ちくま新書)
杉本一樹　一九九〇年「天平の外交と文化」(黛弘道編『古文書の語る日本史1　飛鳥・奈良』筑摩書房)
東野治之　一九八八年『正倉院』(岩波新書)
内藤栄　二〇一二年「工芸技法よりみた国産宝物」(奈良国立博物館編『正倉院宝物に学ぶ2』思文閣出版)
成瀬正和　二〇〇九年『正倉院の宝飾鏡』(『日本の美術』五二二号)
成瀬正和　二〇一二年「正倉院宝物を考える——舶載品と国産品の視点から」(奈良国立博物館編『正倉院宝物に学ぶ2』思文閣出版)
成瀬正和　二〇一七年「正倉院宝物の機器分析調査」(『正倉院紀要』三九号)
西川明彦　二〇一九年『正倉院宝物の構造と技法』(中央公論美術出版)
吉川真司　二〇一四年「天平文化論」(『岩波講座日本歴史3』岩波書店)
李成市　一九九七年『東アジアの王権と交易——正倉院の宝物が来たもうひとつの道』(青木書店)

16

儀礼の整備と唐風文化

稲田　奈津子

はじめに

平安初期にみられる宮廷儀式の整備や文学・宗教・書など多様な文化の変化は、いずれも中国・唐の影響が強くみられることから、「儀礼の唐風化」「唐風文化」などと表現されることが多い。元号をとって「弘仁・貞観文化」と呼ばれることもある。本稿では、「唐風化」と表現される儀礼や文化の変化について、事例を挙げて具体的にみていくとともに、奈良時代までの唐風化政策との違い、また「唐」の内実について考えてみたい。

1 桓武朝の画期

高校の教科書『新日本史 改訂版』(日B 山川出版社 二〇二二、五八頁)には「母親が渡来系氏族の出身である桓武天皇は、みずから中国の皇帝にならって天の祭祀を試みるなど、天皇権威の強化をはかった」と記されている。この「天の祭祀」とは、具体的にはどのようなものだったのだろうか。

『大唐開元礼《だいとうかいげんれい》』は中国・唐代(六一八~九〇七年)の最盛期に作成された祭祀儀礼の礼典(マニュアル書)であり、のちの歴代王朝や周辺諸国にも多大な影響を与えた。外交・軍事儀礼や冠婚葬祭など様々な儀礼がある中で、本書がもっとも力点をおいているのが「天地の祭祀」と「皇帝祖先への祭祀」である。天地の祭祀は都城の郊外で行われることから郊祀《こうし》と呼ばれ、皇帝祖先への祭祀は位牌を安置する宗廟《そうびょう》で行われた。これらは皇帝権威と密接に関わる重要祭祀で、原則として皇帝親祭(皇帝自らが祭祀を行う)とされた[江川 二〇一七]。

郊祀の導入

郊祀には、都城の南郊で行われる「天の祭祀」と北郊で行われる「地の祭祀」があるが、とくに重視されたのは天の祭祀(南郊)である。天の意志により有徳の人物が選ばれて王権を担い、天の意志が革《あらた》まれば王朝交代が起こるとする天命《てんめい》思想を背景とする祭祀で、天の神である昊天上帝《こうてんじょうてい》を主体として祀り、皇帝支配の正当性をアピールする場ともなった。その起源は古く前漢時代にさかのぼり、紆余曲折を経ながらも歴代王朝に受け継がれ、唐代には上述の『大唐開元礼』にその詳しい式次第や祭文

（祝文）の雛形などが記録されている。本来は皇帝親祭であるべきにもかかわらず、唐代には頻繁に郊祀が行われるようになり、とくに前半期にはほとんど有司《ゆうし》摂事《せつじ》（担当官司による代行）で行われた。

日本では、記録によれば郊祀の実施が三度だけ確認できるが、中国の南郊が冬至に行うのにならい、いずれも十一月に挙行されている。初例は七八五（延暦四）年十一月十日で、長岡京の南郊に当たる河内国交野《かたの》郡（現大阪府枚方《ひらかた》市周辺）で「宿禱《しゅくとう》を賽《さい》して」（大願成就のお礼として）天神が祀られている。二年後の七八七（延暦六）年十一月五日には再度この祭祀が行われている（『続日本紀』同日条）。

天神を交野に祀る。その祭文に曰わく、「維《こ》れ延暦六年歳《ほし》は丁卯に次《やど》る十一月庚戌の朔《さく》甲寅、嗣《し》天子臣《しん》、謹《つつし》んで従二位行《ぎょう》大納言兼民部卿造東大寺司長官藤原朝臣継縄《つぐただ》を遣わし、敢えて昭《あきらか》に昊天上帝に告ぐ。……尚《こいねが》わくば饗《う》けよ」と。又曰わく、「維れ延暦六年歳は丁卯に次る十一月庚戌の朔甲寅、孝子《こうし》皇帝臣諱《いみな》、謹んで従二位行大納言兼民部卿造東大寺司長官藤原朝臣継縄を遣わし、敢えて昭に高紹《たかつぎ》天皇に告ぐ。……尚わくば饗けよ」と。

ここからは、交野での祭祀は天皇親祭ではなく藤原継縄らを派遣して代行させていたこと（有司摂事）、祭文は二種用意され、主神である昊天上帝とともに配神（合祀）として桓武の父である高紹天皇（光仁天皇）が祀られていることがわかる。実は、中略部分も含めて両祭文の文言は、固有名詞を除くと『大唐開元礼』の雛形とほぼ一致しており、儀式の挙行が中国礼典に依拠していたことは明らかである。

ところで、研究史上で注目を集めてきたのは、昊天上帝よりも配神である光仁天皇の方であった。中国では天命を受けた王朝の開祖を合祀することで、後嗣《こうし》である皇帝の正統性を示していた。その王朝始祖の座に光仁がおかれたことをどのように理解すべきか。奈良時代の皇位は天武天皇の血筋で継承されてきたが、孝謙天皇でそれが途絶えると、天智天皇の孫である光仁が皇位についた。このことから、皇統交代の正当性を誇示することを目的に、父光仁を始祖と位置づける郊祀が桓武によって創始されたのである、というのが従来の有力な説であった［瀧川 一九六七］。

しかし郊祀の主体はあくまで昊天上帝であり、儀礼の主催者である君主が天との関係を確認するための儀式であって、まずは桓武（および後述の文徳）自身の正統性を保証するための儀式ととらえるべきとの批判もある［河内 二〇〇〇］。七八五年の郊祀の場合、同年九月の藤原種継射殺事件により皇太子の早良《さわら》親王（桓武同母弟）が幽閉され死去すると、十月に天智・光仁・聖武の山陵に廃太子のことが報告され、十一月十日に郊祀、二十五日に安殿《あて》親王（桓武皇子、のちの平城天皇）が立太子していることから、皇位継承を正当化する手段として郊祀が用いられたのであり、息子の立太子こそが桓武の「宿禱」ということになろう。

七八七年十一月の郊祀では、翌々月の正月に皇太子が元服しており、その加冠《かかん》役を郊祀の使者でもあった皇太子傅《ふ》の藤原継縄がつとめている。こうした事実も、皇太子の地位安定を目的としたとする見解を補強している。唐でも六四三（貞観十七）年十一月に太宗《たいそう》の親祭で行われた郊祀が、四月に立太子した李治《りち》（のちの高宗《こうそう》）の地位を安定させることが目的であったとの指摘があり［金子 一九八八］、そのような郊祀の効果が模倣された可能性も考えられよう。

日本における郊祀の最後の事例は、文徳天皇の八五六（斉衡三）年十一月二十五日のことで、やはり交野で挙行されている。桓武と同様に文徳自身は儀式に参加することはないが、前々日（二十三日）に宮中で「郊天祝板」（祭文）に諱《いみな》（本名）を自署し、珪《けい》（玉製の笏《しゃく》）を手に執り北に向かって天に拝礼している。ついで交野郡柏原野に派遣された大納言藤原良相《よしみ》以下の使者は、現地で蕝《せつ》(茅を束ねたもの)を設置して習礼《しゅうらい》(予行演習)し、祠官(祭祀の担当官)も残らず参会したという。祝版に自署し北面して拝する所作は『大唐開元礼』に有司摂事の場合の皇帝所作としてみえるものと一致する。中国では郊祀に際して犠牲がささげられて祝版とともに焼き上げられるが、交野に蕝が設置されていることから、日本においても同様の焼き上げの儀式が行われたものとみられる。七八七年の祭文に「燔祀《はんし》」「禋燎《いんりょう》」「郊禋《こういん》」といった文言がみえることも、それを裏付けていよう。

祭祀が終わると、使者たちは内裏《だいり》に戻り報告するとともに、天皇に胙《ひもろぎ》(祭肉のおさがり)を献上している。『大唐開元礼』によれば、郊祀には牛・豚等といった獣肉が犠牲としてささげられるが、日本の場合はこうした家畜類ではなく、狩猟の獲物である鹿や猪が用いられたものと推測される[中澤 二〇一八]。交野は桓武が頻繁に遊猟に訪れた地でもあり、獲物には事欠かなかったのであろう。

このように桓武、そして文徳が行った天の祭祀は、礼典をもとに細部にわたるまで中国儀礼を模倣したものであって、それも表面的な模倣ではなく、天命思想によって自らの権威を確立しようとする支配論理の移入でもあったのである。一方で、祭場が常設されるでもなく、獣肉を用いるという異質性もあって、この儀礼は日本に根付くことはなく、三度実施されただけで中絶してしまうことになる。

宗廟祭祀の導入

中国で郊祀と並んで重視されたのが宗廟祭祀であり、これも桓武朝頃に日本に導入されたとする見解がある。七七八(宝亀九)年十月二十五日には山部《やまべ》皇太子(のちの桓武)が病気平癒の報賽《ほうさい》として伊勢神宮を参拝している。皇太子による伊勢参宮は六国史ではほかに安殿親王の例がみえるだけで、こちらも病気平癒の報賽が目的と記録されている。

中国には即位前の皇太子が宗廟に拝謁する儀式(謁廟《えつびょう》の礼)があり、歴代皇帝の位牌に拝することで、自らが天命の正統な継承者であることを示した。これをふまえると桓武と平城の伊勢参宮は単なる病気平癒のお礼参りではなく、天皇の祖先神を祀る伊勢神宮を宗廟に見立てて行われた宗廟祭祀であり、これによって皇位継承の正当性を明示しようという政治的・宗教的な目的があったのではないかと指摘されている[高取 一九七九]。

桓武朝における宗廟祭祀の導入については、別の側面からも論じられている。毎年十二月に陵墓に朝廷から幣物を献じる荷前《のさき》儀式が行われるが、一般の陵墓が班幣《はんぺい》(朝廷における幣物の分配)であるのに対し、特定の陵墓には天皇親祭による奉幣(天皇出御のもと公卿を使者として各陵に派遣)が行われ、これは別貢幣《べっこうへい》として区別されている。この別貢幣の対象陵墓が七九一(延暦十)年、中国の天子七廟制を参考に、その対象が桓武の直系祖先に限定されることになった。このことから、桓武が中国の宗廟祭祀を取り入れ、山陵祭祀の中でそれを実現し、皇位継承の正当性を表明しようとしたものと論じられている[服藤 一九八七]。

いずれにせよ、宗廟祭祀については中国礼典による直接的な模倣ではなく、伊勢神宮や山陵といった既存の施設を宗廟に見立てることで代替しようとしている。昊天上帝というまったく新しい存在を祀る郊祀とは異なり、宗廟祭祀は君主の祖先を祀るものであって、従来の信仰対象からの変更には抵抗があったのだろう。国内政治上の効果をねらって積極的に中国礼制を導入する一方で、これまでの慣行に抵触する可能性のある部分については見送る、または巧みに読み替えて移入するといった工夫がなされたようだ。

2　唐風化の諸段階

教科書における古代史の叙述には、「唐の影響」がたびたび登場する。「大宝律令は、唐の永徽《えいき》律令を手本にしたもの」(『新日本史　改訂版』〈四二頁〉)であったし、「遣唐使たちは、唐から先進的な政治制度や国際的な文化をもたらし、日本に大きな影響を与えた」(『詳説日本史　改訂版』〈日B 山川出版社 二〇二二、四四頁〉)、「光明皇太后に結びついた甥の藤原仲麻呂が専制をふる」い、「唐を模倣した儒教的政策を進めた」(『新日本史　改訂版』〈五二頁〉)など、飛鳥・奈良時代を通して唐の影響が繰り返し指摘されている。こうした中で、平安初期における唐風化にはどのような画期が認められるのであろうか。

服喪と皇帝

孝を重んじる儒教を支配理念とする中国歴代王朝において、服喪《ふくも》は重大な関心事であった。服喪とは、死者への哀悼と孝心を示すため、遺族が死者との関係性に応じた喪服《もふく》を着用し、平生とは異なる居住空間で一定期間の謹慎生活を送ることである。死者と近しいものほど厳重な服喪が求められ、喪服や居住空間はより粗末なものとなり(あえて厳しい環境に身をおくことで死者への孝心を示すのである)、その期間も長期にわたった。父母が亡くなった場合には三年(二七カ月)、祖父母ならば一年などと服喪期間(服期《ぶっき》)が定められており、朝廷に仕える官人は父母が亡くなると官職を解かれ服喪に専念することが求められた。服喪すべき人が隠匿した場合の罰則規定もあるなど、服喪は単に個人的な感情によるものではなく、国家制度として組み込まれていたのである。

皇帝であっても同じように服喪が求められた。比較的疎遠な親族への服喪は免除されたものの、父母や祖父母のためには服喪し、その期間は政務を退き謹慎生活を送ることが期待された。とはいえ皇帝が三年も服喪していては国家が成り立たない。実はすでに漢代から「日を以て月に易《か》える」(二七カ月の服喪ならば二七日に読み替える)といった便法が用いられており、唐代皇帝も実際には大幅に期間を短縮して服喪していたのである。さらには前皇帝の遺言(遺詔《いしょう》)というかたちで、服喪中の皇帝即位や政務復帰も果たしていたことが知られる。

例えば唐第十二代皇帝の代宗《だいそう》は七七九(大暦十四)年五月二十一日に没するが、皇太子は没後すぐに粗末な衣装に着替え、二十三日には正式な喪服を着用した。同日には遺詔により皇帝即位し(徳宗《とくそう》)、服喪中も政務を行っている。服期も三年(二七カ月)を二七日に読み替え、閏五月十八日にはほぼ平生の服装に戻しているが、この短期間に代宗の葬儀を終えることはできない。そこで埋葬日である十月十三日に徳宗は再び喪服を着用して葬儀に臨み、終わればまた平生の服装に戻り、その後も本来の服期である三年間は心喪《しんそう》(心の中だけでの服喪)を続けている。長期にわたる礼制上の服喪と現実社会との折り合いをつけるのに、遺詔や「日を以て月に易える」、心喪といった手段が巧妙に用いられていたのである[金子主編 二〇一三]。

天皇の服喪

日本でもこの中国礼制の中核ともいえる服喪に無関心ではいられなかった。律令制定に際しては母法たる唐令にならって喪葬令《そうそうりょう》の篇目が設けられ、死者との関係性に応じた服期が規定された。中国では三年の父母への服喪を一年に短縮するなど、日本令では全体的に規模を縮小しているものの、国家の法として規定されることでその実現がはかられたことは、例えば正倉院文書に下級官人たちが休暇申請の理由として服闋《ぶっけつ》(喪明け)の斎食《さいじき》などを挙げていることからも確認できる。ただしこうした実例からは、令規定とは異なる短い服期とされたこともうかがえる。

奈良時代には、天皇(・太上天皇)や三后の死に際し、百官(役人)や天下に対して服喪を求めることも行われていた。一方で、故人の近親であるはずの天皇(・皇太子)自らが服喪した徴証は見出すことができない。中国皇帝は、傍系親族はともかく父母・祖父母の喪には庶人と同じように服したのであるが、奈良時代の天皇は父母や祖父母の喪にさえ服さなかったようだ。その理由は明確ではないが、おそらくは当時の天皇観――清浄を保つべき天皇を服喪というケガレから遠ざけたい――が影響しているものと推測される。

ところが桓武朝になると状況が一変する。七八一(天応元)年十二月二十三日に父の光仁太上天皇が没すると、桓武は天下に服喪を命じるが、「父母や君主のためには一年」という日本令の規定を超え、中国礼制にならって三年の服喪を希望するも、「政務は一日も欠かすべきでない」との臣下の諫言を受け、やむなく六カ月としたとの顚末が記録されている。しかし桓武はあきらめず、二十七日には服期を一年に延長するが、翌年七月二十九日になって公卿たちの要請で釈服《しゃくふく》(喪服を脱ぐ)とし、以後は心喪して一年の服期を終えている。

この時、桓武自身が服喪したか否かについては明証がなく、先行研究でも見解は分かれるが、服喪に対する桓武の並々ならぬ関心はうかがえるし、奈良時代までの服期が比較的短かったのに対し、当初は三年、譲歩して一年と、明らかに中国礼制へ近づこうという意識をみてとることができる。

令制の限界

桓武自らの服喪を史料的に証明するのは難しいが、八〇六(大同元)年に桓武が没すると皇太子は明確に喪服を着用しており(釈服後に即位、平城天皇)、以後、天皇の服喪は急速に定型化していく。天皇の喪服は錫紵《しゃくじょ》と表現されることが多いが、実は喪葬令には「およそ天皇は、本服二等以上の親の喪のために錫紵を服せ」という条文があり、これが天皇の喪服規定であるとすれば、令制定当初から天皇の服喪が想定されていたことになる。だが実際には天皇が服喪していないことは前述の通りである。

八七一(貞観十三)年に当時一流の学者たちが天皇服喪に関する喧々諤々《けんけんがくがく》の議論を行い、その中で本条文をめぐっても意見が戦わされたが、菅原道真らは「錫紵は弔問服であって喪服ではない」と主張している。このような議論からも、喪葬令の本条がそれまでまったく機能していなかったことは明らかであろう。中国礼制を令規定として継受していても、それが現実に機能したか否かは別問題なのである[稲田二〇一三]。

このようにみてくると、中国の服喪文化は唐律令を介して日本律令の中に制度として組み入れられたものの、現実に機能させるには様々な制約が存在したことがわかる。実際の服期が令規定に比べて大幅に短縮されたのもそうであるし、天皇自身の服喪はそもそも実行された形跡すらない。ところが桓武は一転して、令制を飛び越えて中国礼制を直接模倣するかたちで服喪を実現しようとしており、以後の天皇も令制を参照しつつ率先して服喪を実践していくのである。つまり、律令制導入に際して中国礼制の枠組みは導入されたとみることもできるが、それはあくまで外皮であって内実はともなっていなかったものが、平安初期になってようやくその理念が血肉化し、儀礼としての実現がはかられたのである。平安初期における唐風化の背景には、やはり奈良時代までとは次元の異なる中国礼制への理解増進があったとみるべきであろう。

奈良時代を通じてヤマト朝廷以来の有力氏族が没落し、平安時代になると代わって大学寮で学んだ文人貴族が台頭してくる。神話を用いて天皇支配を正当化する時代は終わり、新たに儒教思想にもとづき正当性を語る時代へと変化したことが指摘されるが[大隅 二〇〇六]、平安初期はまさに支配者層が全体として儒教思想を内面化しはじめた時期ということができよう。

3 唐風化の展開とその実像

ここまで桓武による唐風化の事例をみてきたが、その後の展開にも触れておきたい。あわせて「唐」の内実についても考えてみたい。

弘仁九年の改革

まずは、嵯峨《さが》天皇による唐風化政策として象徴的な八一八(弘仁九)年の改革について取り上げよう。この年、嵯峨の命によって「天下の儀式」や「男女の衣服」、「五位已上の位記《いき》」、宮中の殿舎・諸門の名号も、すべて唐風に改められた。また「百官の舞踏」(拝礼作法)の教習も開始された。拝礼作法は、従来の跪《ひざまず》いて行う跪礼《きれい》から立ったままお辞儀する立礼へと改められ、これも唐風への改定であった[西本 一九八七]。宮中諸門は従来の氏族名を冠した門号(建部《たけるべ》門・佐伯《さえき》門など)が唐風に改められ(待賢《たいけん》門・藻壁《そうへき》門など)、その門額は唐風の能書家として知られ三筆と称される空海・嵯峨天皇・橘逸勢によって書かれたという。

これらの改革は菅原清公《きよきみ(とも)》が主導したが、彼は紀伝道《きでんどう》(文章道《もんじょうどう》)の発展にともない開始された文章《もんじょう》生《しょう》試《し》の最初期の採用者で、八〇四(延暦二十三)年には遣唐使の一員として唐に渡り、のちには文章博士にも任じられた人物である。菅原道真は彼の孫に当たる。その清公が、同時代の唐朝廷を目の当たりにしたからこその改革で、衣装や作法、門額といった視覚的な変化は、内裏の風景を一変させたことであろう[西本 二〇一五]。

後宮の形成と唐風儀礼

平安初期には後宮《こうきゅう》においても唐風化が進んだ。君主の妻妾《さいしょう》が宮中の奥深くに集住し、皇后がその頂点に立ち妻妾や女官を掌握するという後宮制度は、中国においては儒教と結びついて古くから行われ、唐代に制度的に確立して『大唐開元礼』などの礼典に記録され、以後の王朝にも大きな影響を与えた

[保科 二〇二三]。一方、日本では中国的な後宮の成立は遅れる。日本ではもともと天皇(大王)の妻妾は内裏とは別の場所にそれぞれ宮を構えて居住しており、天皇と同居することも妻妾どうしで集住することもなかった。律令制の導入とともに妻妾の中から嫡妻としての皇后が成立したものの、ただちに後宮が形成されることもなく、光仁朝(七七〇〜七八一年)に皇后が内裏内に居住するようになってようやく後宮が形成されたとみられ[橋本 一九九五]、これにより後宮制度も導入が可能になったのである。

例えば、皇后受賀《じゅが》儀礼というものがある。『大唐開元礼』には皇后が元日や冬至に皇太子夫妻や群臣・外命婦《がいめいふ》などから賀を受ける儀式についての次第が示されているが、実は七五八(乾元元)年に粛宗《しゅくそう》の皇后張《ちょう》氏が冊立《さくりつ》されて以降、唐後半期には基本的に生前に皇后位を与えられる者はなく、空位状態が続いていた。そのため皇后受賀儀礼も、それを創始したとされる則天武后《そくてんぶこう》のあとは粛宗皇后張氏が三度実施したことが記録で確認できるのみで、以後は途絶してしまう[新城 一九九八]。

この儀式が日本に導入されたのは九世紀前半頃であったらしい。嵯峨天皇の皇后である橘嘉智子《かちこ》(八一五年立后)や、淳和天皇の皇后である正子《せいし》内親王(八二七年立后)の頃に、『大唐開元礼』を参考に整備されたことが指摘されている[栗林 一九九三]。しかし、皇后受賀儀礼が挙行されたことを史料的に確認できるのは、八二八〜八三二(天長五〜九)年の正月に正子内親王に対して行われた四度しかなく、日本の宮廷社会には根付くことなく早々に途絶したようである。途絶の理由としては、より私的な饗宴《きょうえん》である二宮大饗《にぐうのだいきょう》と呼ばれる儀礼に転換したとする見解[倉林 一九六五]、あるいは天皇との親子関係を重視した朝覲行幸《ちょうきんぎょうこう》に置き換わっていくとする見解などがあるが[栗林 一九九三]、より根本的には、儒教思想を背景とした理念——皇后と皇帝が一対の存在として天下の内外を分治する——を受け入れられなかったことにあろう。妻妾間の嫡庶も曖昧であった日本において、皇后による後宮支配は現実的ではなく、皇后受賀儀礼のように群臣・女性との君臣関係を再確認するような儀礼はなじまなかったのであろう。

唐風化の唐とは

郊祀も皇后受賀儀礼も、『大唐開元礼』にならい日本へ移植しようとし、実際に挙行までこぎつけたが、祭祀体系や後宮秩序など当時の日本の社会状況との齟齬が大きく、定着には至らず淘汰されていったものとみられる。この時期の唐風化は、例えば跪礼から立礼への変化、あるいは門号などのように、その後も長く定着していくものもある一方で、郊祀や皇后受賀儀礼のように一時的な受容にとどまるものも少なくなかったのである。

皇后受賀儀礼でもう一つ注目されるのは、日本における受容はあくまで礼典によるのであり、同時代の唐朝廷の現実ではないという点である。前述のように日本で導入が試みられた九世紀前半の段階で、唐ではすでに皇后不在が続いて久しく、皇后受賀儀礼も途絶していたが、日本の唐風化はそうした現実とは無関係に進められたのである。

西本昌弘氏は、桓武や嵯峨による唐風化推進の背景に、唐第二代皇帝である太宗(在位六二六～六四九年)の事跡を模範とする心情を読み取ることができると指摘する。舞楽や賦詩《ふし》を楽しむ内宴《ないえん》の創設、文章経国《もんじょうけいこく》思想の高まり、王羲之《おうぎし》の書跡の愛好、格式《きゃくしき》や氏族志《しぞくし》編纂などは、いずれも唐朝創業期の太宗朝を意識したものであるとする[西本 二〇一五]。八〇四年には遣唐使も派遣され、上述の菅原清公や空海、最澄、橘逸勢など、唐の学問や宗教・文化を実地に学び、最新の知識をもたらした人物が多くいることも確かだが、日本において目指された唐風化は必ずしも同時代の唐を意識したものとは限らず、理想とすべき時代や制度によることも少なくなかったのである。桓武が熱望した三年の服喪も、唐の現実とはまったく乖離していた。日本が追い求めたのは『大唐開元礼』などに結実した理念・理想としての中国礼制であり、現実の中国そのものではなかったという点は、実は前後の時代の文化移入のあり方とも共通する事象であるが、改めて注意しておきたい。

〈参考文献〉

稲田奈津子　二〇一三年「日本古代の服喪と喪葬令」（のち再録『日本古代の喪葬儀礼と律令制』吉川弘文館、二〇一五年）
江川式部　二〇一七年「国家祭祀と喪葬儀礼」（鈴木靖民ほか編『日本古代交流史入門』勉誠出版）
大隅清陽　二〇〇六年「礼と儒教思想」（のち再録『律令官制と礼秩序の研究』吉川弘文館、二〇一一年）
金子修一　一九八八年「唐代皇帝祭祀の二つの事例」（のち再録『古代中国と皇帝祭祀』汲古書院、二〇〇一年）
金子修一主編　二〇一三年『大唐元陵儀注新釈』（汲古書院）
倉林正次　一九六五年『饗宴の研究　儀礼編』（桜楓社）
栗林茂　一九九三年「皇后受賀儀礼の成立と展開」（『延喜式研究』八号）
河内春人　二〇〇〇年「日本古代における昊天祭祀の再検討」（『古代文化』五二巻一号）

新城理恵　一九九八年「唐代における国家儀礼と皇太后――皇后・皇太后受朝賀を中心に」(『社会文化史学』三九号)
高取正男　一九七九年『神道の成立』(平凡社選書)
瀧川政次郎　一九六七年「革命思想と長岡遷都」(『京制並に都城制の研究』角川書店)
中澤克昭　二〇一八年『肉食の社会史』(山川出版社)
西本昌弘　一九八七年「古礼からみた『内裏儀式』の成立」(のち再録『日本古代儀礼成立史の研究』塙書房、一九九七年)
西本昌弘　二〇一五年「「唐風文化」から「国風文化」へ」(『岩波講座日本歴史5』岩波書店)
橋本義則　一九九五年「「後宮」の成立――皇后の変貌と後宮の再編」(のち再録『古代宮都の内裏構造』吉川弘文館、二〇一一年)
服藤早苗　一九八七年「山陵祭祀より見た家の成立過程――天皇家の成立をめぐって」(のち再録『家成立史の研究――祖先祭祀・女・子ども』校倉書房、一九九一年)
保科季子　二〇二三年「導論　中国の後宮」(伴瀬明美ほか編『東アジアの後宮』勉誠出版)

17

摂政・関白と幼帝の登場

神谷 正昌

1 平安初期の皇位継承

皇統の分化と直系継承

平安時代の摂関政治については、政変で他氏族を排斥する一方、天皇家と外戚関係を結ぶことによって政権を掌握したというように、藤原氏を中心に語られることが多い。高校の日本史教科書も、そうした傾向で叙述されている。しかし、摂政・関白の創出には皇位継承が大きく関係している。

古く皇位継承は、有力な候補となる皇子が複数存在し、諸豪族も加わって激しい争いを繰り広げた。その最大の争乱である壬申の乱に勝利した天武天皇が即位すると、奈良時代にかけて、皇太子を定め草壁皇子・文武天皇・聖武天皇と天武系の直系継承が追求された。ただし、これも安定的な皇位継承には至らず、女帝の孝謙(称徳)天皇に皇嗣《こうし》がいなかったこともあり、行き詰まりをみせた。そこで、聖武天皇の娘の井上《いのえ》内親王を皇后とする光仁天皇を即位させ、そのあいだに生まれた他戸《おさべ》親王を皇太子とし、女性を介して聖武天皇の系統をつなげようとした。しかし、ほどなく井上皇后と他戸皇太子は廃され、桓武天皇が即位して皇統が天智天皇の系統に移行することになったのである。

　桓武天皇の皇太子には初め弟の早良親王が立ったが、七八五(延暦四)年の藤原種継暗殺事件で死に追いやられ、以後、桓武天皇皇子の平城天皇・嵯峨天皇・淳和天皇の三兄弟があいついで即位し、皇統が分化する様相を呈した。すなわち、三天皇が自己の系統に皇統をつなげていこうと競うようになり、まず平城天皇は弟の嵯峨天皇に譲位して皇子の高岳《たかおか》親王を皇太子とした。しかし、八一〇(弘仁元)年に、天皇と太上天皇(上皇)との矛盾・対立に起因した薬子の変(平城太上天皇の変)が起き、これに嵯峨天皇が勝利したことで高岳親王は廃太子となり、平城天皇系は皇統から外れることとなる。そして、新たな皇太子に淳和天皇が立てられた。その後、嵯峨天皇は弟の淳和天皇に譲位して皇子の仁明天皇を皇太子とし、淳和天皇は甥の仁明天皇に譲位して皇子の恒貞《つねさだ》親王を皇太子とするなど、嵯峨天皇系と淳和天皇系との両統迭立状態が出現したのである。このことは、嵯峨・仁明派と淳和・恒貞派のそれぞれの官人たちを巻き込んだ対立を招いたとされる。

　それが要因となって起こったのが、八四二(承和九)年の承和の変である。これは、嵯峨上皇が死去した二日後に、仁明天皇の廃位と恒貞親王の擁立の企てがあるとの密告がなされたもので、恒貞親王は皇太子を廃された。こうして、淳和天皇系も皇統から外れ、嵯峨天皇系に一本化されることになったが、この時期の皇位継承はしばしば廃太子をともなう不安定なものであった。そして、新たに仁明天皇の皇子で藤原良房の妹順子《じゅんし》の生んだ文徳天皇が皇太子に立てられたが、注目すべきは、仁明天皇が皇子の文徳天皇を資質においてふさわしくないとしたのに対し、諮問された議政官たちは嫡子を立てることが正統と主張したことである。もちろん儀礼的なやりとりであったが、皇位継承において資質・能力よりも血統を優先することになり、直系継承原理が確立したといえる[神谷 二〇〇二]。

女帝の終焉と幼帝の登場

直系継承原理を推し進めていくと、今日のように寿命の長くない古代において、父帝が若くして亡くなれば幼帝の即位は不可避となる。文徳天皇が八五八(天安二)年に三二歳で死去すると、最初の幼帝である九歳の清和天皇が即位したが、これは必然だったといえる。清和天皇の母后の藤原明子《あきらけいこ》は、良房と嵯峨天皇の娘源潔姫《きよひめ》とのあいだに生まれており、清和天皇は父方・母方ともに祖父母が嵯峨天皇と藤原冬嗣の子女であった。したがって、清和天皇は生まれながらに皇位にもっともふさわしかったのである。

ところで、さかのぼって草壁《くさかべ》皇子の死後、幼少の文武天皇が成長するまで祖母の持統天皇が即位し、文武天皇死後は、同じく幼少の聖武天皇が成長するまで祖母の元明天皇や伯母の元正天皇が即位した。すなわち、奈良時代までは幼帝ではなく女帝が即位しており、天皇としての政治的資質・能力が重視されていたのである。これに対し、承和の変以降は血統が優先されるようになったわけだが、幼帝の即位が可能になったのは、平安初期に天皇が直接国政を領導しなくても政務に支障をきたさない官僚機構の整備がなされ、成熟したからである。

一方、平安時代になると女帝が即位しなくなる。奈良時代までの女帝は、初例となる推古天皇から皇極(斉明)天皇・持統天皇・元明天皇がもともと皇后かそれに准ずる地位にあり、元正天皇・孝謙(称徳)天皇は不婚であった。中国では則天武后を唯一の例外として女帝は認められておらず、幼少の皇帝が即位した時は、母后が政務をみる皇太后臨朝《りんちょう》が行われていた。これに対し、日本では女帝が即位したのであり、これを日本型の皇太后臨朝ととらえることも可能である。

なお、女帝に即位できるのは当然ながら皇族である。ところが、聖武天皇の皇后にはじめて藤原氏出身の光明皇后が立てられて以降、光仁皇后に井上内親王、桓武皇后に藤原乙牟漏《おとむろ》、嵯峨皇后に橘嘉《か》智子《ちこ》、淳和皇后に正子《まさこ》内親王と、皇族皇后のみならず臣下皇后が増加していくのである。臣下皇后では女帝に即位することはできず、しかも正子内親王以後、しばらく皇后が立てられない時期が続く。このような皇族皇后から臣下皇后への移行が、女帝の終焉をもたらし、幼帝の出現をうながしたのである[仁藤 二〇一八]。

2 摂政の創出

太上天皇の不在と太政大臣

清和天皇が血筋のうえで正統であることは明らかだが、幼帝の初例ということもあり、兄の惟喬《これたか》親王との東宮争いなど反発があったことも事実である。ところで、前述したように、平安初期には平城天皇・嵯峨天皇・淳和天皇の三兄弟が、それぞれ弟・甥に譲位することによって自身の皇子を皇太子としており、各太上天皇が実子の皇太子の後見役となっていたことがわかる。また、のちのことであるが、清和天皇が九歳の皇子陽成天皇に譲位し外伯父の藤原基経を摂政とした時、基経の抗表(天皇から賜った特権を辞退する上表文)に、幼帝即位時には太上天皇がいれば臣下の摂政は必要なく、あるいは皇太后臨朝を行うとある。一般に薬子の変以後、太上天皇は権威・権力を後退させていったといわれるが、ここから幼帝を後見・擁護するのは太上天皇の役割だったと考えられる。ところが、承和の変直前の嵯峨上皇の死後、太上天皇不在の状態が続いていた。

これに対し、清和天皇の母明子、陽成天皇の母高子《たかいこ》(良房姪・基経妹)は幼帝と同居するなど、母后が影響力を増大させていった。ただし、これらは文徳天皇の母順子とあわせて臣下の母后だったのであり、皇太后臨朝は行われなかった。そこで、その権威を外戚が包摂していったと考えられる。良房・明子から中宮職・皇太后宮職と太政大臣直廬《じきろ》がともに職御曹司《しきのみぞうし》におかれ、后妃である娘・姉妹の内裏内直廬に父・兄弟の直廬が同居し、皇太后宮職に藤原氏の氏長者の大臣曹司の機能が付随するなど[岡村一九九六]、外戚が場を共有したことが母后の権威を包摂する要因となったのであろう。

注目されるのは、清和天皇が即位する前年、外祖父の良房が右大臣から太政大臣に昇任したことである。太政大臣は適任者がいなければおかなくてもいい「則闕《そっけつ》の官」とされ、これ以前には大友皇子・高市皇子といった皇族や、奈良時代には藤原仲麻呂が大師(太政大臣の唐名)、道鏡が太政大臣禅師となるなど特殊な臣下のみが生前に太政大臣に任じられ、あとは天皇の外祖父に死後に贈られるものだった。したがって、良房は生前に太政大臣に任じられた最初の臣下となる。これは時期を考慮するならば、近い将来に清和天皇が幼帝として即位することが予想される中で、不在の太上天皇に代わって幼帝の後見・擁護をするための措置と考えられる。律令(養老職員令《しきいんりょう》)では、太政大臣を「一人に師とし範として、四海に儀形たり」(天皇の道徳の師、四海の民の規範)と規定しているが、それが天皇の後見・擁護役にふさわしいとみなされたのであろう。無論、太上天皇と太政大臣の権能はまったく同じというわけではないが、のちに八八〇(元慶四)年に清和上皇が死去したのと同日に基経が太政大臣に任命されたことを考えると、太政大臣は太上天皇の役割の一部を担っていたとみてよい。こうして良房は、幼帝の清和天皇を後見・擁護したのであり、これを「人臣初の上皇」と評するむきもある[瀧浪 二〇一七]。ただし、律令によれば太政大臣に具体的な職掌はなく、そのため直接には政務に携われず[土田 一九六九]、それだけでは不十分だったのである。

幼帝と摂政

幼帝の清和天皇が即位することによって、良房がそれを代行する摂政となった。かつて摂関政治は天皇親政と対立的にとらえられ、藤原氏による権力簒奪とされていたが、近年では幼帝即位による政治的危機を回避し、安定的な皇位継承を可能としたものと評価されている[今 二〇一六]。

ところで、清和天皇が即位した時に、良房を摂政とする詔勅がくだされた形跡はない。幼帝のあいだも天皇の決裁を仰いだ奉勅官符が出されているので、良房が決裁を代行していたことは想定される[今 二〇〇九]。しかし、良房を摂政とする勅がくだったのは、八六六(貞観八)年の応天門の変に際してである。そこで、良房は清和天皇が即位した時に事実上の摂政となり、八六六年に正式に摂政に任命されたと一般に解釈されている。しかし、その二年前に清和天皇は一五歳となって元服を済ませており、天皇が成人したのちは摂政が任を解かれるという通念と齟齬することになる。これについては、良房は清和天皇の元服にともなっていったん摂政を辞退したが、応天門の変を処理するために改めて摂政とされたという見方もできる。ただし、良房が清和天皇の元服によって摂政を辞した形跡もなく、そもそもそれ以前に摂政とする命がくだっていなければ辞退することもない。また、八六六年の摂政任命が応天門の変の処理にあることは明白だが、それが一時的なものだったかは疑問があり、その権能は良房が死去する八七二(貞観十四)年まで続いた可能性もある。

史料の残存の問題もあるが、良房の摂政については不明確な点が多い。当初の良房から摂政の職掌はすでに固まっていたという見方もあるが[坂上 二〇〇三]、留意すべきはこれが摂政の初例であるということであろう。すなわち、これ以前に摂政という職位があってそれに良房を任じたのではなく、文徳天皇の外伯父、清和天皇の外祖父であり、藤原氏の氏長者で、廟堂の首班を長年つとめた特別な臣下である良房に、幼帝の王権代行という特別な資格を付与したものといえる。したがって、良房の摂政は、制度化・官職化された摂政ではなく、個人的な資格であり、天皇元服後に摂政に任じられるなどのちの摂政との不整合がみられるのはそれによるとみるべきである。その一方で、幼帝の外祖父など摂政として後世に理想視されたのも事実であろう[神谷 二〇〇九]。

八七六(貞観十八)年、二七歳となった清和天皇は陽成天皇に譲位し、基経を摂政とした。当時、基経は右大臣で上席に左大臣源融《とおる》がいたが、融は陽成天皇が退位する八八四(元慶八)年まで「門を杜《と》ざして出でず」とあり、基経は事実上の廟堂の首班であった。さて、清和上皇が基経を摂政とした詔に、幼帝がいまだ政務をみられないあいだは、良房が自分(清和天皇)を輔弼したようにせよとあり、摂政が幼帝の代行であるという認識がすでに成立していたことがわかる。また、幼帝即位時は太上天皇あるいは皇太后が輔弼すべきと基経の抗表にあることは前述したが、それにもかかわらず、基経が摂政とされていることは、たとえ上皇・皇太后が存在していても、摂政が幼帝の代行をすることを正当化したことになろう。なお、八八二(元慶六)年に陽成天皇が元服すると、基経は摂政の辞表を提出するが許されていない。これも、基経の摂政がまだ個人に付与された特別な資格であり、良房が清和天皇の元服後に摂政とされたこととあわせて、当初の摂政の権能は天皇が成人しても継続したと考えられるのである。

3 関白の創始

光孝天皇と奏下諮稟

八八四(元慶八)年、一七歳の陽成天皇は突然退位し、その大叔父にあたる五五歳の光孝天皇が即位した。陽成天皇がなぜ退位したのかは、宮中における格殺事件が関係しているとか、基経と母后の高子との対立による[角田 一九六八]など定かではないが、不測の事態であったことは確かである。そして、幼帝が二代続いたからといってそれがまだ正常な状態とされていたわけではなく、そこで長老である光孝天皇が皇位につくことになったのであろう。

さて、光孝天皇は太政大臣の職掌を諸道博士に諮問し、菅原道真以下六名がそれに答申している。直前に、基経に内裏での儀式の内弁(執行責任者)を行わせているが、本来ならばこれは太政大臣の職務ではなかった。そこで、基経はそれについて疑義を呈したと想定され、このような諮問がなされたのであろう。そしてその答申を受けて、八八四年六月にくだされたのが、天皇に奏上する文書や天皇からくだされる文書はあらかじめ基経に内覧・諮問せよという奏下諮稟《しりん》の詔である。ここで関白という語はみられないが、内容がのちの関白と一致することから、これを事実上の関白の創始とみなすのが定説である。この経緯をみると、太政大臣の職掌を明確化したものが関白であると受け取れなくもない。しかしもしそうならば、令制官たる太政大臣のみを任命すればいいのだが、別に関白ともされ、その時期にずれがあることからも、太政大臣と関白とは別と考えなければならない。そして、この詔の前半で基経を称揚しているところをみると、これも基経個人に与えられた資格とみなすべきであろう。すなわち、前天皇の摂政で太政大臣という特別な臣下である基経に、天皇代替わりによって何らかの待遇を与える必要が生じたのであり、関白は前摂政の優遇であって摂政から派生した資格といえよう［坂本一九九一］。

ただし、単なる優遇というわけでもない。承和の変以降、仁明天皇から文徳天皇・清和天皇・陽成天皇と直系継承が続いていたが、ここで仁明天皇皇子の光孝天皇が即位したことは、承和の変以前の状態への回帰とも受け取れよう。しかし、光孝天皇は即位直後に皇子女を源氏賜姓して臣籍に降しており、これは、自身の系統に皇位を継承しないことを表明したことになる。このように、光孝天皇は一代限りの可能性があったのであり、その皇位は不安定であった。そこで光孝天皇は、自らの皇位を正統化する必要があった。そうしたことから、おそらく光孝天皇の擁立に尽力したであろう摂政太政大臣の基経に、奏下諮稟の資格を与えることによって王権を擁護させたのである。

宇多天皇と関白

光孝天皇は八八七(仁和三)年に死去した。その前日、光孝天皇即位直後に臣籍降下されていた皇子の源定省《さだみ》が皇籍に復して親王となり、当日、皇太子となって即位したのが二一歳の宇多天皇である。当初、光孝天皇の系統に皇位は継承されないとみなされていたが、皇子の宇多天皇に皇統をつなげたのは光孝天皇自身の意志と考えられる。こうして、宇多天皇の即位は父帝と同じく予期せぬものだったのであり、しかもいったん臣籍に降った者の即位は異例で、その皇位はやはり不安定であった。そこで、宇多天皇も基経に、父光孝天皇が付与したのと同様の待遇を与えたのである。その詔において関白の語がはじめてみられることから、基経は光孝天皇から事実上の関白とされ、宇多天皇から正式に関白に任命されたとするのが一般的である。関白の職掌は成立当初から固まっていたとされるが[坂上一九九三]、光孝天皇の時は、基経はのちの関白であれば行わないはずのことをしており、のちに整えられていった可能性も考えられる[米田二〇〇六、神谷二〇一一]。

なお、宇多天皇が基経にくだした二度目の詔に「宜しく阿衡の任を以て卿の任とせよ」という文言があり、阿衡が身分の貴きを示すのみで具体的な職掌がなかったことから、基経は官奏をみなくなり政務が半年以上滞るという阿衡の紛議が起きたことは有名である。これは、外戚関係にない宇多天皇に対する基経の示威行為との見方が根強い。しかし、基経が自身の地位の厳密な明確化を求めたことにも起因していると考えられ、基経と宇多天皇とのあいだに深刻な対立があったかは疑問も残る。

このように、摂政経験者の優遇措置として関白は創始されたといえるが、文徳天皇の系統から皇統が移行し、光孝天皇の新皇統を擁護するために関白とされた面もうかがえる。そして、成立期の摂政・

関白はまだ制度化・官職化されたものではなく、文徳天皇の外伯父、清和天皇の外祖父、陽成天皇の外伯父という外戚で、藤原氏の氏長者で廟堂の首班を長年つとめてきた特別な臣下である良房・基経に、個人的に付与された資格であったといえよう。

4 天皇親政と摂関政治

天皇親政と藤原忠平政権

基経が八九一(寛平三)年に死去すると、宇多天皇は関白をおかずに親政を行った。従来、これは宇多天皇が阿衡の紛議にこりたためとみなされていたが、関白は摂政経験者の優遇だったため、基経の死によって該当者がいなくなったにすぎない。その後、宇多天皇は八九七(寛平九)年に皇子の醍醐天皇に譲位する。醍醐天皇といえば、延喜の治と呼ばれる天皇親政で有名だが、即位した時は一三歳にすぎず、摂政がおかれてもおかしくない年齢であった。しかし、即位の当日に元服しており摂政はおかれなかった。当初の摂政は、天皇の外戚で廟堂の首班、藤原氏の氏長者という要件を満たしていなければならなかったが、基経の子の藤原時平は廟堂の首班とはいえ大納言となったばかりで外戚ではなく、外祖父の藤原高藤《たかふじ》は中納言にすぎず嫡流ではなかった。そこで、実父である壮年の宇多上皇が醍醐天皇を後見・擁護したのである。ただし、道真が左遷された九〇一(昌泰四・延喜元)年の昌泰の変で、宇多上皇と醍醐天皇との関係に齟齬が生じたのである[今 二〇一三]。

その後、醍醐天皇を補佐したのは時平であり、二人は強い信頼関係で結ばれていた。しかし、時平は九〇九(延喜九)年に三九歳で亡くなり、藤原氏の嫡流は弟の藤原忠平に移る。一方、醍醐天皇の皇太子には基経の娘穏子《おんし》とのあいだに生まれた保明《やすあきら》親王が立てられたが、即位することなく二一歳で死去した。このように、天皇家も藤原氏も予定されていた系統に嫡流が受け継がれなかったのである。

そして九三〇(延長八)年、同じく穏子の生んだ朱雀天皇が即位した。朱雀天皇は八歳の幼帝で、醍醐天皇が死を前にしてやむなく譲位したことがうかがわれる。そこで、外伯父の忠平を摂政とし、約五〇年ぶりに摂政が再登場した。その後、朱雀天皇は一五歳で元服し、その四年後に忠平は関白に転じた。この治世を藤原忠平政権というが、幼帝を代行する摂政と成人天皇を補佐する関白という区別が明確化したこと、平安時代の政務に重要な意味をもつ儀式・故実が成立すること、そして、天皇家、外戚である摂関、これらとミウチ関係にある親王・賜姓源氏・藤原氏などの上流貴族集団が、相互依存の権力の環を形成して摂関政治を支える貴族連合体制が確立したことから、摂関政治成立の画期とされる[黒板 一九六九、橋本 一九七六]。ただし、忠平の関白は摂政経験者の優遇という基経の例を踏襲したにすぎないとも受け取れる。

その後、朱雀天皇には皇子が生まれず、九四六(天慶九)年に同母弟で二一歳の村上天皇に譲位したが、忠平の存命中三年間は関白を続けさせている。その死後は摂政経験者がおらず、村上天皇は関白をおかずに天暦の治と呼ばれる天皇親政を行ったが、それを支えたのは忠平の子の左大臣藤原実頼・右大臣藤原師輔兄弟であった。

摂政・関白の恒常化

この状況が大きく変わったのが、九六七(康保四)年、村上天皇が死去して皇子の冷泉天皇が即位してからである。冷泉天皇は一八歳の成人天皇であったが、精神・健康両面で問題があり、左大臣の実頼が関白となった。それまで基経・忠平の関白は、摂政経験者の優遇としてなったものだが、ここではじめて摂政未経験の関白がおかれたのであり、関白の必要性が高まり摂政から自立したと評価できよう。以後、摂政・関白、そして関白と職掌をほぼ同じくする内覧がつねにおかれるようになった。

なお、冷泉天皇は師輔の娘安子の所生であり、厳密には実頼は外戚ではなかった。それにもかかわらず実頼が関白となったのは、廟堂の首班で藤原氏の氏長者だったからである。良房・基経・忠平の摂政・関白は、外戚であり藤原氏の氏長者、廟堂の首班を兼ね備えた特別な臣下に与えられた資格だったが、ここにおいて外戚と廟堂の首班とが齟齬すると、廟堂の首班であることの方が優先されたことがわかる。二年後、冷泉天皇が一一歳の同母弟の円融天皇に譲位すると、実頼が摂政に転じたのも同様である。ただし、実頼が「揚名の関白」(名ばかりの関白)と自嘲するような不都合な状態が生じ、やがて外戚が天皇の後見・擁護として重視されるようになっていく。

この後、皇統は冷泉天皇系と円融天皇系との両統迭立状態となるが、摂政・関白は機械的に任命されるのではなく、その時々の事情によっておかれていくのである。

〈参考文献〉

岡村幸子　一九九六年「職御曹司について——中宮庁職と公卿直廬」(『日本歴史』五八二号)

神谷正昌 二〇〇二年「承和の変と応天門の変——平安初期の王権形成」（『史学雑誌』一一一編一一号）
神谷正昌 二〇〇九年「摂関政治の諸段階」（『国史学』一九七号）
神谷正昌 二〇一一年「阿衡の紛議と藤原基経の関白」（『続日本紀研究』三九三号）
黒板伸夫 一九六九年「藤原忠平政権に対する一考察」（のち再録『摂関時代史論集』吉川弘文館、一九八〇年）
今正秀 二〇〇九年「摂政制成立再考」（『国史学』一九七号）
今正秀 二〇一三年『敗者の日本史3 摂関政治と菅原道真』（吉川弘文館）
今正秀 二〇一六年「摂関期の政治と国家」（『歴史学研究』九五〇号）
坂上康俊 一九九三年「関白の成立過程」（笹山晴生先生還暦記念会編『日本律令制論集 下』吉川弘文館）
坂上康俊 二〇〇三年「初期の摂政・関白について」（笹山晴生編『日本律令制の展開』吉川弘文館）
坂本賞三 一九九一年「関白の創始」（『神戸学院大学人文学部紀要』三号）
瀧浪貞子 二〇一七年『藤原良房・基経——藤氏のはじめて摂政・関白したまう』（ミネルヴァ書房）
土田直鎮 一九六九年「類聚三代格所収官符の上卿」（のち再録『奈良平安時代史研究』吉川弘文館、一九九二年）
角田文衛 一九六八年「陽成天皇の退位」（のち再録『王朝の映像——平安時代史の研究』東京堂出版、一九七〇年）
仁藤智子 二〇一八年「女帝の終焉——井上・酒人・朝原三代と皇位継承」（『日本歴史』八三七号）
橋本義彦 一九七六年「貴族政権の政治構造」（のち再録『平安貴族』平凡社、一九八六年）
米田雄介 二〇〇六年「太政大臣の系譜——摂関制の成立」（『摂関制の成立と展開』吉川弘文館）

18

摂関期の政務

黒須　友里江

はじめに

摂関期の政務としてもっともよく知られているのは、教科書等に登場することが多い「陣定《じんのさだめ》」ではないだろうか。陣定は国家の重要案件について公卿が一人ひとり意見を述べ、その内容を奏上して天皇の判断材料とするもので、非常に大切な政務ではあるが、これは摂関期の政務のごく一部にすぎない。平安時代の政務は、天皇や大臣、大・中納言が庶政を審議・決裁する「政《せい》」、公卿などが意見を具申する「定《さだめ》」に大別され［橋本義彦 一九七六］、摂関期には両者が一連の政務処理過程を構成していた［曽我 一九八七］。陣定は「定」の一形態であるが、「政」「定」の全体をみなければ摂関期の政務を理解することはできない。

また、摂関期の政務を考える際には、それらが行われる場にとくに注意する必要がある。陣定を例にとれば、その名称は内裏《だいり》の左近衛陣《さこのえのじん》で行われる定であることに由来するが、左近衛陣はその名のとおり本来は左近衛府が陣を張る場所であった。このように、摂関期の政務は本来の場の用法と行われる政務が食い違っている場合が多い。したがってここでは、奈良時代からの政務の場の変遷を概観したうえで具体的な政務の仕組みを紹介していきたい。

1 政務の場の変遷

大内裏(図1)のうちおもな政務の場としてもともと設定されていたのは、朝堂院《ちょうどういん》と曹司であった。八世紀には原則として毎日天皇が朝堂院の正殿である大極殿《だいごくでん》に出御し(実際に毎日出御していたかどうかには議論がある)、官人は大極殿前の空間に配置された一二の堂のうち各官司に割り当てられた場所で執務した。これを朝政というが、朝政が終了すると官人は各官司の曹司に移って執務を続けた。ところが長岡京遷都後、政務の場に変化が生じる。七九二(延暦十一)年、一部の上層官人について朝座(朝堂の座)に加えて内裏(図2)に祗候した日も勤務日として計上することとされた。すなわち、朝堂だけでなく内裏も政務の場として公認されたのである。このあと、天皇が大極殿に出御するのは国家的儀式の時に限られていき、日常の政務は内裏の正殿である紫宸殿《ししんでん》で執るようになっていった[古瀬 一九八四]。変化はこれだけにとどまらず、仁明天皇(在位八三三〜八五〇)までは天皇は日常的に紫宸殿に出御して政務を執っていたものの、文徳天皇(在位八五〇〜八五八)は紫宸殿に出御しなかった。その後、天皇が紫宸殿に出御しないことが恒例化し、さらに宇多天皇(在位八八七〜八九七)以降は清涼殿《せいりょうでん》が天皇の生

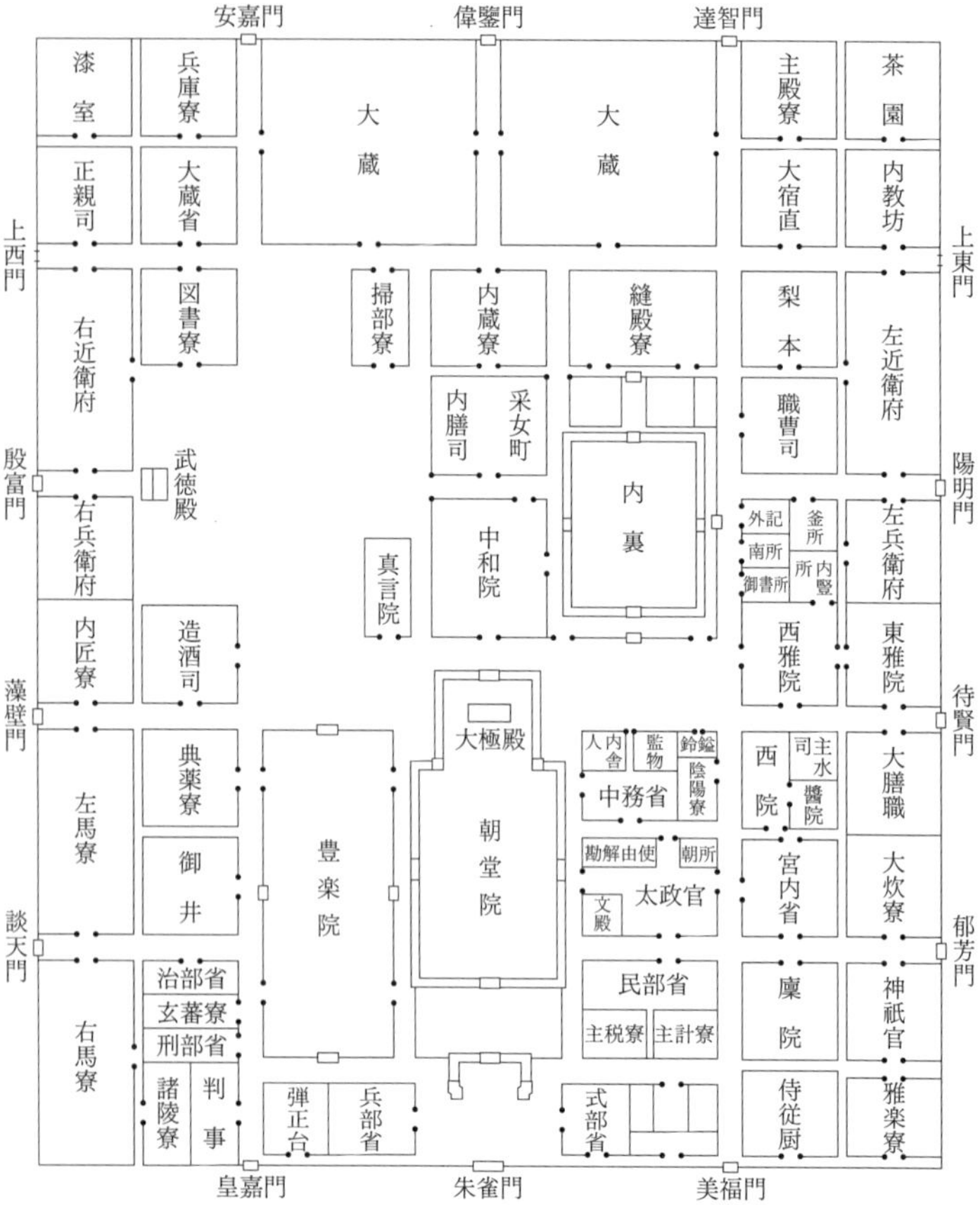

図1　平安京大内裏図（『平安京提要』より作成）

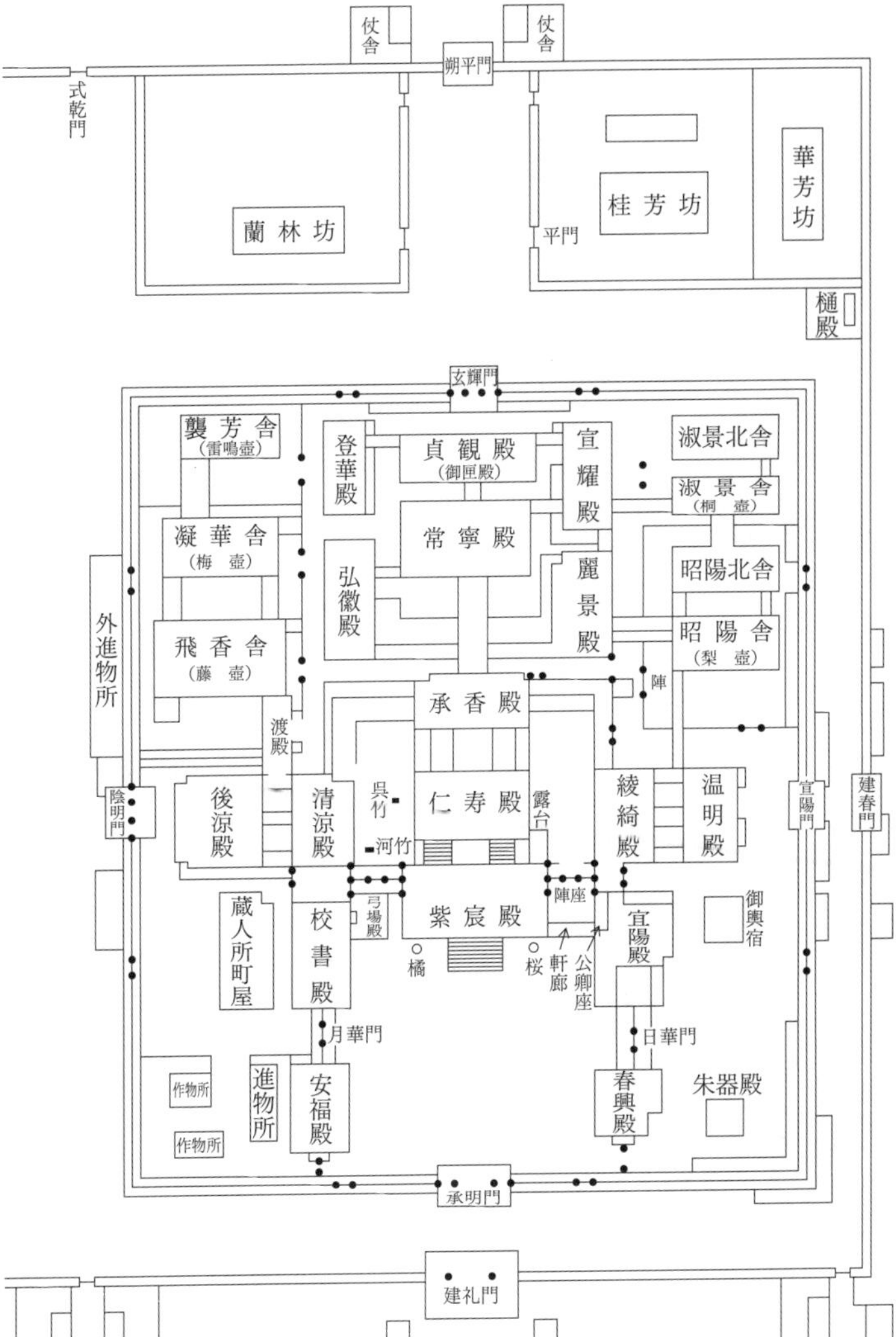

図2　平安宮内裏図(『平安京提要』より作成)

活の場と政務の場を兼ねるようになった[古瀬 一九八六、神谷 一九九〇]。天皇の政務の場は、八・九世紀を通じて大極殿→紫宸殿→清涼殿と移っていったのである。

以上のような天皇の政務の場の変遷にともない、官人の政務の場も変化した。行政機構の最高機関である太政官については、大内裏の中には太政官の政務の場として太政官曹司(庁)が存在したが、九世紀になると内裏に近い太政官候庁(=外記《げき》庁、内裏の東門である建春門の向かい)でも政務が行われるようになり、やがて主たる政務の場となっていった。さらに十世紀になると、内裏の中にも太政官の政務の場が設定される。それが紫宸殿と宜陽殿《ぎようでん》などを結ぶ廊にある左近衛陣であり、陣座《じんのざ》(仗座)と呼ばれ、摂関期には太政官の重要な政務の場となったのである。

2 「政」の仕組み

前述のとおり、太政官は行政機構の最高機関である。太政官で扱われるのは、諸司諸国での審議を経たうえで上申すべきと判断された案件、あるいは重要であるため太政官で扱うことが決まっている案件で、解《げ》(上下関係にある官司どうしで下から上に伝達される文書の形式)の形で上申された。それらは①弁官局、②公卿、③天皇の三段階で審議・決裁を受ける。少し詳しく説明するとつぎのようになる。

①太政官に持ち込まれる案件は、原則としてすべて事務部局である弁官局がまず受け付ける。弁官局には左右それぞれ大弁・中弁・少弁の正員六名と権官一名(権左中弁であることが多い)、計七名の弁官がいて、持ち込まれた案件は彼らによって整理・審議される。その結果、弁官による決裁を受ける

ものもあれば、さらに上申されるものもある。八省以下の役所と異なり弁官局はあらゆる種類の事柄を扱うため、弁官にはとくに高い実務能力が求められた。②大臣(太政大臣・左右大臣・内大臣)、大納言、中納言、参議は公卿あるいは議政官と呼ばれ、国政に関与することができる最上位の貴族集団である(参議は担当できる事柄が限られているため、公卿に含まれない場合もある)。彼らは合議を行ったり、個人で政務や儀式の上卿《しょうけい》(責任者)をつとめたりすることで国政を動かしていた。公卿は弁官から上申された案件を審議し、決裁、あるいはさらなる上申を決定する。③天皇への上申は「奏」(奏上、奏聞なども)といい、これが政務処理の手続きの最上位に当たる。

つづいて、政務処理の具体的な方法をみていこう。古代国家において、政務を含むあらゆる行事は定められた形式で行われ、平安時代にはそれら儀式の次第・作法をまとめた「儀式書」がつくられるようになった。主要なものとして、官撰の『内裏儀式』(平安初期成立)・『内裏式』(八二一〈弘仁十二〉年成立)・『儀式』(貞観年間〈八五九〜八七七年〉成立か)、私撰の『西宮記《さいきゅうき》』(源高明《たかあきら》著)・『北山抄《ほくざんしょう》』(藤原公任《きんとう》著)・『江家次第《ごうけしだい》』(大江匡房《まさふさ》著)が挙げられる。②公卿による審議、③奏上についても、儀式書によって具体的な方法を知ることができる。

庁申文・南所申文・陣申文

外記庁で行われる太政官の政務を「外記政《げきせい》」といい、八二二(弘仁十三)年に確立した〔橋本義則 一九八一〕。外記政は公卿が弁官からの上申を受ける「庁申文《ちょうのもうしぶみ》」(これが②公卿による審議に当たる)と太政官の公印(外印《げいん》)を文書に押捺する「外印請印《しょういん》」からなっている。また、外記庁の南にある侍従所(南《なん》所《しょ》)で行われる公卿の審議「南所申文」もセットで行われた。このように一つの儀式が複数の手続きで構成されていることは珍しくない。庁申文では、参集した公卿のうち最上位の者が上卿(日上《ひのしょう》)として弁官からの上申を受ける。上申は弁官が用意した文書(申文)に書かれた案件を弁官の下僚である史が一つひとつ読み上げるかたちでなされ、それぞれについて上卿が口頭で決裁する。つづいて外印請印が行われ、その後外記政の出席者は南所へ移動する。南所でも弁官からの上申が行われるが、その方法は庁申文とは異なり、史が文書を上卿に渡し、上卿は文書に書かれた案件を黙読し、返却して判断(決裁、ほかの上卿や官司への移管、後述する陣申文《じんのもうしぶみ》で再度審議、奏上など)を伝える。その後、出席者は食事をとる。以上が一連の手続きである。

これとは別に、十世紀には申文は陣座でも行われるようになって「陣申文」と呼ばれた。これには上卿と大弁(弁官のトップ)と史が出席し、史が文書を上卿に渡し、上卿は文書に書かれた案件を黙読し、返却して判断(決裁、奏上など)を伝える。

以上のうち、摂関期の公卿による審議として実質的に機能していたのは南所申文と陣申文だが、南所申文は大・中納言、陣申文は大臣が上卿をつとめることになっており、陣申文の方が上位に位置づけられていた。『西宮記』『北山抄』には南所申文・陣申文それぞれに付議すべき事項が、上卿が決裁するもの・奏上が必要なものに分けて列挙されており[曽我 一九八七]、両者が異なるレベルの審議として使い分けられていたことがわかる。

『北山抄』を例にとれば、陣申文に付議したうえで奏上すべき事項は恩詔による賑給《しんごう》(高齢者や病人などに稲穀・布などを支給すること)・不堪佃田《ふかんでんでん》(耕作不能の田の認定)・唐人来着など一五項目、陣申文に付議し上卿が決裁する事項は大粮《だいろう》(衛士・仕丁らに支給される食料)の国充《くにあて》(国々に負担させること)・弁と史を所々の別当とすること・調使の違期など一三項目、南所申文に付議したうえで奏上すべき事項は減省《げんせい》(正税出挙数の引下げ)・不動倉(諸国の正倉で満倉となりカギが中央に進上された倉)の開用・郡司の大少領の欠員など三九項目、南所申文に付議し上卿が決裁する事項は交替実録帳・不与解由状《ふよげゆじょう》・諸社の禰宜《ねぎ》や祝《はふり》の任命など四一項目が挙げられている。『北山抄』の時代には内実がともなわなかったと思われる項目もあるが、ここに挙げられているのは処理のパターンが決まっている項目であり、当然ながら実際にはこれら以外の案件も扱われる。また、陣申文では、陣申文に付議すべき事項のほか、南所申文においてさらなる審議が必要と判断された案件が扱われた。南所申文・陣申文において中央・地方の行政に関わる多様な案件が処理されたことがうかがえるだろう。

なお、摂関期には特定の案件(急を要するもの・大宰府や陸奥からの解など)が公卿の審議を経ずに摂政・関白によって処理される事例がみられる。摂政・関白は時にほかの公卿を大きく超えた力で政務処理に関与することができたのである[黒須 二〇一六]。

官奏

南所申文や陣申文において上卿が奏上すべきと判断した案件については、「官奏《かんそう》」という方法で天皇に奏上(前述の③)された。そのおもな場となるのが陣座と清涼殿(**図3**)である。廊を隔てて紫宸殿の北西に位置する清涼殿は天皇の居所でもあるが、中庭に面した東側には昼御座《ひのおまし》が設けられ、天皇はここに出御して政務を執った。上卿(大臣がつとめる)は、弁官が準備した奏上する文書を陣座で確認したの

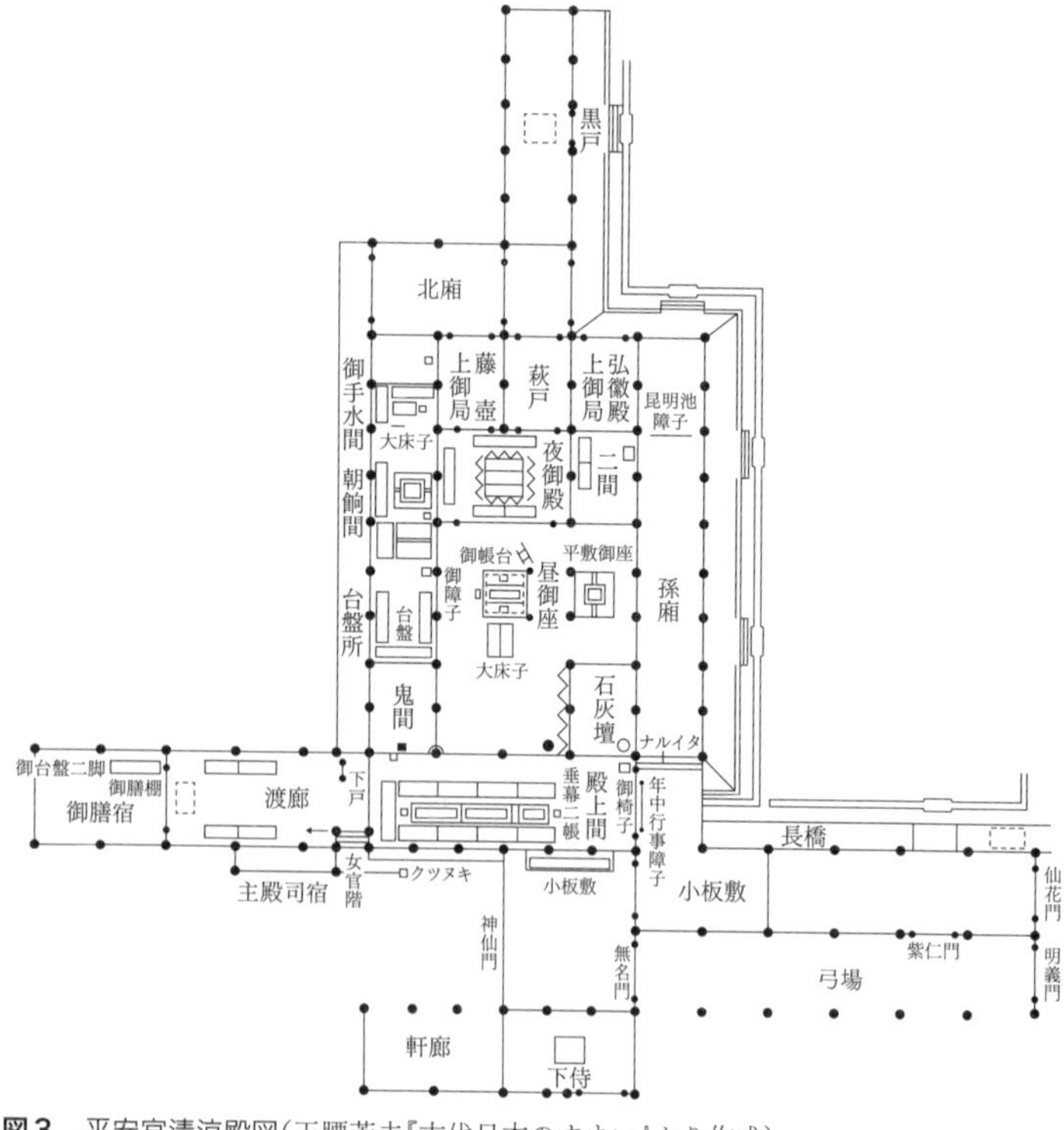

図3　平安宮清涼殿図(玉腰芳夫『古代日本のすまい』より作成)

ち、紫宸殿西側の弓場《ゆば》へ移動し、殿上間《てんじょうのま》を経て清涼殿東側の孫廂の座に着き、天皇へ文書を差し出す。天皇は文書を開いて黙読し、上卿にまとめて返却する。つづいて、上卿が事書《ことがき》(文書のタイトル)を読み上げ天皇が指示を与えることを一通ずつ繰り返す。それが終わると上卿は陣座に戻り、一通ずつ史に渡し、天皇から受けた指示を伝える。なお、関白がおかれている場合は、上卿は文書を確認したのち、関白に内覧してから清涼殿に向かう。摂政がおかれている場合は上卿はおらず、大弁と奏上を担当する弁官が文書を確認したのち、奏上を担当する弁と史が摂政のもとへおもむき、文書を差し出して指示を受ける。太政官からの奏上は、本来は大納言あるいは少納言が天皇の前に進み出て口頭で行った(この政務を太政官奏という)が、貞観年間になると、本節で述べた官奏のかたちが主流となっていく〔岡村 一九九九〕。

陣定

「政」のみでは処理できない案件については、「定」が行われた。これには陣定のほか、天皇の前で行われる御前定、殿上間で行われる殿上定といった方法もあるが、摂関期にもっとも多く行われた陣定をみていきたい。陣定は天皇の要請により開催され、天皇の意を受けた大臣が日程を決めて公卿を召集する。当日、大臣以下が陣座に集まり(ただし、必ずしも全員が集まるわけではなく人数はまちまちである)、関係文書が読み上げられる。そのうえで、末席の者から順に意見を述べていき、参議を兼ねる大弁が記録する。全員が意見を述べると、それを記録した文書(定文《さだめぶみ》)を奏上する。

「定」というと何かを決定するというイメージを抱いてしまうが、個人が意見を述べることが「定め申す」ことであり、陣定では意見を統一することなくそれぞれの述べた意見が列挙された定文が奏上され、これをもとに天皇が判断をくだしたのである。また、末席の者から意見を述べるという仕組みは、上席の者に遠慮せず意見を言えるようにする効果があったと考えられ、公卿一人ひとりの発言が尊重された。

陣定の議題としては、諸国の受領からのおもに租税納入に関する申請(諸国申請雑事《しょこくしんせいぞうじ》と呼ばれる)や外交事案(異国人の来着など)が多くみられる。また、受領の任期中の成績を判定する受領功過定《ずりょうこうかさだめ》も陣定で行われたが、これは例外的に一致した結論が得られるまで議論された［以上、大津 一九九五］。なお、陣定の成立時期としては様々な見解（近年の研究を挙げれば、元慶年間〈八七七〜八五年〉初め以前［川尻 二〇一四］、十世紀前葉［吉江 二〇二〇］など）が提示されていて、定説をみるには至っていない。

3 命令の伝達

太政官からくだされる命令は、基本的に太政官符や宣旨のかたちで伝達された。符は上下関係にある官司どうしで上から下に伝達される文書の形式で、太政官が発給するものを太政官符（官符）という。宣旨は上位の者の命（宣）を下位の者が受けて文書化したものである。太政官符にしても宣旨にしても、天皇の命を受けている場合は天皇の命（勅）を上卿が奉じ、その命（宣）を弁官が奉じて文書を作成する。天皇の命を受けていない場合は、上卿の命を弁官が奉じて文書を作成する。これらを諸司諸国に宛てて発給するが、公式令に規定された文書である太政官符の場合、諸国に宛てるものには内印《ないいん》（「天皇御璽」の印）を、中央官司に宛てるものには外印を捺すことが必要であった。これらを捺す政務を「請印」といい、外印請印は前出のとおり外記政の中で、内印請印は紫宸殿や陣座において、それぞれ上卿のもとで行われた。対して宣旨は請印の必要がなく、発給手続きが比較的簡便であった。諸司諸国が解のかたちで太政官に上申した案件は、中文の上卿をつとめた公卿もしくは天皇の決裁を受け、その内容が太政官符や宣旨のかたちで伝達されるのである（**図4**）。

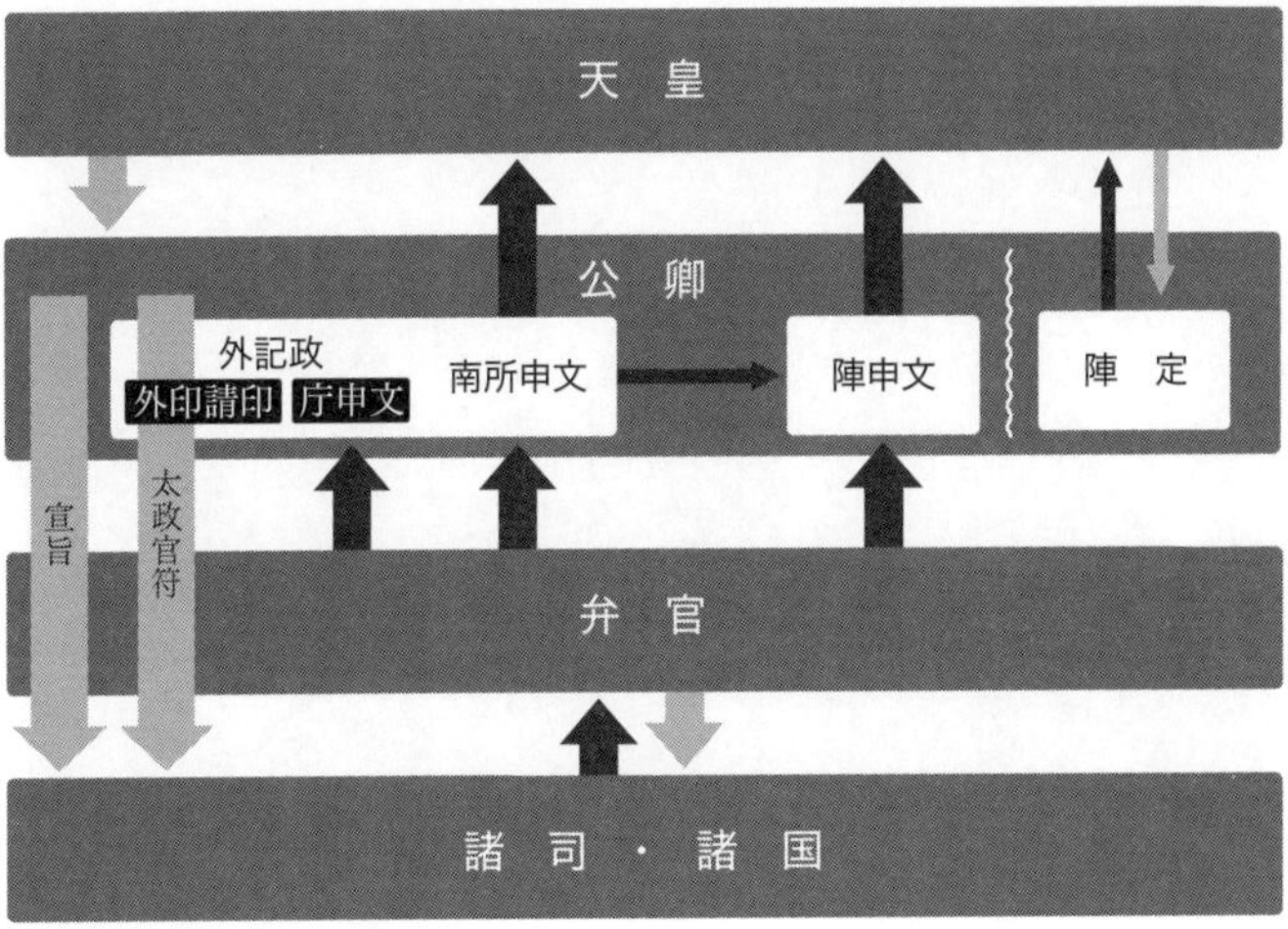

図4　摂関期の政務模式図

4　摂関期の政務の特徴

「政」「定」からなる摂関期の太政官の政務をみていくと、場や形式は八世紀とは異なっているものの、天皇を頂点として政務が構成されていることは変わらないことがわかる。「政」の最上位の手続きとして判断をくだすのは天皇であり、「定」で奏上された意見をふまえて判断をくだすのも天皇であった。摂政・関白はその枠組みの中に存在するのである。

　摂関期の政務の特徴としてもう一点述べておかなければならないのが、その構造である。2節において、摂関期には「政」の政務処理過程として南所申文・陣申文→官奏というルートが機能していたことを述べたが、これらの政務は文書そのものをやりとりするという点で共通した構造をもっていた。対して庁申文は、文書を読み上げるかたちで行われた。庁申文や大納言・少納言による太政官奏のような政務のかたちは研究用語では「読申《どくしん》公文《くもん》」と呼ばれ、その場では文書のやりとりをせずに口頭で決裁を仰ぐ、奈良時代あるいはそれ以前に系譜をもつ古い政務のかたちである。一方、南所申文・陣申文や官奏のような政務のかたちは「申文刺文《しんぶんしぶん》」と呼ばれ、文刺《ふざし》(書杖・文挟《ふばさみ》・文夾などとも)という先端に文書を挟むことができる杖を用いて文書を差し出して決裁を仰ぐ、比較的新しい政務のかたちである。「申文刺文」が登場した時期ははっきりしないものの、九世紀に入ると文書行政の進展により「読申公文」から「申文刺文」に政務全体の重心が移っていき、「読申公文」の政務は儀礼的なものになっていく。この変化は政務構造の根本的な転換であった[以上、吉川 一九九四]。

このように摂関期において庁申文は儀礼的意味合いの強い古いかたちの政務であったが、儀礼的であることと必要とされないことはイコールではない。むしろ、儀礼的なものも含めて摂関期の政務ととらえるべきで、庁申文を含む外記政は十世紀までは励行されるべきものと認識されていた[志村 二〇二一]。外記政の開催記録からは、十世紀後半に回数が減っていき、十一世紀初頭には開催されないことが問題視されなくなるという推移がわかる[藤原 一九九五]。さらにいえば、外記政より前から行われていた太政官庁における「官政」も、式日(開催するよう定められた日)を設けて十世紀半ばまで行われていた[志村 二〇二一]。政務の変化が漸次的なものであったことは、古いかたちの政務である外記政と新しいかたちの政務である南所申文がセットで運用されていたことにも端的に表れている。この過渡期的様相が摂関期の政務の特徴であり、摂関期の中でも政務のあり方は刻々と変化していたのである。

〈参考文献〉

大津透　一九九五年「摂関期の陣定――基礎的考察」(『山梨大学教育学部研究報告　第一分冊　人文社会科学系』四六号)
岡村幸子　一九九九年「官奏の系譜」(『史学雑誌』一〇八編一二号)
神谷正昌　一九九〇年「九世紀の儀式と天皇」(のち再録『平安宮廷の儀式と天皇』同成社、二〇一六年)
川尻秋生　二〇一四年「陣定の成立」(吉村武彦編『日本古代の国家と王権・社会』塙書房)
黒須友里江　二〇一六年「摂政・関白と太政官政務――解の決裁について」(大津透編『摂関期の国家と社会』山川出版社)
志村佳名子　二〇二一年「太政官政務儀礼の形成と展開」(『歴史学研究』一〇一五号)
曽我良成　一九八七年「王朝国家期における太政官政務処理手続について――庁申文・南所申文・陣申文」(のち改題「太政官政務の処理手続――庁申文、南所申文、陣申文」『王朝国家政務の研究』吉川弘文館、二〇一二年)
橋本義則　一九八一年「「外記政」の成立――都城と儀式」(のち改題「「外記政」の成立」『平安宮成立史の研究』塙書房、一九九五年)
橋本義彦　一九七六年「貴族政権の政治構造」(のち再録『平安貴族』平凡社、一九八六年)
藤原秀之　一九九五年「外記政の衰退について」(『日本歴史』五六九号)
古瀬奈津子　一九八四年「宮の構造と政務運営法――内裏・朝堂院分離に関する一考察」(のち再録『日本古代王権と儀式』吉川弘文館、一九九八年)
古瀬奈津子　一九八六年「平安時代の「儀式」と天皇」(のち再録『日本古代王権と儀式』吉川弘文館、一

九九八年）
吉江崇　二〇二〇年「陣定の成立に見る公卿議定の変容」（『ヒストリア』二七八号）
吉川真司　一九九四年「申文刺文考――太政官政務体系の再編成について」（のち再録『律令官僚制の研究』塙書房、一九九八年）

19
受領の支配と貢納

三谷　芳幸

はじめに

平安中期あるいは摂関期は、ほぼ十・十一世紀に当たる。この時期、徴税を中心とする地方支配の担い手となったのが、各国で首席国司の地位にあった受領である。「受領の時代」と呼ばれることもあるように、平安中期の国家・社会は、受領という地方官の活躍がなければ、円滑に動かなかったといっても過言ではない。

高校の教科書でも、受領による地方支配のことは描かれてきたが、最新の山川出版社の教科書『詳説日本史』(日探二〇二三)と、一九八〇年代半ばの同書を比べてみると、いくつかの点で注目すべき違いがみられる。第一に、最新版には、八〇年代版にはなかった「負名」「官物」「臨時雑役」という言葉がみえ、いわゆる負名体制を軸とした徴税システムのことが記されている。第二に、最新版では、八〇年代版にはなかった話として、国務にあずかる郎等・郡司のことが取り上げられ、受領による人員編成と国衙運営の問題に関心が向けられている。第三に、最新版には、受領が強力な徴税を実現して「国家の財政を支えた」という記述があり、八〇年代版と異なって、国家財政に占める受領の役割の大きさが明確にされている。

いずれも、八〇年代半ばから研究が大きく進んだ点であり、その進展に導かれて、八〇年代版から最新版への変化が生じたと考えられる。現在の教科書には、ここ四〇年ほどの受領研究の精髄が、たしかに反映されているといってよいだろう。以下、右の三点、すなわち①負名体制による徴税、②国衙機構と人員編成、③国家財政との関わりを中心に、教科書記述の背景にある近年の研究成果を整理してみたい。そして、③に関連する重要な論点として、④天皇・公卿による受領統制の問題にも触れておきたい。

1　負名体制による徴税

「名」と官物・臨時雑役

籍帳と在地首長制に支えられた律令制の徴税システムが機能しなくなり、十世紀前半に受領は新たな徴税システムを創出する。その中核をなしたのが負名体制である。郡司＝在地首長に頼ることなく、受領が百姓を負名＝納税責任者として直接掌握し、彼らに割りあてた「名」を単位に、租税を徴収することにしたものである［坂上一九八五］。

負名に充てられたのは「堪百姓《かんびゃくしょう》」、すなわち税負担に堪える有力百姓であった。九世紀後半の地方では、研究用語で富豪層と呼ばれる有力百姓が、院宮王臣家と呼ばれる中央の権勢者と結びつき、その威を借りて、徴税などの国務執行に抵抗する動きが広がっていた。こうした富豪層を、受領の力によって国衙の側に取り込み、負名にして納税を請け負わせることに成功したのが、負名体制であったと理解することができる。負名に割りあてられた「名」という納税単位は、課税対象となる田地のまとまりで、数町から一〇町程度の規模が多かったらしく、田地に着目した場合は「負田」とも呼ばれた。負名に指名された百姓は、田地経営に長けた田堵であり、その経営能力に依拠して、確実な租税徴収をはかるようになったのである。

この負名体制のもとで、官物と臨時雑役という二種類の租税が徴収されることになる[勝山 一九九五]。官物は、律令制下の租・地子・出挙利稲など、田地の生産物からなる諸税目を総称したもので、田率賦課による収取、すなわち田地の面積に応じて徴収される租税であった。一方、臨時雑役は、律令制下の調・庸・交易雑物・雑徭などを総称したもので、十世紀前半には人別に賦課されることも多かったらしい。ところが、十世紀後半には、臨時雑役として収取されていた諸税目が、しだいに田率賦課に移行していき、官物との区別が不明瞭になってくる。その結果、十世紀末から十一世紀初め頃に、それまでの官物と臨時雑役が再編され、新たな段階の官物が成立することになる。

従来の官物は、区別された諸税目の総称であったが、新たな官物は、租・調・庸・交易雑物などを統合した単一の税目であり、ここに律令制以来の税目の区別は解消されることになった。収取される品目は、米・穎・絹・布など現物貨幣として機能するものが基本で、官物率法という国ごとの賦課基準(税率)にしたがって徴収された。こうした変化にともなって、臨時雑役も力役系の賦課を継承する単一の税目となり、官物との二本立てによる税制が最終的に確立するのであろう。田率賦課の租税を負名から徴収する体制は、以上のようにして実質化していったとみられる。

検田と収納

籍帳にもとづく人別賦課を放棄し、全面的に田率賦課に移行したのであるから、負名体制の徴税システムにおいては、田地の把握がきわめて重要な課題となる。そのため、とくに十世紀後半から、田地調査である検田が強化されていく[佐藤 二〇〇一]。

検田は、四年任期である受領の初任年に実施されるのが一般的であった。実施にあたって受領は、自身の従者である郎等などを検田使に任じ、国衙からそれぞれの郡に派遣した。責任者としての検田使には書記役としての書生《しょしょう》が同行し、現地の郡司を加えて、実施組織としての検田所が設けられた。各郡の検田では、条里制の区画にしたがって、田地の面積(田数)や耕作・収穫状況、耕作者(作人)などが調査されたようで、その結果が馬上帳・検田目録という帳簿に記録された。馬上帳は、右の調査内容をそのまま詳細に記した帳簿で、その名称は、検田使が馬に乗って調査したことに由来する。一方、検田目録は、馬上帳に記載された数値のみを集計し、統計的帳簿にまとめたものとみられる。こうした郡ごとの検田帳によって、課税対象となる田地＝公田は把握されたのである。

この検田をふまえて、おそらく「名」を構成する負田も確定され、その田数を前提として、毎年の収納すなわち租税徴収が行われた。収納にあたっては、検田と同じように、郎等などを任じた収納使が郡または郷に派遣され、書生と郡司・郷司を加えて、現地の実施組織である収納所が設けられた。収納所は、負名を相手として、租税が進納されたか未納であるかをチェックし(進未沙汰という)、未納であれば督促をして、それぞれの「名」から所定額の税物を収取することにつとめた。この時、「名」ごとに負名が作成した納税決算書、いわゆる負田結解《けちげ》(名結解)が資料として参照されたらしい。そして、その年の収納が終わると、収納所は、郡・郷全体の収税決算書となる結解を作成し、それを国衙の税《さい》所《しょ》に提出して、上位のチェック(郡・郷を対象とした進未沙汰)を受けるのである。

このように、負名体制の徴税システムにおいては、検田と収納の業務がとりわけ重要で、それを遂行する組織として検田所・収納所が重きをなした[大石 一九七三]。

2 国衙機構と人員編成

「所」による国務の分掌

徴税をはじめとする国務の遂行には、国衙機構の整備と、人員の編成・配置が不可欠である。ここでも受領は、律令制下とは異なる特徴的な仕組みを生み出した。まず、国衙機構に関しては、「所」という細分化された部局を設け、それぞれに特定業務を専門に担わせる、国務の分掌体制を整えた。八世紀には、様々な業務に国司四等官が連帯であたるのが原則であったが、十世紀にはそうした連帯原則は完全になくなった。そして、一方ではあらゆる権限・責任が受領一人に集中し、一方では多岐に分かれた「所」にそれぞれの業務が分散するという、新たな国務運営体制が生まれるのである。

国衙の「所」が大幅に整備されたのは、十世紀後半からのようである。その構成は国によって異なるが、大きくみれば、政務一般に関わる政所のほか、文書・帳簿に関わる事務的な「所」(公文所・案主《あんじゅ》所・大帳所など)、田地・租税に関わる財政的な「所」(田所《たどころ》・税所《さいしょ》・調所《ずしょ》など)、治安維持に関わる軍事・警察的な「所」(健児所・検非違所など)、衣食住に関わる生産的な「所」(細工所・膳所など)あたりが、おもなものと考えられる。このうちとくに重要であったのは、徴税システムを統轄する田所と税所で、田地を扱う田所は郡の検田所、税務にあずかる税所は郡・郷の収納所を系列下においていた。ここには、国衙と郡・郷のあいだに成立していた「所」の重層関係がみられる。

郎等と在地出身者

国衙機構を担う人員においては、都から下向してきた郎等と、旧来の郡司氏族を含む在地出身者が二つの柱となった。「所」の目代など、組織の管理者としての地位には郎等がつき、そのもとで在地出身者が、書生・判官代などの下級職員として実務に当たる、というのが一般的な形態であった。後者のような下級職員は一括して「雑色人《ぞうしきにん》」と呼ばれたが、在地出身者からなる多くの雑色人を、都びとである郎等が統轄するかたちで、「所」をはじめとする国衙機構は運営されていたのである。

郎等は、受領が都で雇った私的な従者であり、算筆に優れた事務官的なタイプと、武芸に秀でた暴力的なタイプに分けられる。中央の下級官人をつとめて、行政処理能力を身につけた者が多く、その能力を武器に様々な受領に雇用され、国から国へと渡り歩いたので、「渡り官人」とも呼ばれる。受領は、こうした人たちを数十人規模で集め、「京下り」の官人として任国に連れていった。国衙での彼らは、先述のように、個々の「所」の目代に充てられたほか、国庁で国務全般を取りしきる庁目代にも任じられた。目代とは、国司の代官の意であるが、受領はまさに自身の代官として郎等を用い、国衙機構の要所に配して雑色人を指揮させたわけである。さらに受領は、彼らを検田使・収納使のような国使として郡・郷に派遣し、最前線の現場でも国務の執行に当たらせた。京下りの郎等は、受領による任国統治の中核的な担い手であったと評価してよいだろう。

一方、郡司氏族をはじめとする在地の有力者層が、国衙行政の人員に組み込まれたことも重要である［森 二〇一三、山口 二〇一九］。九世紀までの伝統的な郡司氏族は、十世紀になっても依然として郡司を輩出し続けていたが、国衙の雑色人として国務に従事した在地出身者には、そのような郡司氏族の一員である者も多かった。郡司として郡務を担うのと同じ人々が、雑色人として国務をも担っていたわけであり、国務と郡務の担い手の同質化、つまりは国郡行政の一体化が進んだとみることができる。受領は雑色人たちに、業務の遂行に付随する得分を保障してやったようで、これが在地有力者層を国衙に引きつける有効な手段として働いたとみられる［小原 二〇一二］。

こうした雑色人への登用のほかに、任用国司への任命というかたちでも、在地有力者は国衙行政に取り込まれた。この時期、受領以外の国司四等官である任用国司は、職務のない形だけの名誉職、いわゆる揚名官としての任命が多くなっていた。しかし、受領の推挙・仲介によって在地有力者が任用国司に任じられ、実際に国務に従事する場合も少なくなかった。受領が在地出身者を登用する一つのルートとして、任用国司のポストが機能していたらしいのである［渡辺 二〇一四、手嶋 二〇一九］。

以上のように、受領の任国統治を支えたのは、都から下向してきた郎等と、雑色人や任用国司に登用された在地出身者であったが、両者の関係は、任国統治の安定にも関わる重要な問題であった。十世紀後半から十一世紀半ばにかけて、尾張国郡司百姓等解のような国司苛政上訴と、逆に受領の統治をたたえる国司善政上申が、在地側からしばしばなされた。前者の背景には、受領の手足となった郎等と在地出身者のあいだの軋轢《あつれき》があり、後者の背景には、両者のあいだの良好な関係があったと推測される。受領にとって、京下りの人員と在地の人員との関係調整は、統治の成否を左右する大きな課題であったのだろう。

3　財政構造の転換と受領

中央財政の再編

受領が任国統治の仕組みを整え、強力な徴税を実現するのにともない、国家財政構造は受領の存在に大きく依存するかたちに転換した。八・九世紀の律令制下には、諸国で徴収された調庸などの税物は、毎年中央に貢納されて大蔵省・民部省などの倉庫に保管され、そこから在京の官司・官人に対して経費・給与が支給されていた。全国の租税を中央の国家的なクラに集約したうえで、各々の官司・官人に分配するという集権的な財政構造である。ところが、大蔵省などへの税物納入が滞ったことで、方法の転換を余儀なくされ、十世紀後半には、各官司・官人が受領の配下と直接交渉して、必要物資を個別に調達するという、新たな財政構造が生まれた。それぞれの官司・官人から受領側に対して、随時、不定額の物資が請求され、それに応じて受領側から当該官司・官人に、直接物資が納入されるようになるのである〔中込 二〇一三〕。

調庸制を中心とする中央財政制度は、十世紀後半に大幅に再編された。恒常的経費については正蔵《しょうぞう》率分《りつぶん》制・永宣旨《えいせんじ》料物《りょうもつ》制・料国制、臨時的経費については召物《めしもの》制という新たな収取制度が生み出された〔大津 一九九三〕。正蔵率分制は、調庸などの年額の一割(のちに二割)を諸国から率分所に別納させ、神社の幣帛料などを確保するもの、永宣旨料物制は、永宣旨と呼ばれる命令によって、特定の国々に仏事などの費用を恒久的に割りあてるもの、料国制は、斎院司《さいいんし》における斎院禊祭料《けいさいりょう》(賀茂祭とそれに先立つ御禊《ごけい》の費用)のように、特定官司が指定された諸国から必要物資を直接調達するものである。一方、召物制は、大嘗会・神社行幸のような臨時の大行事にあたって、官宣旨で諸国に費用を賦課するもので、行事のための臨時組織である行事所などが、国々から独自に物資を集めた。

また、十世紀後半には切下文《きりくだしぶみ》という納入命令書が生まれ、大蔵省・大炊寮《おおい》がそれを随時発行して、諸国から諸官司に行事費をおさめさせたほか、右にみた率分所への別納や料国制による特定官司への納入にあたっても、この命令書が使われた。諸国の受領は、このような恒例・臨時の官司費・行事費に加え、四位・五位官人の給与である位禄、貴族・寺社に与えられた封戸の収益など、実に様々な経費の納入を求められていたのである。

弁済使と納所

受領はこうした要求に応えるために、納所《なっしょ》という私的な倉庫を京やその周辺に設け、その出納管理者として弁済使《べんざいし》をおいた〔勝山 一九九五〕。納所は、任国のクラに対する在京のクラで、受領の京宅のクラとあわせて「京庫」と呼ばれた。任国で収取された税物は、この受領の京庫に収納・蓄積され、その物資を、各官司・官人からの随時の求めに応じて、弁済使が出給するようになるのである。弁済使は、受領の在京目代ともいうべき存在で、財政官司などにつとめる財務に優れた人物が充てられ、弁済の意味どおり、当国の分担物を官司・官人に支払うことを職務の本質とした。

具体的には、諸官司から発行された切下文を、実際に物資を必要とする官司の使いが受領の納所・京宅までもっていき、弁済使(あるいは在京中の受領)に提示して、クラにある現物の支払いを求めた。位禄の場合は、受給者となる官人が、太政官から発行された位禄官符を使いにもたせ、指定された国の京庫から同じように現物の支払いを受けた[神戸 二〇一二]。封戸の場合、まず受領が納所に宛てた出給命令の下文を発行し、それを受給者(封主)である貴族・寺社に送付する。封主は、この下文を使いにもたせて納所に派遣し、やはり弁済使を介して現物の支給を受けるのである[佐藤 二〇〇一]。このほか、永宣旨料物や臨時召物についても、受領の京庫から現物の支給を受けるのは同様であった。

このように十世紀後半には、大蔵省などの国庫を介在させることなく、受領の京庫に保管・蓄積された税物から、官司・官人などが必要分を直接入手する、という財政構造ができあがった。納所・京宅という京庫は、任国における徴税と中央財政とをつなぐ結節点であり、そこでの物資の流れを司るのが弁済使であった。この仕組みによって公的な納入物を弁済したあとの京庫の蓄積物が、受領のいわゆる私富となるのである。

4　天皇・公卿による受領統制

以上のように、受領は国家財政の要となる存在であったから、任国統治と税物の納入をおこたらないよう、朝廷から厳しい統制を受けていた。例えば、受領は任命後ほどなく、任期中の国務運営に関して、朝廷に様々な申請をするのが通例であった。諸国申請雑事《ぞうじ》と呼ばれる手続きで、申請内容は天皇に奏上されたあと、公卿会議である陣定《じんのさだめ》にはかられ、認めるか否かが審議された。給復（租税の免除）や色代《しきたい》（品目の代替）など、財政に関わる内容が多く、受領が自身の納入責任を軽減するための要望でもあったが、それは必ずしも認められるわけではなく、公卿たちがかなり厳格に認否を判断していた。

また、受領が任国に下向するにあたっては、天皇への赴任の挨拶である「罷申《まかりもうし》」という儀式が行われた［有富 二〇〇九］。受領から天皇に赴任の由を奏し、天皇から受領に勅語と禄が与えられる、というものである。その勅語は、任国の統治に励み、成果を上げれば褒賞するという内容で、国力を増強し、租税の貢納を順調に済ませることが、とくに重要な成果とされていた。ここには、天皇が受領に期待した、あるべき地方官像が示されており、天皇による受領統制の一環として機能した儀式であるといえよう。

任期中には毎年、不堪佃田奏《ふかんでんでん》という儀式が行われ、徴税の前提となる田地支配が象徴的に確認された［大日方 二〇一九、三谷 二〇一六］。不堪佃田とは、荒廃して耕作できない田地であり、任国内のその面積を、受領から朝廷に毎年報告するという儀式である。形式的なもので面積に実態性はなかったが、それを記した帳簿（坪付帳《つぼつけ》）を天皇が閲覧し、記載の妥当性を公卿たちが陣定で審議したことは重要である。天皇と公卿たちが受領を継続的に監督し、田地支配の重要性を再認識させる場になっていたといえる。

そして、四年の任期が終了すると、受領の成績を総合判定する公卿会議が開かれた［大津 一九九三、寺内 二〇〇四］。受領功過定《こうかさだめ》と呼ばれる陣定で、九一五（延喜十五）年に、主計寮と主税寮の調査書（勘文《かんもん》）を資料として始められた。この段階では、前任の受領と比べて成績がよければ褒賞するという、相対的評価による判定であった。九四五（天慶八）年には、勘解由使の勘文が資料に加えられ、本格的な功過定が成立した。その後、十世紀後半から十一世紀初めにかけて、正蔵率分の納入、斎院禊祭料の納入（九六三〈応和三〉年）、修理職《しゅりしき》への納入（九九九〈長保元〉年）、穀倉院への納入（一〇〇一〈長保三〉年）、大炊寮への納入（一〇二八〈長元元〉年）と、多くの審査項目が追加されていった。先にみた中央財政の再編にともなって、様々な中央官司への納入実績が、厳しく監査されるようになったのである。この時期には、合否が絶対的評価で判定されるようになり、「過」（咎あり）か「無過」（咎なし）か、公卿たちの全会一致の結論が出るまで継続審議された。受領が国家財政へのつとめを果したか否か、公卿全体の意思で確認されたのである。

このように受領は、任期の全体を通じて天皇・公卿の統制のもとにあり、財政的な貢献を強く求められていた。受領をこうした国家財政の柱としてとらえる認識は、現在の学界に定着している。貪欲な私利の追求者というイメージは、教科書でも希薄になり、有名な「受領は倒るるところに土をつかめ」のエピソードも、最新の『詳説日本史』では消えてしまった。受領研究の進展を受けて、教科書記述もしだいに変化してきたのである。

〈参考文献〉

有富純也　二〇〇九年『日本古代国家と支配理念』(東京大学出版会)
上島享　二〇一〇年『日本中世社会の形成と王権』(名古屋大学出版会)
梅村喬　二〇二〇年『尾張国郡司百姓等解文の時代』(塙書房)
大石直正　一九七三年「平安時代の郡・郷の収納所・検田所について」(豊田武教授還暦記念会編『日本古代・中世史の地方的展開』吉川弘文館)
大津透　一九九三年『律令国家支配構造の研究』(岩波書店)
大津透　二〇一五年「財政の再編と宮廷社会」(『岩波講座日本歴史5』岩波書店)
大日方克己　二〇一九年「不堪佃田奏にみる政務・儀式・年中行事」(仁藤敦史編『古代文学と隣接諸学3 古代王権の史実と虚構』竹林舎)
勝山清次　一九九五年『中世年貢制成立史の研究』(塙書房)
神戸航介　二〇二二年『日本古代財務行政の研究』(吉川弘文館)
小原嘉記　二〇一一年「中世初期の地方支配と国衙官人編成」(『日本史研究』五八二号)
小原嘉記　二〇一六年「平安後期の官物と収取機構――荘園制前史としての摂関期」(『日本史研究』六四一号)
坂上康俊　一九八五年「負名体制の成立」(『史学雑誌』九四編二号)
佐々木恵介　二〇〇四年『日本史リブレット12　受領と地方社会』(山川出版社)
佐々木恵介　二〇二〇年「受領研究の動向と課題」(『歴史評論』八四一号)
佐々木宗雄　一九九四年『日本王朝国家論』(名著出版)

佐藤泰弘　二〇〇一年『日本中世の黎明』（京都大学学術出版会）
佐藤泰弘　二〇一五年「受領の支配と在地社会」（『岩波講座日本歴史5』岩波書店）
下向井龍彦　一九九二年「国衙支配の再編成」（稲田孝司・八木充編『新版古代の日本4　中国・四国』角川書店）
玉井力　二〇〇〇年『平安時代の貴族と天皇』（岩波書店）
手嶋大侑　二〇一九年「平安中期における受領と年官」（『歴史学研究』九八三号）
寺内浩　二〇〇四年『受領制の研究』（塙書房）
中込律子　二〇一三年『平安時代の税財政構造と受領』（校倉書房）
北條秀樹　二〇〇〇年『日本古代国家の地方支配』（吉川弘文館）
三谷芳幸　二〇一六年「摂関期の土地支配」（大津透編『摂関期の国家と社会』山川出版社）
森公章　二〇一三年『在庁官人と武士の生成』（吉川弘文館）
山口英男　二〇一九年『日本古代の地域社会と行政機構』（吉川弘文館）
渡辺滋　二〇一四年「日本古代の国司制度に関する再検討——平安中後期における任用国司を中心に」（『古代文化』六五巻四号）

20 摂関・院政期の官司制

今 正秀

はじめに

国家は支配・統治を実現するため、国家機構とその運用に当たる官僚を要する。日本の古代国家においては、それらは律令官司制・官人制として構築され、基本的には位階を賜与されることで官人すなわち天皇の臣下となり(人格的関係による天皇との結合)、位階相当の官職に任じられて官司に所属し職務を遂行した(国家機構を通じた天皇への奉仕)[石母田 一九七三]。この枠組みは平安時代にも維持されたが、その内実は大きく変容を遂げていた。高校の日本史教科書では、蔵人《くろうど》所や検非違使《けびいし》が取り上げられる程度であるが、摂関・院政期の官司制・官人制は固有のあり方を示し、さらに中世的な姿に変容していく。本稿では摂関・院政期の官司制・官人制について、律令制および中世的なそれとの対比において概観し、その変容の背景をなす国家支配の変容にも触れたい。なお、国司(受領)については本書「19　受領の支配と貢納」にゆずり、女官《にょかん》については筆者の力量から触れることができなかった。

1　摂関・院政期の官司制

令制官司の変容

十世紀編纂の『延喜式』による官司制では、令制官司制の省の下の職《しき》・寮《りょう》・司《し》が統廃合されていることがみてとれるが、省にもその機能を大きく変えたものがあった(**図1・2**)。

兵部省は武官人事と軍団兵士制を基礎とする律令軍制の管理運用を担っていた。日本律令国家は東《とう》夷《い》の小帝国[石母田　一九七一]であろうとし、唐に朝貢する一方で新羅に朝貢を求めたが、新羅が対等な関係を主張したことから奈良時代には両国関係はしばしば緊張し、対新羅戦争の準備が二度進められた。しかし、七八〇(宝亀十一)年に新羅と断交し、七九二(延暦十一)年には軍団兵士制を停廃したことにより、兵部省の主要機能は失われ、兵馬司《ひょうまし》をはじめとした管下五司も統廃合された。

民部省は戸籍・計帳や田図の管理を通じて土地・人民支配を担い、その管下の主計寮《しゅけいりょう》は中央政府財源である調庸の貢納状況把握(現物は大蔵省が受納・保管)、主税寮《しゅぜいりょう》は国司提出の正税帳《しょうぜいちょう》を通じて正税(地方財源)の状況管理に当たった。十世紀に入り、戸籍・計帳による人身支配と班田制が放棄されると、主計寮・主税寮はかつての機能の系譜を引きつつ、新たな国司(受領)統制システム(受領功過《ずりょうこうか》制度)の中で新たな機能を担うようになった。任期を終えた受領は任期中の業務遂行について公卿《くぎょう》会議(受領功過定《さだめ》)で判定を受ける必要があり、そのためには任期中の中央への貢納物完済を証明する調庸総返抄

20 摂関・院政期の官司制

- 天皇
  - 太政官
    - 神祇官
    - 中務省
      - 中宮職
      - 左右大舎人寮
      - 図書寮
      - 内蔵寮
      - 縫殿寮
      - 陰陽寮
      - 画工司
      - 内薬司
      - 内礼司
    - 式部省
      - 大学寮
      - 散位寮
    - 治部省
      - 雅楽寮
      - 玄蕃寮
      - 諸陵司
      - 喪儀司
    - 民部省
      - 主計寮
      - 主税寮
    - 兵部省
      - 兵馬司
      - 造兵司
      - 鼓吹司
      - 主船司
      - 主鷹司
    - 刑部省
      - 贓贖司
      - 囚獄司
    - 大蔵省
      - 典鋳司
      - 掃部司
      - 漆部司
      - 縫部司
      - 織部司
    - 宮内省
      - 大膳職
      - 木工寮
      - 大炊寮
      - 主殿寮
      - 典薬寮
      - 正親司
      - 内膳司
      - 造酒司
      - 鍛冶司
      - 官奴司
      - 園池司
      - 土工司
      - 采女司
      - 主水司
      - 主油司
      - 内掃部司
      - 筥陶司
      - 内染司
    - 弾正台
    - 衛門府
      - 隼人司
    - 左右衛士府
    - 左右兵衛府
    - 左右馬寮
    - 左右兵庫
    - 内兵庫
    - 左右京職
      - 東西市司
    - 摂津職
    - 春宮坊
      - 三監六署
    - 大宰府
    - 諸国司
      - 郡司
        - 里長
      - 軍団

図1　令による官司制

- 天皇
  - 太政官
    - 神祇官
      - 斎宮寮
      - 斎院司
    - 中務省
      - 中宮職
      - 大舎人寮＊
      - 図書寮
      - 縫殿寮
      - 内蔵寮＊
      - 陰陽寮＊
      - 内匠寮＊
    - 式部省
      - 大学寮＊
    - 治部省
      - 雅楽寮＊
      - 玄蕃寮
      - 諸陵寮
    - 民部省
      - 主計寮
      - 主税寮
    - 兵部省
      - 隼人司＊
    - 刑部省
      - 囚獄司
    - 大蔵省
      - 織部司＊
    - 宮内省
      - 大膳職＊
      - 木工寮＊
      - 大炊寮＊
      - 主殿寮＊
      - 典薬寮＊
      - 掃部寮＊
      - 正親司
      - 内膳司＊
      - 造酒司＊
      - 采女司
      - 主水司＊
    - 弾正台
    - 勘解由使
    - 左右近衛府
    - 左右衛門府
    - 左右兵衛府
    - 左右馬寮
    - 兵庫寮
    - 春宮坊
    - 左右京職＊
      - 東西市司＊
    - 大宰府
    - 諸国司
      - 郡司

＊は別当がおかれた官司

図2　『延喜式』による官司制

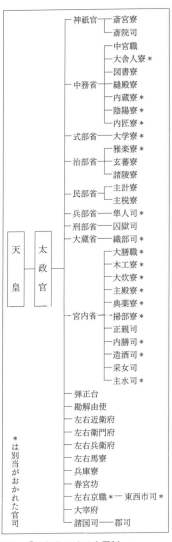

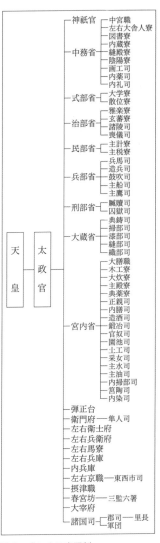

と雑米《ぞうまい》惣返抄を主計寮から、正税の管理・運用に問題がないことを証明する正税返却帳を主税寮から得ておく必要があった。この証明書発行のための監査を民部省勘会《かんかい》というが、これが十世紀以降の民部省と主計寮・主税寮の機能となった。

調庸の受納・保管・出給を担った大蔵省も、九世紀を通じて調庸の未進が増大する中で本来の機能を低下させていくが、新たに切下文《きりくだしぶみ》を発給して諸国に行事用途の調達を命じることにより、臨機に必要な用途の確保をはかる新たな財政システムの一翼を担っていく［川本 一九八八］。

詔勅発給への手続的介在など天皇の国政に関わる庶務を担当した中務省と、天皇の宮廷生活に関わる庶務を担当した宮内省では、管下の諸司がほぼ維持された。さらに、中務省管下の内蔵《くら》寮は大小二等級あるうちの大寮に昇格し、十世紀には諸国からの納物が年料として定量化され、独自の財源を有するに至る［古尾谷 二〇〇六］。こうした変化は、天皇が内裏《だいり》で政務をみることの定着、それにともなう公卿の内裏伺候の日常化、儀礼の場の内裏への移行など、内裏が天皇のプライベートな生活空間から政務・儀礼の場としての機能を充実させていったことに対応したものである。

長官ー年預制

令制官司は長官《かみ》・次官《すけ》・判官《じょう》・主典《さかん》からなる四等官と、その下の史生《ししょう》など雑任《ぞうにん》といわれる下級官人で構成されていた。四等官は権限を分担しつつ協同で官司運営に当たった。

十世紀に入ると、長官が判官・主典の中から「年預《ねんよ》」を任命し、長官―年預が日常的業務を担う官司が現れる。九二四(延長二)年の左近衛《さこのえ》府を初例とし、衛門《えもん》府・主殿《とのも》寮・大炊《おおい》寮・掃部《かにもり》寮・修理《しゅり》職・

木工《もく》寮・内蔵寮・大蔵省など、内裏の運営において実質的な機能を担った官司でみられる。長官―年預制は令制の四等官制を改変することなく、各官司がその機能を効率的に果たしていくために採用された［今 一九九〇、中原 二〇〇五］。

蔵人所と検非違使

九世紀から十世紀にかけて、蔵人所《くろうどどころ》・内豎所《ないじゅどころ》・大歌所《おおうたどころ》・校書殿《きょうしょでん》・作物所《つくもどころ》・進物所《しんもつしょ》・一本御書所《ごしょどころ》・画《え》所《どころ》・御厨子所《みずしどころ》・楽所《がくしょ》・贄殿《にえどの》などの宮中所々が設置された。四等官制をとらず、事実上の長官である頭《とう》または預《あずかり》のもと必要な職員が配置された［所 二〇〇四］。

宮中所々のもっとも代表的で重要な存在となったのが、九世紀初めの嵯峨天皇の時に設置された蔵人所である。九世紀末、宇多天皇の時には職務手引き「蔵人式」が制定された。上級職員の蔵人頭・五位蔵人・六位蔵人は天皇の近侍者として陪膳《ばいぜん》・宿直《とのい》などに奉仕するとともに、天皇の空間である内裏の管理・運営を担い、そのために必要な物資の調達や職務上の指示を、諸司や他の宮中所々、諸国に仰せるようになり、諸国臨時交易物《きょうやくもつ》という独自財源も設定されるに至る［長沢 一九八七］。太政官との関係では、蔵人は天皇の秘書官として公卿や摂関・内覧との連絡・取次ぎを任とした。二人おかれた蔵人頭の一人は太政官事務局の弁官が兼ねたが（頭弁《とうのべん》）、これは政務において弁官として公卿の決裁を仰ぎ、公卿の指示を受けて蔵人として天皇に取り次ぐとともに天皇の命を公卿に伝え、それをふまえた公卿の命を弁官として受けることで政務運営の円滑に資するものであった。

検非違使も嵯峨天皇の時に設置され、左右衛門府官人を任じて京中の警察に当たらせた。十世紀以降は罪人の追捕《ついぶ》・糾問《きゅうもん》・裁判・行刑まで担うようになり、独自の裁判基準である「庁例」も形成され、令制の衛府・弾正台・刑部省・京職の機能を実質的に統合するに至った。長官に当たる別当《べっとう》は中納言または参議を兼ねる衛門督《えもんのかみ》または兵衛督《ひょうえのかみ》から任じられ、その下に左右衛門府の佐《すけ》・尉《じょう》・志《さかん》が任命されたほか、衛門府火長《かちょう》から任じられた看督長《かどのおさ》や、釈放（放免《ほうめん》）された罪人を用いた放免などが追捕や獄舎管理などに当たった。

蔵人は天皇の空間である内裏の、検非違使はその外縁としての都の管理を担ったといえよう。

別当制

「別当」は、令制官司と宮中所々のいくつかに四等官や職員とは別に新たにおかれた。**図2**に示した諸司別当が設置された官司は、中務省・宮内省管下の諸司や修理職など内裏運営に必要な業務を担った諸司、雅楽寮・大学寮・隼人司《はやとし》など儀礼運営に関わる諸司（大学寮は孔子を祀る釈奠《せきてん》祭を担当。隼人司は吠声《はいせい》や大嘗会での服属儀礼である歌舞などを奉仕した在京隼人を管理）、左右京職・東西市司など都の管理に関わる諸司などである。諸司別当・所々別当も内裏と都の管理運営を企図して設置されたことがうかがえよう。

諸司・所々別当の任命は殿上《てんじょうの》所充《ところあて》によって行われた。一司・一所に公卿と弁（例えば修理職は摂関と弁）、公卿と蔵人頭（例えば校書殿）のように複数の別当が任じられることも定着する。その場合、摂関を含む公卿は諸司・所々いずれの別当にも任じられているが、諸司別当には太政官事務局の弁官、所々別当には蔵人（頭）と近衛次将（中将・少将）が任じられる傾向がみてとれる。諸司が本来太政官の管下であるのに対し、所々は蔵人所の指揮を受けることが多いことに由来しよう。ただし、殿上所宛の手続きは、天皇の勅を受けた大臣が弁官に別当の現任状況と闕官《けっかん》(空きポスト)を勘申させ、それにもとづき天皇御前で選任が行われ(最終的決定は天皇による)、その結果は太政官の発給する太政官符・官宣旨で伝えられたから、殿上所宛は天皇の決裁をともなう太政官の政務である。本来の太政官管下の諸司への別当任命はもとより、直接太政官の管下にはない所々別当の任命、同じく直接には太政官の管下にはない蔵人の別当への任命も含め、別当制は諸司・所々を天皇のもとで太政官が総体としてゆるやかに束ねていくためのシステムであった[今 一九九三]。

ただし、別当は諸司・所々の業務運営に日常的に関与していたのではない。諸司別当の場合は長官以下の通常の体制で業務運営に支障を来した場合に対応し、諸司別当・所々別当ともに下級職員の選任、職員の毎月の勤務日数報告書(月奏《げっそう》)への署名など天皇とのあいだの政務に携わっていた。そうした別当のあり方は、担当する諸司や所々のいわば外から、諸司・所々の業務の円滑化をはかっていたといえる[佐藤全 二〇〇八]。それにより、諸司については、令制では省を頂点とした官司間の階統的秩序があったが、省が実態を失い、職・寮・司が機能を保持した場合に令制官司の構成を改変せずに実態に即した運営と統制を可能にし、所々については天皇親近の蔵人や近衛将を通じてその運営を円滑になしえた。

寺院にも俗別当がおかれた。九世紀からみられ、十世紀以降はおおむね公卿と弁官があてられている。俗別当は寺院の内部構成員ではもちろんなく、公卿と弁官をあてることで当該寺院に関わる政務・宗務の処理を円滑にすることを期したものであった[岡野 二〇〇九]。

摂関期の国家機構の特色

十世紀以降、令制官司が中務省・宮内省管下の諸司を除いて全体として縮小したのに対し、蔵人所を中心とする宮中所々が充実していった様子がうかがえよう。それぞれを管した太政官と蔵人所との関係や国制における位置づけはどのように理解できるだろうか。

摂関・院政期にも太政官が国政を担い、蔵人所は天皇に関わる庶事と内裏の運営に当たり、両者は国制上の機能・位置づけを異にしていた[今 一九九四a]。摂関期には叙位《じょい》・除目《じもく》・公卿会議・陣申文《じんのもうしぶみ》などの政務が内裏で行われるようになり、蔵人が太政官(公卿)と天皇との取次ぎに当たったが、その役割はメッセンジャーに限られていた。

物品の受納では、九一一(延喜十一)年に天皇の食材を畿内六カ国から供する日次御贄《ひなみのみにえ》の制が定められた。御贄は内膳司《ないぜんし》におさめられ、蔵人所の指示によって御厨子所や進物所に送られたが、日次御贄の設定は太政官符によっている。九七一(天禄二)年には蔵人所の独自財源として諸国臨時交易物が設定されるが、これも太政官符によっていた。一方、蔵人所が蔵人所牒《ちょう》を発給して太政官を介さずに物品の納入を求めることも行われるようになるが、その物品は「宮中の奥向きにかかわる用途が中心を占め」ていた[長沢 一九八七]。

蔵人所と宮中所々を天皇の家産機構ととらえ、その機能の充実を天皇権力の伸張とする理解があるが、摂関期には蔵人所や所々の機能が充実して内裏における政務・儀礼の運用が円滑になされ、また、宴やそこでの饗饌《きょうせん》、賜物を通じて天皇と貴族・上級官人との関係が強化された。それは、太政官による国政を通じた支配とあいまって、また受領の収奪に依拠しつつ、天皇を頂点・中心とする貴族社会の安定をもたらしたととらえられよう。

官司請負制

太政官事務局である弁官局と外記局の最上首左大史《さだいし》・大外記《だいげき》について、前者は小槻《おづき》氏、後者は中原氏・清原氏が十一世紀後半以降、独占的傾向をみせるようになる。さらに、中世的「家」の成立にともなって世襲するようになり、それぞれ官務《かんむ》家・局務《きょくむ》家と称された（局務家は大炊寮・掃部寮・造酒司《ぞうしゅし》・主水司《しゅすいし》の長官も世襲するようになる）。これを、それぞれの氏・家に官司運営が請け負われたととらえたのが官司請負制との理解である［佐藤進一 一九八三］。それを可能にしたのは、本来それぞれの官司（弁官局の場合は官文殿《かんのふどの》・官底《かんてい》）に保管されるべき文書を家で集積・保管し、政務運営の拠り所となる故実を蓄積・独占したことが大きい。ただし、官務家・局務家が請け負ったのは文書に関わる業務であり、行事運営においては下位の六位官人が実務を担っていた［遠藤 二〇一一、曽我 二〇一二］。

2 摂関・院政期の官人制

叙位・位階制の変容

律令官人制では官人は位階によって三〇階に序列化され、昇進は中央官司の四等官の場合、年間勤務日数（上日《じょうじつ》）が二四〇日以上になると、官司長官が令に規定された指標による勤務評価を毎年行い、評定（考《こう》）で標準（「中中」）以上を六年間（七〇六〈慶雲三〉年以後は四年間）得ると（成選《じょうせん》）、総合評定により位階が昇叙(加階)された。これは上日と統一的な指標による評定にもとづく機械的な昇進制度で、官職を通じた天皇への奉仕に対し、官職の差異によらず、あまねく均等に昇叙という君恩を保障するものであった。

その変化はまず五位の授与(叙爵《じょしゃく》)と五位以上の加階に現れる。加階は八世紀の早い段階で、叙爵も八世紀の早い段階か九世紀初めに、それぞれ成選との関係を失い、九世紀中頃には官職の在職年数(年《ねん》労《ろう》)によるようになる。叙爵では、六位官職の六位顕官《けんかん》(式部丞・民部丞・外記・史・衛門尉)と蔵人・近衛将監《しょうげん》は毎年一名ずつ年労の高い順から(巡爵《じゅんしゃく》)、内記《ないき》・大蔵丞・検非違使は毎年ではないが一定年限で、そのほかの官職はすべての在職者のうち年労が最長のものが一、二名叙爵された(諸司労〈文官〉・諸衛労〈武官〉)。九世紀末から十世紀初め頃には、五位以上の加階も年労によるようになる(年労加階)[吉川 一九九八、玉井 二〇〇〇]。年労による叙位は当該期に必要とされた機能を有する官職に優先的な叙位の機会を与えるもので、官職を通じた天皇への奉仕の有為性に差異を設け、昇叙という君恩に与《あずか》る機会を官職により差別化したといえる。その結果、労の期間が短く、かつ高位に昇りうる近衛中少将・弁官・兵衛佐《ひょうえのすけ》・衛門佐《えもんのすけ》・少納言・侍従などはきわめて有利な官職となり、十世紀前半には侍従↓兵衛佐↓近衛少将↓中将↓参議という公卿昇進コースや、近衛から弁官を経るコース、近衛将に代わって弁官を経るコースなどが成立し、一部の官職任官者が要職を占める官職の貴族化が進んだ[笹山 一九八五]。

九世紀後半から十世紀には氏爵《うじのしゃく》・年爵《ねんしゃく》も成立する。氏爵は王氏・源氏・藤原氏・橘氏など天皇と特別な関係にある氏族から毎年一人ずつ叙爵させ、年爵は上皇・親王・后妃・公卿など天皇と親近な限られた人々に叙爵の推挙権を与える[尾上 一九九三]。ともに、天皇との関係により限られた人々にのみ叙爵に与ることを可能にするものであった。

また、当該期の儀礼は行事官（担当公卿・弁・史・外記・蔵人など）によって分担されたが、神社行幸や朝覲《ちょうきん》行幸など特定の行事を担当した行事官への勧賞（行事賞）としての叙位は、当該期の儀礼のあり方に対応したものであった[佐古 二〇一二]。

一方、六位以下の下級位階は実質を失い、正六位上と従七位上に集中していく。それは位階の賜与という君恩による下級官人編制、すなわち支配層の裾野を広げることを、もはや当該期の国家が志向しなくなったことを意味していた。ただし、彼らは諸司や所々、貴族の政所、のちには院庁の雑色を兼帯して経済活動にも従事し、やがてそれを家業化して貴族社会をもっとも底辺で支えつつ、存続をはかっていくのである[本郷 一九九八]。

除目・任官制度の変容

摂関期の任官は、公卿などを除き、そのほとんどは自薦状（申文《もうしぶみ》）と年労にもとづく推挙を参照して天皇と摂関が決定した。推挙には、①公卿（推挙対象：六位顕官と受領）、②諸官司（諸司奏）、③蔵人所（推挙対象：蔵人所職員や滝口）、宮中所々別当（推挙対象：所々職員）、宮中所々（推挙対象：内豎所・校書殿・進物所などの下級官人）によるものと、④年給（天皇と親近な関係を有する人々による推挙）、⑤諸請《しょそう》（諸司長官が配下下級官人を推挙）があり[玉井 二〇〇〇]、推挙主体の多様性が注目される。総体として、当該期の国政と宮廷運営に関わる様々な層の意向を、機構とその長を通じてくみあげるシステムになっているといえよう。なかでも①・④は、被推挙者である中級官人・受領が推挙主体である公卿などと個別的な関係を結び、それへの奉仕につとめるようになる素地となった。摂関期以降の貴族と下級官人層とのあいだの様々な人的関係の展開の基底にも、当該期の国制があったのである。

禄・給与制の変容

官人には、君恩としての禄が与えられた。平安時代初めにはおもな禄に、季禄《きろく》(対象は半年に一二〇日以上の上日を満たした一位から初位までの在京官など)、位禄《いろく》(四位・五位)、諸司時服《じふく》・馬料《めりょう》・要劇料《ようげきりょう》(この三種は八〇八〈大同三〉年以降諸司に広く支給)、節禄《せちろく》(節会参列者に絁《あしぎぬ》・綿・被《かずけ》などを賜与)などがあった。

しかし、季禄・馬料・時服等は十世紀前半には消滅する。財源であった調庸が十分に貢納されなくなったことによる。要劇料も、九世紀後半以後は畿内に設定された官田《かんでん》を諸司に配分した諸司田からの収入を充てるようになっていく。節禄も、九世紀後半までに節会の場(豊楽院《ぶらくいん》から内裏へ)と参列のあり方(六位以下は内裏建礼門《けんれいもん》の外へ)の変化にともない、六位以下への支給は形骸化していく。こうして六位以下は物質的君恩の対象から除外されていった。これは六位以下の位階が実質的意味を失ったこととも対応している。令制では貴《き》(三位以上)・通貴《つうき》(四・五位)と六位以下のあいだに大きな階層差があったが、六位以下の位階の形骸化と君恩からの排除により、その差は拡大・固定化していった。

調庸を財源としていた位禄も九世紀中頃から諸国の租を現地で支給するようになり、九〇七(延喜七)年には財源が二五カ国で別納租穀《べつのうそこく》として定制化された。しかし、十世紀後半には支給額の四分の一削減が常態化し、支給対象が外衛督・佐、馬寮頭《めりょうのかみ》、主計寮・主税寮の頭・助、外記・史、弁・少納言・

近衛次将・内侍《ないし》と、天皇・一部皇族・一世源氏・公卿と女御《にょうご》・更衣《こうい》からの推薦分となり、支給国も限定されていく。対象官職が実質的機能を有するもので、叙位・除目でも優位に位置づけられたものであること、また、推薦分をもつ人々が叙位・除目で推挙権を有した人々と重なることが知られる［吉川一九九八、山下二〇一二］。

一方、公卿や三位以上の貴族の食封《じきふ》（封戸《ふこ》〈職封《しきふ》・位封《いふ》〉）の貢納は諸国の受領によっていたが、官への貢納物とともに封戸物の完済を証明する納官封租抄《のうかんふうそしょう》が受領功過定の審議対象とされており、摂関期においても封戸物の貢納は維持されていた［勝山一九九五］。

昇殿制

天皇の日常の居所となった清涼殿《せいりょうでん》の殿上《てんじょう》の間《ま》に昇ることを許されることを昇殿、昇殿《しょうでん》を許された四・五位の人々を殿上人《てんじょうびと》と称した。昇殿制は天皇との直接的な関係にもとづく近習者の編制で、蔵人所設置と前後して行われたと考えられ、宇多天皇の時に整備されて四〇〜五〇名となった［古瀬一九九八］。殿上人は蔵人頭の指揮下で陪膳・宿直などに奉仕し、儀礼に参列した。殿上に伺候した殿上上日は毎月天皇に報告されるとともに、殿上人が本官を有する諸司の上日と通計された。これは諸司における官職を通じた天皇への奉仕と、殿上における天皇への直接的奉仕とが同価値とみなされるに至ったことを示している。殿上人が殿上人として国政に関与することはなかったが、弁官を昇殿させた殿上弁は、太政官（公卿）と天皇の取次役として政務の円滑な運営に資するものであった［今一九九四b］。

おわりに——平安貴族社会と天皇

以上に概観した当該期の官司・官人制は、政務・儀礼の運営と、その場である内裏、その外縁に当たる都の管理運用を担う諸司や所々が機能を果たしうるように、また、機能を担った官人に君恩を賜与するものに再編されていた。官司制・官人制の変容は奉仕の対象である天皇の変容と不可分である。当該期の天皇は、なお太政官以下の変容した国家機構(諸司)の頂点に立ち、国政の決裁者であり続けるとともに、内裏を場とする宮廷社会の主宰者としての役割を増大させていく。公卿が議政官として国政に当たるとともに内裏に常在して天皇近侍者化していくことや、諸司が機能しつつ新たに所が設置され機能を充実させていったこと、昇殿制による天皇近侍者の編制などは、天皇のこの二つの側面に対応したものである。

こうしたあり方は院政期に再び変容する。変化について二点だけ述べると、一つは治天の君・院の登場である。院は国政の最終決裁者となるとともに、新たな君恩賜与の主体ともなった。ただし、太政官系諸司や蔵人所など既存の機構を改編することなく、院はそれらの外から、あるいは機構に配した人を通じて自らの意志を貫徹させていった。受領は院による造寺造仏への成功《じょうごう》など院への奉仕を最優先するようになり、公事用途《くじようと》や封戸物納入は二の次とされていった。そのことが逆に公事遂行や貴族の家の維持のために院への依存度を高めていくこととなった。こうして院を頂点として貴族社会は再編され、公達《きんだち》(三位以上・公卿に昇進)・諸大夫《しょだいぶ》(四・五位、実務官人)・侍(六位・非昇殿)という家格が形成・固定化され、中世朝廷の姿が形成された。なお、院は天皇の直系尊属でなければならなかったから、天皇は院政の正統性の根拠という機能を新たに担うことになった。さらに位階と官職の体系は、やがて実質的機能とは切り離されて武家にも広く適用されるようになる。武家の権力が公家のそれをはるかに凌駕するようになっても、天皇は位階と官職の賜与主体として(それがどれほど形式的なものであったとしても)あり続けることになるのである。

いま一つは中世的荘園公領制の形成である。荘園は封戸物など国家的給付の代替として設定され〔坂本 一九八五、川端 二〇〇〇〕、国衙領の分有とともに、天皇家や貴族の家・寺社が所領領有とその経営主体である「権門《けんもん》」として立ち現れることになった。それぞれの権門は一定の自立した存在となるとともに、所領の与奪を握る院を頂点に編制され、貴族社会の家格は「職《しき》の体系」とも重なりつつ定着していった。また、太政官厨家《ちゅうけ》・主殿寮・大蔵省・造酒司・内蔵寮・掃部寮・大膳職《だいぜんしき》などで用途確保のための所領領有の動きも進められた。こうして形成された所領は便補保《べんぽのほ》といわれ、中世朝廷の政務・儀礼運営とそれを担う諸司・諸家の財源として機能した。〔星野 一九八九、勝山 一九九五〕。

〈**参考文献**〉

石母田正　一九七一年『日本の古代国家』(岩波書店、のち岩波文庫、二〇一七年)
石母田正　一九七三年『日本古代国家論　第一部――官僚制と法の問題』(岩波書店)
遠藤珠紀　二〇一一年『中世朝廷の官司制度』(吉川弘文館)
岡野浩二　二〇〇九年『平安時代の国家と寺院』(塙書房)
尾上陽介　一九九三年「年爵制度の変遷とその本質」(『東京大学史料編纂所研究紀要』四号)

勝山清次　一九九五年『中世年貢制成立史の研究』(塙書房)
川端新　二〇〇〇年『荘園制成立史の研究』(思文閣出版)
川本龍市　一九八八年「切下文に関する基礎的研究」(『史学研究』一七八号)
今正秀　一九九〇年「平安中・後期から鎌倉期における官司運営の特質——内蔵寮を中心に」(『史学雑誌』九九編一号)
今正秀　一九九三年「王朝国家における別当制と政務運営——官司別当を中心に」(『史学研究』一九九号)
今正秀　一九九四年a「王朝国家中央機構の構造と特質」(『ヒストリア』一四五号)
今正秀　一九九四年b「王朝国家宮廷社会の編制原理——昇殿制の歴史的意義の再検討から」(『歴史学研究』六六五号)
坂本賞三　一九八五年『荘園制成立と王朝国家』(塙書房)
佐古愛己　二〇一二年『平安貴族社会の秩序と昇進』(思文閣出版)
笹山晴生　一九八五年『日本古代衛府制度の研究』(東京大学出版会)
佐藤進一　一九八三年『日本の中世国家』(岩波書店)
佐藤全敏　二〇〇八年『平安時代の天皇と官僚制』(東京大学出版会)
曽我良成　二〇一二年『王朝国家政務の研究』(吉川弘文館)
玉井力　二〇〇〇年『平安時代の貴族と天皇』(岩波書店)
所京子　二〇〇四年『平安朝「所・後院・俗別当」の研究』(勉誠出版)
長沢洋　一九八七年「王朝国家期の財政政策」(坂本賞三編『王朝国家国政史の研究』吉川弘文館)
中原俊章　二〇〇五年『中世王権と支配構造』(吉川弘文館)

古尾谷知浩　二〇〇六年『律令国家と天皇家産機構』(塙書房)
古瀬奈津子　一九九八年『日本古代王権と儀式』(吉川弘文館)
星野公克　一九八九年「太政官厨家料国と便補保」(『史学研究』一八二号)
本郷恵子　一九九八年『中世公家政権の研究』(東京大学出版会)
山下信一郎　二〇一二年『日本古代の国家と給与制』(吉川弘文館)
吉川真司　一九九八年『律令官僚制の研究』(塙書房)

あとがき――付、聖徳太子をめぐって

歴史教科書の叙述の背後には、膨大な研究がある。本書は、その叙述の変化などを手がかりに、どのように研究が進んでいるか、日本史研究の現状を知ってもらえればと思い企画されたものである。教科書の文章の裏付けとなっている、あるいは行間から読み取ってほしい、研究の積み重ねと進展を、それぞれのテーマごとに分担してわかりやすく記してもらった。各テーマはそれほど長くはないので、一般向けの読物としても、また初学者向けの研究史整理としても、役に立てばと思う。どこからでも興味のあるところから読んでいただければ幸いである。

二〇のテーマは基本的に現在の教科書に沿って選んでいるが、「6　在地首長制論」「8　天皇と貴族」など少し大きいテーマで論じてもらったものもある。また普通には教科書で取り上げられないものとして、テーマ4と5で『日本書紀』の成立と記紀神話について取り上げた。かつて戦前の国定教科書では、『日本書紀』の叙述を歴史とし、神武天皇以来の万世一系が述べられ、アマテラス以来の神話も記されていた。現在でもこうしたあり方の復活を目指す勢力もあり、「日本の建国伝承」として取り上げ、崇神天皇を実在すると記す教科書もあるのだが、多くの教科書になぜそうした叙述がないのか、記紀神話がどのような性格なのか、知っておくことは必要だろう。またテーマ18と20で、摂関期の政治のあり方や官司制について取り上げた。教科書には「陣定」が記されるくらいでほぼ叙述がないテーマだが、これではこの時代の国家のイメージが得られない。古代史研究の進展がまだ教科書に反映されていない分野として、あえて記してもらった。また律令制の成立過程や律令国家のあり方についても記述が十分でないが、拙著『日本史リブレット73　律令制とはなにか』(山川出版社、二〇一三年)をお読みいただければと思う。

執筆者が得られず、残念ながら立てられなかったテーマがある。それは聖徳太子であり、なぜ近年の高校教科書では「厩戸王(聖徳太子)」と表記するのかという問題がある。筆者は専門ではないが、少しだけここで触れておきたい。そもそもは、大山誠一氏が『〈聖徳太子〉の誕生』(吉川弘文館、一九九九年)などにおいて、「聖徳太子は存在しなかった」と論じたことに始まる。法隆寺金堂釈迦三尊像と薬師如来像の光背銘、天寿国繡帳などは、天皇号(天武朝成立とする)がみえることから推古朝の史料として使えず、『日本書紀』に記される聖徳太子の事績も奈良時代に道慈《どうじ》によって捏造されたものだとする。聖徳太子の事績とされるものはすべて創作で、偉大な政治家・文化人である太子は実在せず、厩戸皇子という王族がいただけであり、斑鳩《いかるが》寺の造営くらいしか事績はないとした。

そこで聖徳太子の本名である「厩戸王」を用いる方が、学問的にみえる。たしかに一度それまでの歴史観を否定するのは意味があるが、聖徳太子はいなかったという全面否定的な議論には批判も多く、議論に根拠があるかは個別の史料の検討が必要であろう。また問題なのは、教科書で「厩戸王(聖徳太子)」と記すと、「聖徳太子は存在しなかった」との説を認めているようにみえることにある。

たしかにかつて推古朝は、天皇に代わって摂政となった聖徳太子の政治といわれ、遣隋使など外交を主導したとされていたが、現在では、聖徳太子がどこまで政治を主導したかは不明で、推古朝の政治は蘇我馬子が中心か、馬子と太子の協調だろうと考えられている。ただし憲法十七条については、「皇太子、みずからはじめて作る」と聖徳太子の作だと『日本書紀』は記す。その捏造説に対しては、曽根正人氏が反論し、推古朝のものとして整合的だとしている(『聖徳太子と飛鳥仏教』吉川弘文館、二〇〇七年)。そして、教科書では六〇四年に憲法十七条が定められたと明記するので、「厩戸王」とする記述とは矛盾するようである。

　聖徳太子とは、聖人の徳を備えた皇太子の意味である。皇太子制はもっと後の時代にできた制度だから、「太子」は存在しないとの議論もある。しかし吉村武彦氏は、『隋書』倭国伝に「太子を名づけてワカミタフリとなす」とあることから、太子の存在は疑いないとする(『聖徳太子』岩波新書、二〇〇二年)。東野治之氏は、法隆寺金堂釈迦三尊像の光背銘が像と同時の作(推古朝の文章)であることを証明し、そこには「上宮法皇」の病気快復を願い、太子等身の釈迦像建立を発願し、太子が没した翌年六二三年に完成したことが記され、この確実な史料に「法皇」と書かれていることは、太子が晩年に「法皇」(法王)として崇められていたことを示すとする。また御物『法華義疏《ほっけぎしょ》』は、太子自筆の草稿本であると考えてよく、聖徳太子の仏教理解がきわめて深かったとしている(『聖徳太子――ほんとうの姿を求めて』岩波ジュニア新書、二〇一七年)。とすれば聖人の徳にふさわしく、聖徳太子は存在したといえるだろう。

『日本書紀』用明紀は、厩戸皇子の別名として「豊耳聡《とよとみみ》〔聡耳カ〕聖徳」を伝える。古い聖徳太子の伝記を伝える『上宮聖徳法王帝説』には「豊聡耳聖徳法王」「聖徳法王」とみえ、それがみえるA部分は、本書の中でもっとも古い成立で、推古朝といえないにしても八世紀初め頃をくだらないとされる(東野治之校注『上宮聖徳法王帝説』岩波文庫、二〇一三年)。「聖徳太子」として熟するのは八世紀中葉だが、「聖徳」は『日本書紀』成立より遡るのである。「聖徳」は没後おくられた諡号《しごう》であるから、本名を使うべきだとの意見もあるかもしれないが、それは天皇も「推古」という諡号で呼んでいるので問題にはならない。「推古」などの漢風諡号は八世紀後半に定められたのに対し(本書「1 天皇号と日本国号」参照)、天平年間には諡号として「聖徳王」が挙げられ(『令集解』公式令《くしきりょう》34平出条《へいしゅつじょう》古記《こき》)、「聖徳」は「推古」よりも古いのである。

東野治之氏によれば、法隆寺若草《わかくさ》伽藍《がらん》は六七〇年に火災で焼失し、再建された現在の西院伽藍は八世紀初めに完成する。その時に太子等身の釈迦三尊像が本尊とされ、太子が建てた寺から、太子のため、聖徳太子を祀る寺へと性格を変えたという(『法隆寺と聖徳太子——一四〇〇年の史実と信仰』岩波書店、二〇二三年)。教科書では飛鳥文化を伝えるものとして法隆寺の西院伽藍や金堂釈迦三尊像の写真を挙げているので、そこではやはり飛鳥仏教の象徴として「聖徳太子」の表記の方がふさわしいように思う。

しかしこののち神格化・伝説化が進み、信仰の対象となり、いわゆる聖徳太子信仰が広がっていく。まず中国南北朝時代の高僧慧思《えし》の生まれ変わりだといわれ、さらに聖徳太子は観音菩薩の生まれ変わりだとなり、十世紀頃に『聖徳太子伝暦《でんりゃく》』が成立すると、様々な伝説が加わった中心的な太子伝として広まり、実質的に日本における仏教の開祖とされていくのである。天台宗をはじめ各宗派で聖徳太子が信仰されるが、とくに親鸞は六角堂参籠中に夢に太子が現れ回心したとされ、聖徳太子に深く帰依したため、浄土真宗では聖徳太子像や太子絵伝などがさかんにつくられ、信仰や布教の対象とされたのである。教科書に「聖徳太子」と記しても、平安時代中期から中世にかけて信仰の対象となり伝説化した聖徳太子とは別であることは、当然注意する必要がある。

以上、限られた紙幅であるが、聖徳太子をめぐる研究の現状と問題点を補足として取り上げてみた。本書が日本古代史に興味をもつ多くの方々に手にとってもらえれば、企画を立てた者として幸いである。最後になるが、執筆をお引き受けいただき、お忙しい中、原稿をお寄せいただいた執筆者のみなさまに、改めて感謝を申し上げたい。

大津 透

執筆者一覧（執筆順）

大津 透（おおつ とおる）　東京大学教授
榎本 淳一（えのもと じゅんいち）　大正大学特遇教授
丸山 裕美子（まるやま ゆみこ）　愛知県立大学教授
細井 浩志（ほそい ひろし）　活水女子大学教授
小倉 慈司（おぐら しげじ）　国立歴史民俗博物館教授
磐下 徹（いわした とおる）　大阪公立大学准教授
市 大樹（いち ひろき）　大阪大学教授
武井 紀子（たけい のりこ）　日本大学教授
神戸 航介（かんべ こうすけ）　宮内庁書陵部編修課皇室制度調査室室員
山本 祥隆（やまもと よしたか）　奈良文化財研究所文化遺産部主任研究員
浅野 啓介（あさの けいすけ）　文化庁文化財第二課文化財調査官
北村 安裕（きたむら やすひろ）　岐阜聖徳学園大学准教授
大高 広和（おおたか ひろかず）　大正大学専任講師
吉永 匡史（よしなが まさふみ）　金沢大学准教授
佐々田 悠（ささだ ゆう）　宮内庁正倉院事務所保存課調査室長
稲田 奈津子（いなだ なつこ）　東京大学史料編纂所准教授
神谷 正昌（かみや まさよし）　豊島岡女子学園中学校・高等学校非常勤講師
黒須 友里江（くろす ゆりえ）　東京大学史料編纂所准教授
三谷 芳幸（みたに よしゆき）　筑波大学教授
今 正秀（こん まさひで）　奈良教育大学教授

日本史《にほんし》の現在《げんざい》2　古代《こだい》

2024年5月20日　第1版第1刷発行　　2024年7月31日　第1版第2刷発行

編　者　大津《おおつ》 透《とおる》

発行者　野澤武史

発行所　株式会社　山川出版社
〒101-0047　東京都千代田区内神田1-13-13
電話　03(3293)8131(営業)　03(3293)8135(編集)
https://www.yamakawa.co.jp/

印刷所　半七写真印刷工業株式会社

製本所　株式会社　ブロケード

装幀・本文デザイン　黒岩二三［Fomalhaut］

ISBN978-4-634-59139-4